AF 108812

Kohlhammer

Die Herausgeber

Prof. i.R. Dr. Rudolf Tippelt, Allgemeine Pädagogik und Bildungsforschung an der Ludwig-Maximilians-Universität München

Prof. Dr. Ulrich Heimlich, Lehrstuhl für Lernbehindertenpädagogik an der Ludwig-Maximilians-Universität München

Rudolf Tippelt/Ulrich Heimlich
(Hrsg.)

Inklusive Bildung

Zwischen Teilhabe, Teilgabe und Teilsein

Verlag W. Kohlhammer

Dieses Werk einschließlich aller seiner Teile ist urheberrechtlich geschützt. Jede Verwendung außerhalb der engen Grenzen des Urheberrechts ist ohne Zustimmung des Verlags unzulässig und strafbar. Das gilt insbesondere für Vervielfältigungen, Übersetzungen, Mikroverfilmungen und für die Einspeicherung und Verarbeitung in elektronischen Systemen.

Die Wiedergabe von Warenbezeichnungen, Handelsnamen und sonstigen Kennzeichen in diesem Buch berechtigt nicht zu der Annahme, dass diese von jedermann frei benutzt werden dürfen. Vielmehr kann es sich auch dann um eingetragene Warenzeichen oder sonstige geschützte Kennzeichen handeln, wenn sie nicht eigens als solche gekennzeichnet sind.

Es konnten nicht alle Rechtsinhaber von Abbildungen ermittelt werden. Sollte dem Verlag gegenüber der Nachweis der Rechtsinhaberschaft geführt werden, wird das branchenübliche Honorar nachträglich gezahlt.

Dieses Werk enthält Hinweise/Links zu externen Websites Dritter, auf deren Inhalt der Verlag keinen Einfluss hat und die der Haftung der jeweiligen Seitenanbieter oder -betreiber unterliegen. Zum Zeitpunkt der Verlinkung wurden die externen Websites auf mögliche Rechtsverstöße überprüft und dabei keine Rechtsverletzung festgestellt. Ohne konkrete Hinweise auf eine solche Rechtsverletzung ist eine permanente inhaltliche Kontrolle der verlinkten Seiten nicht zumutbar. Sollten jedoch Rechtsverletzungen bekannt werden, werden die betroffenen externen Links soweit möglich unverzüglich entfernt.

1. Auflage 2020

Alle Rechte vorbehalten
© W. Kohlhammer GmbH, Stuttgart
Gesamtherstellung: W. Kohlhammer GmbH, Stuttgart

Print:
ISBN 978-3-17-025227-1

E-Book-Formate:
pdf: ISBN 978-3-17-025228-8
epub: ISBN 978-3-17-025229-5
mobi: ISBN 978-3-17-025230-1

Vorwort der Reihenherausgeber

Vor dem Hintergrund der UN-Behindertenrechtskonvention, die seit 2009 für Deutschland verbindlich gilt, entwickelt sich die Idee der Inklusion zu einem neuen Leitbild in der Behindertenhilfe. Sowohl in der Schule als auch in anderen gesellschaftlichen Bereichen sollen Menschen mit Behinderung von vornherein in selbstbestimmter Weise teilhaben können. Inklusion in Schule und Gesellschaft erfordert einen gesamtgesellschaftlichen Reformprozess, der sowohl auf die Umgestaltung des Schulsystems als auch auf weitreichende Entwicklungen im Gemeinwesen abzielt. Der Ausgangspunkt dieser Entwicklung wird in Deutschland durch ein differenziertes Bildungssystem und eine stark ausgeprägte, spezialisierte sonderpädagogische Fachlichkeit – bezogen auf unterschiedliche Förderschwerpunkte – bestimmt. Vor diesem Hintergrund soll die Buchreihe »Inklusion in Schule und Gesellschaft« Wege zur selbstbestimmten Teilhabe von Menschen mit Behinderung in den verschiedenen pädagogischen Arbeitsfeldern von der Schule über den Beruf bis hinein in das Gemeinwesen und bezogen auf die unterschiedlichen sonderpädagogischen Förderschwerpunkte aufzeigen. Der Schwerpunkt liegt dabei im schulischen Bereich. Jeder Band enthält dabei sowohl historische und empirische als auch organisatorische und didaktisch-methodische sowie praxisbezogene Aspekte bezogen auf das jeweilige spezifische Aufgabenfeld der Inklusion. Ein übergreifender Band wird Ansätze einer interdisziplinären Grundlegung des neuen bildungs- und sozialpolitischen Leitbildes der Inklusion umfassen. Als Herausgeber fungieren die Mitglieder des Wissenschaftlichen Beirats »Inklusion«, beauftragt vom Bayerischen Landtag.

Die Reihe umfasst folgende Einzelbände:

Band 1: Inklusion in der Primarstufe
Band 2: Inklusion in der Sekundarstufe
Band 3: Inklusion im Beruf
Band 4: Inklusion im Gemeinwesen
Band 5: Inklusion im Förderschwerpunkt emotionale und soziale Entwicklung
Band 6: Inklusion im Förderschwerpunkt geistige Entwicklung
Band 7: Inklusion im Förderschwerpunkt Hören

Band 8: Inklusion im Förderschwerpunkt körperliche und motorische Entwicklung
Band 9: Inklusion im Förderschwerpunkt Lernen
Band 10: Inklusion im Förderschwerpunkt Sehen
Band 11: Inklusion im Förderschwerpunkt Sprache
Band 12: Inklusive Bildung
Band 13: Inklusion in Kindertageseinrichtungen

Erhard Fischer
Ulrich Heimlich
Joachim Kahlert
Reinhard Lelgemann

Inhaltsverzeichnis

Vorwort der Reihenherausgeber   5

**Vorwort: Teilhabe, Teilgabe oder Teilsein?
Auf der Suche nach den Grundlagen inklusiver Bildung**   13
Ulrich Heimlich & Rudolf Tippelt

Einleitung: Inklusive Bildung im Dialog   21
Ulrich Heimlich, Ewald Kiel & Rudolf Tippelt
Vorbemerkung   21

1   Bildung und Teilhabe – der bildungsphilosophische Zugang   56
Wolf-Thorsten Saalfrank, Winfried Trieb & Klaus Zierer
Vorbemerkung   56
1.1   Die moderne Gesellschaft im Differenzierungsprozess   58
1.2   Teilhabe – Begriffsklärung   61
1.3   Kriterien einer Theorie der sozialen Gerechtigkeit und Teilhabe   63
1.4   Die Rechte von Kindern und Jugendlichen mit sonderpädagogischem Förderbedarf als Herausforderung sozialer Gerechtigkeit und Teilhabe   66
1.5   Der Einfluss von Bildung auf die soziale Inklusion   68
1.6   Rechtfertigung der Bildungskonsequenzen   69
1.7   Teilhabe – theoretische Möglichkeit und praktische Umsetzung   70
Schlussbemerkung   71

2 Bildung als Menschenrecht – der rechtliche Zugang   75

Agnes Leu & Christina Mittmasser
Vorbemerkung und Fallbeispiel   75
2.1   Inklusive Bildung im internationalen Kontext   76
2.2   Der Begriff »Behinderung«   81
2.3   Die »Behindertenpolitik« in der Schweiz   83
2.4   Inklusive Bildung in der Schweiz   85
Schlussbemerkung   89

3 Bildung zwischen Exklusion und Inklusion – der soziologische Zugang. Gleichheitsideale und ungleiche Teilhabe bei Beeinträchtigungen   94

Elisabeth Wacker
Vorbemerkung   94
3.1   Bildungsexpansion und wie Schule gleich macht   95
3.2   Teilhabegebot bei Vielfalt und Verwirklichungschancen   107

4 Bildung und Psyche bei Kindern und Jugendlichen – ein neurowissenschaftlicher Zugang   119

Gerd Schulte-Körne
Vorbemerkung   119
4.1   Graue und weiße Substanz   120
4.2   Die Kommunikation der Nervenzellen untereinander: Die Synapsen   122
4.3   Spezifikation von Hirnfunktionen durch strukturelle Reifung   124
4.4   Struktur und Funktion des Gehirns: Der Einsatz von Untersuchungsmethoden zum Verständnis von Wahrnehmung, Informationsverarbeitung und Steuerung   125
4.5   Aufmerksamkeitsdefizit-Hyperaktivitätsstörungen bei Kindern und Jugendlichen: Neurowissenschaftliche Befunde zur Verhaltenssteuerung und Handlungsplanung   127
4.6   Stimmungsschwankungen, Stressreaktion, Antriebsmangel – die Bedeutung von Neurotransmittern für die Depression bei Kindern und Jugendlichen   129

4.7	Warum das Lesen so schwer fällt? Neurowissenschaftliche Ergebnisse zu einem komplexen Lernprozess	133
4.8	Wenn die Orientierung verloren geht: Schizophrenie bei Kindern und Jugendlichen	135
Schlussbemerkung		139

5 Bildung als Entstigmatisierung – der sozialpsychologische Zugang. Nichts ist praktischer als eine gute Theorie – zur Erklärung und Veränderung von Stereotypen   141

Nadja Bürgle & Dieter Frey

Vorbemerkung		141
5.1	Definition, Entstehung, Funktionen und Auswirkungen von Stereotypen	142
5.2	Maßnahmen zum Abbau von Stereotypen und Vorurteilen – die besondere Rolle von Bildung	151

6 Bildung und Entwicklung – der entwicklungspsychologische Zugang   162

Fabienne Becker-Stoll & Monika Wertfein

Vorbemerkung		162
6.1	Das systemisch-integrative Verständnis von Entwicklung	164
6.2	Das Zusammenwirken von Schutz- und Risikofaktoren in der Entwicklung	166
6.3	Entwicklungsbereiche mit häufigen Störungen im Kindes- und Jugendalter	169
6.4	Das entwicklungspsychologische Interventionsverständnis	171
6.5	Soziale und emotionale Kompetenzen als Voraussetzung für gesunde Entwicklung und inklusive Bildung	175
Schlussbemerkung		177

| 7 | **Bildung und Förderung – der sonderpädagogische Zugang** | **179** |

Bernd Ahrbeck
Vorbemerkung		179
7.1	Bildungsbegriff und Behinderung	183
7.2	Gemeinsame Beschulung und Inklusive Momente	186
Schlussbemerkung		191

| 8 | **Bildung und Inklusion – der pädagogische Zugang** | **197** |

Rudolf Tippelt
Vorbemerkung		197
8.1	Menschenrechtspädagogik als ethische Basis	198
8.2	Pädagogische Anerkennungskultur und universalistische Moral	201
8.3	Inklusion in den pädagogischen Institutionen des Systems des Lebenslangen Lernens	205
8.4	Vertiefte Darstellung zur Inklusion an den Hochschulen und in der Weiterbildung	209
8.5	Inklusion und Professionalisierung des pädagogischen Personals	211
8.6	Konkreter praktischer Handlungsbedarf	214
8.7	Forschungsperspektiven zur Professionalisierung inklusiver Bildung	215

| 9 | **Bildung und Heterogenität – eine disziplinübergreifende Perspektive** | **222** |

Annedore Prengel
Vorbemerkung		222
9.1	Was bedeutet Heterogenität?	223
9.2	Lassen sich historische Spuren zu Heterogenität finden?	225
9.3	Wie wird Heterogenität gegenwärtig sichtbar?	229
9.4	Warum hat Heterogenität Konjunktur?	232
9.5	Hat Heterogenität »Schuld« an den Erfolgen menschenfeindlicher Richtungen?	235
9.6	Schluss: Was hält die Gesellschaft zusammen?	236

| 10 | **Ausblick: Inklusive Momente im Bildungsprozess** | **241** |

Rudolf Tippelt & Ulrich Heimlich

Autorenverzeichnis **254**

Vorwort: Teilhabe, Teilgabe oder Teilsein? Auf der Suche nach den Grundlagen inklusiver Bildung

Ulrich Heimlich & Rudolf Tippelt

Nachdem im Jahre 2009 die UN-Konvention über die Rechte von Menschen mit Behinderungen in Deutschland inkraft tritt, setzt der Diskurs zum zentralen bildungspolitischen Leitbild der Konvention erst mit Verzögerung ein. Die Gestaltung eines inklusiven Bildungssystems auf allen Ebenen (Art. 24) wird zunächst als bereits bewältigt missverstanden. Erst allmählich setzt sich die Einsicht durch, dass in den letzten 40 Jahren der Integrationsentwicklung im deutschen Bildungssystem zwar einige Erfahrungen mit der Teilhabe von Menschen mit Behinderung an Bildung gesammelt werden konnten. Für die Erreichung des Ziels der Inklusion sind hingegen noch erhebliche weitere Schritte erforderlich.

Zwischenzeitlich bricht sich in allen erziehungs- und bildungswissenschaftlichen Teildisziplinen und auch in angrenzenden Wissenschaftsdisziplinen die Erkenntnis Bahn, dass nicht nur einige kosmetische Änderungen am Erscheinungsbild des deutschen Bildungssystems vorgenommen werden müssen, um das Ziel der Inklusion ernsthaft in die Tat umzusetzen. Inklusion betrifft eine Reihe von Wissenschaftsdisziplinen in ihren theoretischen Grundlagen – sowohl in anthropologischer als auch in gesellschaftstheoretischer Sicht. Es dämmert uns, dass wir der gemeinsamen Aufgabe der Inklusion nicht beikommen werden, wenn wir weiterhin Begriffen und Theorien anhängen, die Menschen mit Behinderung schlicht ausklammern. Letztlich stehen wir im Bildungssystem vor der Aufgabe, inklusive Bildung als neue Konzeption inhaltlich zu füllen. Die grundlegenden Arbeiten dazu stehen im Gegensatz zum inflationären Gebrauch des Begriffes »inklusive Bildung« noch am Anfang. Im vorliegenden Band soll das Konzept der »inklusiven Bildung« deshalb im Mittelpunkt stehen und aus interdisziplinärer Sicht von unterschiedlichen Seiten beleuchtet werden.

Dabei geht der Anspruch inklusiver Bildung möglicherweise über eine bloße Ausweitung der Formen der *Teilhabe* hinaus. Gerade wenn die Heterogenität im Bildungssystem als Ausgangsbedingung bewusst akzeptiert wird, dürfte deutlich werden, dass auch die Beteiligten selbst in ihrer Unterschiedlichkeit zu einer Veränderung der Bildungseinrichtung oder anderer *settings* beitragen und insofern ebenso eine Art der *Teilgabe* stattfindet. Erst über diesen Weg wird die Erfahrung möglich, im Sinne von *Teilsein* umfänglichen einbezogen zu sein. Inklusive Bildung wird sich dann nicht nur in einer großzügigen Geste der Beteiligung erschöpfen, sondern vielmehr die Grundlagen dessen tangieren, was wir denn unter Bildung in der Gegenwart und Zukunft verstehen sollen und wollen.

Quellen einer inklusiven Bildung lassen sich gegenwärtig vor allem über neuere Theorie- und Handlungskonzepte erschließen, die in der Heil- und Sonderpädagogik derzeit international stark diskutiert werden (Heimlich 2014). Im Ansatz des *disability mainstreaming* (abgeleitet von *gender mainstreaming*) etwa kommt das Bemühen zum Ausdruck, alle sozial- und bildungspolitischen Maßnahmen des Staates unter die Maxime von mehr Teilhabegerechtigkeit zu stellen (vgl. dazu Wacker 2011). Damit ist eine Gesamtstrategie angesprochen, die sich auf alle gesellschaftlichen Bereiche bezieht und Gleichstellung in der Gesellschaft im Sinne von nachhaltigen Entwicklungen ständig im Blick hat. *Disability* bezeichnet in diesem Kontext nicht in erster Linie die »Unfähigkeit« einer Person und deren Ursachen, sondern vielmehr die Hindernisse für die Entfaltung von Fähigkeiten (ebd., S. 9). Für die inklusive Bildung folgt daraus, dass hier nicht nur ein pädagogisches Problem zu lösen ist, sondern vielmehr sämtliche Interaktions- und Steuerungsprozesse in Bildungseinrichtungen auf den inklusiven Prüfstand gestellt werden sollen. Darüber hinaus lässt sich *disability mainstreaming* nicht mehr nur auf die Bildungseinrichtung selbst reduziert umsetzen. Eine Verortung entsprechender Maßnahmen im Sozialraum der Einrichtung gilt inzwischen als unumstritten. Die Behindertenhilfe insgesamt wird derzeit unter dem Aspekt der *Sozialraumorientierung* neu konzipiert, da deutlich geworden ist, dass eine inklusive Gesamtorientierung nicht nur über eine Gesetzesänderung geleistet werden kann (ebd., S. 13). Inklusive Bildung wird hier zum Bestandteil einer regionalen Infrastruktur für Menschen mit Behinderung und bleibt auf lebendige Austauschprozesse zwischen Bildungseinrichtungen und dem sozialen Kontext angewiesen. Elisabeth Wacker hat dazu ein Entwicklungsprogramm vorgestellt, in dem über die Aufmerksamkeit für Ressourcen (Schritt 1), die Identifizierung von Handlungsfeldern (Schritt 2) und die Erprobung von Modellen (Schritt 3) schließlich das übergreifende Ziel des *disability mainstreaming* erreicht werden soll.

Eine mögliche Fundierung erfährt das Konzept der inklusiven Bildung ebenfalls durch den Ansatz der *Care-Ethik* (vgl. dazu Wunder 2011). Aus der Praxis der sozialen Arbeit und aus feministischen Positionen heraus entstanden, weist die Care-Ethik auf den Aspekt der Achtsamkeit und Sorge im Klientel-Bezug hin. »Care« meint soviel wie »Angewiesenheit des Menschen auf den anderen und auf dessen achtsame Zuwendung« (vgl. dazu ebd., S. 21). Mit »Achtsamkeit« ist wiederum eine Grundhaltung gemeint, die die »Verbundenheit aller Menschen« (ebd.) und eine »sorgende Aktivität gerade bei Ungleichheit der Kommunikationspartner« (ebd.) anstrebt. Die Qualität der Beziehung zu Kindern mit Behinderung stellt deshalb die Basis inklusiver Bildung dar. Aus ihr und den Bedürfnissen der Beteiligten entsteht gleichsam das inklusive Bildungsangebot. Für die innere Haltung des Care-Gebers sind vor dem Hintergrund der Care-Ethik folgende Kriterien bedeutsam:

1. *Attentiveness* (Aufmerksamkeit) im Sinne von Offenheit und Zugewandtheit zum Anderen,
2. *Responsibility* (Verantwortlichkeit) im Sinne der Bereitschaft, Sorge für Andere zu übernehmen,
3. *Competence* (Kompetenz) im Sinne der Bereitschaft, eigene Grenzen zu akzeptieren und professionelle Hilfe geben zu können,
4. *Responsiveness* (Empfänglichkeit) im Sinne der Bereitschaft zur Nähe.

Gleichzeitig ist *Care* (nur unzureichend übersetzt mit dem deutschen Wort »Sorge«) abzugrenzen von einseitigen Abhängigkeitsverhältnissen. Die US-amerikanische Philosophin und Mutter einer Tochter mit Behinderung, Eva Kittay, spricht hier von einer »inversen Abhängigkeit«:

> »Der Gebende ist auch abhängig vom Nehmenden. Die Ungleichheit sollte nicht weggeredet werden, sondern im Gegenteil zum Ausgangspunkt der eigenen Reflektion werden« (ebd., S. 22).

Die Verletzlichkeit des Menschen – und zwar nicht nur des Menschen mit einer Behinderung – wird hier zum Ausgangspunkt einer »bescheideneren Philosophie« (Kittay 2006). Die philosophischen Grundlagen einer inklusiven Bildung müssen deshalb so konzipiert sein, dass auch in der Theorie, in den Grundbegriffen und Grundannahmen, bereits der Ausschluss und die Aussonderung verhindert werden. Inklusive Bildung ist im Sinne der Care-Ethik getragen von einer achtsamen Zuwendung zum Anderen. Dieses Prinzip gilt im Übrigen für alle Menschen.

Im Ansatz der *diversity education* (Genishi & Goodwin 2008; Prengel 2011; Winzer 2009) wird die Heterogenität der Kinder und Jugendlichen zum Reichtum des Bildungsangebotes. In dem US-amerikanischen Slogan »*Celebrate Diversity*« kommt diese neue Herangehensweise an die Unterschiedlichkeit von Kindern und Jugendlichen zum Ausdruck. Annedore Prengel hat bereits in ihrer »Pädagogik der Vielfalt« (1995) auf die Bedeutungsvielfalt des Begriffs Heterogenität hingewiesen. Gerade unter dem Einfluss von Konzepten der Menschenrechtsbildung, der *diversity education* und der demokratischen Erziehung zeigt sich, dass Heterogenität mehrere Bedeutungsebenen umfasst:

1. Heterogenität als *Verschiedenheit* im Sinne von Unterschieden zwischen Kindern aufgrund ihres Alters, ihrer sozialen und kulturellen Herkunft, ihrer Geschlechtszugehörigkeit usf.,
2. Heterogenität als *Vielschichtigkeit* im Sinne von vielfältigen Substrukturen innerhalb einer Person oder Gruppe,
3. Heterogenität als *Veränderlichkeit* im Sinne von prozessualen und dynamischen Entwicklungen innerhalb von Personen oder Gruppen und
4. Heterogenität als *Unbestimmbarkeit* im Sinne von unbegreiflichen und nicht benennbaren Aspekten einer Person oder Gruppe (Prengel 2011).

Trotz dieser Unterschiede (oder gerade wegen dieser Unterschiede) garantieren demokratische Gesellschaften ihren Mitgliedern Gleichheit im Sinne von gleichen Rechten auf Teilhabe an den Ressourcen einer Gesellschaft (z. B. die UN-Kinderrechtskonvention). Inklusive Bildung wird bestimmt von diesem Spannungsverhältnis zwischen Gleichheit und Verschiedenheit und bedarf der »Denkfigur der »egalitären Differenz«« (ebd., S. 36), wie sie in Theodor W. Adornos kritischer Sozialphilosophie zum Ausdruck kommt:

> »Eine emanzipierte Gesellschaft jedoch wäre kein Einheitsstaat, sondern die Verwirklichung des Allgemeinen in der Versöhnung der Differenzen. Politik ... sollte ... den besseren Zustand aber denken als den, in dem man ohne Angst verschieden sein kann« (Adorno 2001, S. 184f.).

Im Rahmen inklusiver Bildung gilt es, den Zusammenhang von Gleichheit und Verschiedenheit auf allen Ebenen des Bildungssystems immer wieder neu auszubalancieren.

So wird inklusive Bildung bezogen auf Kinder mit Behinderung letztlich einer demokratischen Bildungskonzeption verpflichtet sein, wie sie der amerikanische Erziehungswissenschaftler John Dewey (1859–1952) in seiner Vorstellung von Demokratie zum Ausdruck gebracht hat. Damit einher geht eine sozialphilosophische Grundlegung inklusiver Bildung im Rahmen einer kritisch-pragmatistischen Konzeption (Dewey 1916/1993). Dewey bezeichnet es als Aufgabe der Demokratie, Erfahrungen hervorzubringen, an denen alle teilhaben und zu denen alle beitragen können (Dewey 1939/1988). Inklusive Bildung wird für Kinder mit Behinderung erst dann erfahrbar, wenn sie nicht nur teilhaben, sondern auch etwas beitragen können.

Damit entsteht auch Anschlussmöglichkeit an die Erweiterung des Teilhabekonzepts um den Aspekt der »Teilgabe«. Von Marianne Gronemeyer in die sozialwissenschaftliche Diskussion eingeführt (Gronemeyer 2002/2009), stellt der Aspekt der Teilgabe die doppelseitige Struktur gesellschaftlicher Partizipationsprozesse heraus:

> »Teilgabe meint, dass jedes Mitglied einer Gesellschaft seinen Beitrag zur Gestaltung des gesellschaftlichen Miteinanders in allen Fragen, die sein Leben betreffen, leisten kann« (ebd., S. 79).

Auf die Heil- und Sonderpädagogik bzw. die Behindertenhilfe übertragen macht die Verbindung von Teilhabe und Teilgabe deutlich, dass Menschen mit Behinderung aktiv an der Inklusion beteiligt sein müssen und selbst etwas geben wollen. In ersten Studien zur Teilhabeforschung bei Menschen mit Behinderung (Krope et al. 2009) zeigt sich überdies, dass bei den Bemühungen, die Teilhaberechte von Menschen mit Behinderung zu erfüllen, häufig ihre Teilgabebedürfnisse gar nicht wahrgenommen werden.

Inklusion bedeutet demnach, eine neue Form des Miteinanders zu kreieren, in der Prozesse des Voneinander-Lernens – und zwar aller Beteiligten – möglich werden. Zugleich macht der Durchgang durch neuere Ansätze einer inklusiven Bildung deutlich, dass wir hier zum gegenwärtigen Zeitpunkt noch von einer konzeptionellen Suchbewegung ausgehen müssen. Zielsetzung wäre ein Konzept humaner Bildung, wie es Julian Nida-Rümelin auf der Grundlage einer praktischen Philosophie entwirft:

> »Bildung leistet nur dann einen Beitrag zur Humanisierung der Gesellschaft, wenn sie von Respekt gegenüber unterschiedlichen Lebensformen, Kulturen, sozialen und geographischen Herkünften geprägt ist« (Nida-Rümelin 2013, S. 194).

Nach einleitenden Überlegungen der Herausgeber des Bandes soll ein Gespräch zwischen Vertretern der Allgemeinen Pädagogik, der Schulpädagogik und der Sonderpädagogik die Frage nach einer inklusiven Bildung bewusstmachen (Ulrich Heimlich, Ewald Kiel & Rudolf Tippelt). Zur Beantwortung dieser Ausgangsfrage ist zunächst eine bildungsphilosophische Grundlegung erforderlich, die besonders den Zusammenhang von Gerechtigkeit und Bildung thematisiert. Bildung schafft allerdings in jedem Fall gute Voraussetzungen für gesellschaftliche Teilhabe (Beitrag von Wolf-Thorsten Saalfrank, Winfried Trieb & Klaus Zierer, ▶ Kap. 1). Letztlich gilt es, das Menschenrecht auf Bildung auch für Menschen mit Behinderung zu sichern (Beitrag von Agnes Leu & Christina Mittmasser, ▶ Kap. 2). Inklusion gehört mitten in die Gesellschaft und steht stets im Spannungsfeld zur Exklusion (Beitrag von Elisabeth Wacker, ▶ Kap. 3). Die moderne Hirnforschung bestimmt zunehmend Bildungsdiskurse und fokussiert insbesondere die Persönlichkeit (Beitrag von Gerd Schulte-Körne, ▶ Kap. 4). Bildung trägt allerdings auch zum Abbau von Vorurteilen gegenüber Menschen mit Behinderung bei (Beitrag von Nadja Bürgle & Dieter Frey, ▶ Kap. 5). Inklusive Bildung erfordert zudem die konsequente Orientierung an der individuellen Entwicklung von Kindern und Jugendlichen (Beitrag von Fabienne Becker-Stoll & Monika Wertfein, ▶ Kap. 6). Erst vor diesem Hintergrund kann die Inkorporation des Themas »inklusive Bildung« in die Erziehungs- und Bildungswissenschaften gelingen, ohne dass elementare Verkürzungen im Bildungskonzept unterlaufen (Beitrag von Bernd Ahrbeck, ▶ Kap. 7 und Beitrag von Rudolf Tippelt, ▶ Kap. 8). Schließlich erfordert die Konzipierung von Bildungsangeboten in zunehmend heterogener werdenden Gesellschaften eine interdisziplinäre Perspektive (Beitrag von Annedore Prengel, ▶ Kap. 9). In einem Ausblick versuchen die Herausgeber die unterschiedlichen Zugänge zur inklusiven Bildung im Konzept der inklusiven Momente zusammenzuführen. Der verbindende Begriff des »Zugangs« zum gemeinsamen Thema »Inklusive Bildung« aus unterschiedlichen fachlichen Perspektiven ist bewusst gewählt, da mit dem Leitbild »Inklusion« auch der Anspruch »*universal access*« im Sinne eines Zugangs für alle zum Bildungssystem gilt.

Ein Teil der Beiträge dieses Bandes ist aus Vorträgen im Rahmen der zentralen fakultätsübergreifenden Ringvorlesung an der Ludwig-Maximilians-Universität München im Wintersemester 2016/2017 unter dem Titel »Inklusion und Diversität – Was hält die Gesellschaft zusammen?« hervorgegangen. Den Vortragenden sei an dieser Stelle ausdrücklich für ihre Bereitschaft gedankt, ihre Überlegungen schriftlich zu fixieren und für die Publikation zur Verfügung zu stellen.

Der Band richtet sich an alle Studierenden erziehungs- und bildungswissenschaftlicher Studiengänge sowie angrenzender Fachgebiete. Inklusion ist letztlich eine gesellschaftliche Aufgabe. Insofern wird es zukünftig kaum einen gesellschaftlichen Bereich geben, der nicht vor der Herausforderung steht, die Teilhabe, Teilgabe und das Teilsein weiter zu entwickeln.

Wir danken allen Ko-Autorinnen und Ko-Autoren für ihre Geduld, die bei der Entstehung dieser Publikation erforderlich war. Wir danken Julia Roth ganz besonders für ihre unschätzbaren Dienste beim Korrekturlesen des Manuskriptes.

München, im Juli 2020

Rudolf Tippelt und Ulrich Heimlich

Literatur

Adorno, Theodor W. (1951/2001): Minima Moralia. Reflexionen aus einem beschädigten Leben. Berlin/Frankfurt am Main: Suhrkamp

Dewey, John (1988): Creative Democracy – The Task before us. In: Dewey, John: The Later Works, 1925–1953. Vol 14: 1939–1941. Hrsg. von Boydston, J.A. Carbondale u. Edwardsville: Southern Illinois University Press, S. 225–230

Dewey, John (1916/1993): Demokratie und Erziehung. Eine Einleitung in die philosophische Pädagogik. Weinheim/Basel: Beltz

Genishi, Cecilia & Goodwin, Lin A. (2008): Diversities in early childhood education. Rethinking and doing. London u. a.: Routledge

Gronemeyer, Marianne (2009): Die Macht der Bedürfnisse. Überfluss und Knappheit. 2. Auflage. Darmstadt: Wissenschaftliche Buchgesellschaft

Heimlich, Ulrich (2014): Teihabe, Teilgabe oder Teilsein? Auf der Suche nach den Grundlagen inklusiver Bildung. In: Vierteljahresschrift für Heilpädagogik und ihre Nachbargebiete 83 (1), S. 1–5

Kittay, Eva Feder (2006): Die Suche nach einer bescheideneren Philosophie: Mentalen Beeinträchtigungen begegnen – herausfinden, was wichtig ist. Dankesrede anlässlich der Verleihung des ersten IMEW-Preises am 23. Oktober 2006 in der Urania in Berlin. Im Internet unter www.imew.de/index.php?id=269 [19.05.2020]

Krope, Peter, Latus, Knut & Wolze, Wilhelm T. (2009): Teilhabe im Dialog. Eine methodisch-konstruktive Studie zu Lebenslagen von Menschen mit Behinderung. Münster/New York: Waxmann

Nieda-Rümelin, Julian (2013): Philosophie der humanen Bildung. Hamburg: edition körber Stiftung

Prengel, Annedore (1995): Pädagogik der Vielfalt. Verschiedenheit, Gleichberechtigung in Interkultureller, Feministischer und Integrativer Pädagogik. 2. Auflage. Opladen: Leske + Budrich

Prengel, Annedore (2011): Inklusion in der Frühpädagogik. Der Übergang vom Kindergarten in die Schule. In: Frühe Kindheit, 14. Jg., H. 6, S. 34–39

Wacker, Elisabeth (2011): Inklusion – kein Kinderspiel! Stationen auf dem Weg zu gleichen Chancen beim Heranwachsen für alle. In: Frühe Kindheit, 14. Jg., H. 6, S. 6–15

Winzer, Margret A. (2009): From Integration to Inclusion. A History of Special Education in the 20th Century. Washington D.C.: Gallaudet University

Wunder, Michael (2011): Inklusion – nur ein neues Wort oder ein anderes Konzept? In: Frühe Kindheit, 14. Jg., H. 6, S. 16–23

Einleitung: Inklusive Bildung im Dialog

Ulrich Heimlich, Ewald Kiel & Rudolf Tippelt

Vorbemerkung

Nach wie vor befindet sich der erziehungswissenschaftliche Diskurs zur Inklusion im Bildungssystem und zur inklusiven Bildung im deutschsprachigen Raum in einem Stadium der »konzeptionellen Suchbewegung« (Heimlich 2014). Aus diesem Grunde haben die Herausgeber dieses Bandes zur inklusiven Bildung ein Gespräch vereinbart, um im Dialog zwischen Vertretern der Allgemeinen Pädagogik, der Schulpädagogik und der Sonderpädagogik den Versuch zu unternehmen, sich aus unterschiedlichen fachlichen Perspektiven dem gemeinsamen Gegenstand der »inklusiven Bildung« zu nähern. Das Gespräch wurde von der Unterrichtsmitschau der Ludwig-Maximilians-Universität München (LMU) aufgezeichnet und auf Basis des Videomitschnitts transkribiert. Das Video zum Gespräch zwischen Prof. Dr. Ewald Kiel, Prof. Dr. Rudolf Tippelt und Prof. Dr. Ulrich Heimlich kann unter der folgenden URL angesehen werden: https://videoonline.edu.lmu.de/inklusivebildung.

Wir danken Frau Dr. Juliane Aulinger, Leiterin der Unterrichtsmitschau der LMU, und Herrn Dipl. Soz. Maxime Pedrotti für die Unterstützung bei der Umsetzung des Vorhabens. Ebenfalls vielen Dank an Charlotte Demmel für die Transkription des Gespräches. Bei der Transkription wurde darauf geachtet, den Dialogcharakter weitestgehend zu erhalten. Zur besseren Lesbarkeit ist bei Personen- oder Personengruppenbezeichnungen die männliche Bezeichnung des Wortlauts beibehalten bzw. auf geschlechtsneutrale Bezeichnungen ausgewichen worden. Es sind jedoch in jedem Fall beide Geschlechter gemeint.

Ulrich Heimlich: »Ich darf sie recht herzlich begrüßen zu unserer Gesprächsrunde ›Inklusive Bildung im Dialog‹. Ich möchte zunächst vorschlagen, dass wir uns kurz vorstellen.«

Ewald Kiel: »Mein Name ist Ewald Kiel und ich leite den Lehrstuhl Schulpädagogik an der LMU München und bin selbst fünf

Jahre Gymnasiallehrer gewesen an einer nicht inklusiven Schule.«

Rudolf Tippelt: »Mein Name ist Rudolf Tippelt, ich hatte den Lehrstuhl für Allgemeine Pädagogik und Bildungsforschung von 1998 bis 2016 hier an der LMU München inne und bin seit Oktober 2016 im sogenannten Ruhestand, war vorher an den Universitäten Freiburg und Heidelberg, bin aber nach wie vor recht aktiv, auch bei uns an der LMU, zum Beispiel in der Organisation des Seniorenstudiums und auch des Studium Generale, arbeite auch an meinem Lehrstuhl weiter, vor allem im Bereich von Promotionen und Habilitationen. Ansonsten leite ich auch noch einige »Wissenschaftliche Beiräte« oder auch Kuratorien (z. B. des Deutschen Instituts für Erwachsenenbildung, der WIFF-Initiative am Deutschen Jugendinstitut, des Leibniz Instituts für Bildungsprozesse über die Lebensspanne – LifBi), aber ich versuche mich gerade etwas zurückzuziehen.«

Ulrich Heimlich: »Mein Name ist Ulrich Heimlich, ich habe hier an der LMU den Lehrstuhl für Lernbehindertenpädagogik inne. Ich bin selbst zehn Jahre im Schuldienst in verschiedenen Förderschulen gewesen, habe also Schulpraxis erfahren und bin jetzt seit über zwanzig Jahren tätig im Bereich der Integrations- beziehungsweise Inklusionsforschung. Und das ist auch heute unser Thema. Seit 2009 ist in Deutschland die UN-Konvention über die Rechte von Menschen mit Behinderungen in Kraft. In Artikel 24 heißt es, dass sich die Vertragsstaaten auf ein inklusives Bildungssystem auf allen Ebenen verpflichten. Wir sind im Jahre acht nach Inkrafttreten der Konvention, alles redet über inklusive Bildung. Die Frage, die wir heute hier besprechen wollen, ist: Was ist das eigentlich, inklusive Bildung?«

Ewald Kiel: »Soll ich anfangen? Gut, zunächst einmal gibt es keinen eindeutigen Begriff, was inklusive Bildung ist. Wenn man sich die Handbücher anschaut, die zu diesem Thema gemacht werden – jeder definiert den Begriff Inklusion anders, jeder sucht seinen eigenen Weg zum Begriff. Wenn ich ein schulsystemisches Modell anlegen würde, würde ich sagen, wir brauchen auf der einen Seite personale Kompetenzen. Dazu gehört so etwas wie ein humanistisches Ethos, potenzialorientiert, nicht defizitorientiert. Es geht darum, ein Mandat für die Menschen zu ergreifen, die sich nicht selbst artikulieren können. Andererseits brauchen wir aber auch ganz zweckrationale Kompetenzen. Wie kann ich deeskalieren mit verhaltensauffälligen Schülern? Ich muss etwas über Störungsbilder, über Teilleistungsstörungen wissen, das ist ganz wichtig. Ich bin ja von der Regelschule und nicht von der Sonderpädagogik. Wir brauchen bestimmte Interaktionskompetenzen, wir müssen die Interaktion in der Schule, das soziale Leben, anders gestalten, auf unterschiedliche Art und Weise, dass auch diejenigen, die Hilfe brauchen, unterstützt werden können von den anderen und dabei nicht exkludiert werden. Und wir brauchen schulstrukturelle Kompetenzen, es ändert sich eine ganze Menge in der inklusiven Bildung. Es wird immer mehr dahingehen, dass wir multiprofessionelle Teams haben, dass Leute aus dem Pflegebereich, Sozialpädagogen und Therapeuten mit Regelschullehrern zusammenarbeiten. Diese multiprofessionellen Teams zu entwickeln und zu begleiten wird auch nicht einfach sein. Das heißt, wir brauchen von der individuellen personalen Ebene bis zur strukturellen Ebene unterschiedliche Kompetenzen, um inklusive Bildung möglich zu machen.«

Ulrich Heimlich: »Wie würden Sie es aus der Allgemeinen Pädagogik heraus betrachten, Herr Tippelt?«

Rudolf Tippelt: »Ich kann mich Vielem anschließen, zunächst was die Kompetenzen betrifft. Ich würde vielleicht noch Folgendes ergänzen wollen aus der Sicht der Allgemeinen Pädagogik: Inklusive Bildung ist ein Anspruch an die Schule, aber eben auch an die frühkindliche Bildung. Es ist ein Anspruch in der beruflichen Bildung, es ist ein Anspruch an die Erwachsenen- und Weiterbildung, es ist ein Anspruch an die Hochschule, also über die gesamten Bildungsprozesse über die Lebensspanne ist es ein Anspruch, den wir versuchen müssen, organisational zu realisieren, aber auch aufgrund der personalen Kompetenzen der Pädagogen, die dort jeweils tätig sind, bessere Bedingungen zu schaffen für inklusive Bildung. Für mich als Allgemeiner Pädagoge ist der Begriff ein Gegensatz auch zur Exklusion, zur Ausgrenzung, zur Stigmatisierung von Bevölkerungsgruppen, insofern ein Begriff der Menschenrechtspädagogik. Es geht darum, allen in unserer Gesellschaft eine maximale und optimale Möglichkeit der Realisierung ihrer Persönlichkeitsentwicklung zu gewährleisten, sowohl individuell als auch in den Institutionen. Es gibt auch einen nicht-institutionellen Bereich von Erziehung und Sozialisation, aber wir reden hier jetzt in erster Linie über die Institutionen und über die Menschenrechte, die mit der Inklusion für alle verbunden sind.«

Ulrich Heimlich: »Aus sonderpädagogischer Sicht kann ich ergänzen, dass wir ein bisschen Sorge haben im Augenblick, dass eben Schüler mit Behinderungen bzw. Kinder und Jugendliche mit Behinderungen in dieser Bildungsvorstellung noch nicht mitgedacht sind. Ich habe den Eindruck, dass Bildung in unserem Bildungssystem häufig von der gymnasialen Bildung aus gedacht wird und dann sozusagen heruntergebrochen wird auf andere Bildungsniveaus. Genauso stellt sich die Frage im Bereich der frühkindlichen Bildung, wenn wir Kinderkrippen anschauen: Ist das, was dort stattfindet, auch Bildung oder ist das eher Betreuung? Also, ich würde mir im Augenblick wünschen, dass wir Bildung auch ein bisschen mehr von den Grenzen unserer Arbeit her sehen, was Entwicklungsvoraussetzungen beim einzelnen Kind angeht, aber auch was im Bildungssystem Bereiche angeht, die jetzt nicht im zentralen Sinne von vornherein mit Bildung gleichgesetzt werden. Kann man sagen, aus der Sicht der Schulpädagogik, dass Kinder und Jugendliche mit Behinderungen hier schon mitgedacht sind?«

Ewald Kiel: »Nein. Da würde ich eindeutig Nein sagen. Ich will das an einer Anekdote verdeutlichen. Wir machen Anforderungsanalysen und fragen Lehrkräfte verschiedener Schularten, was denn wichtig ist in ihrer Schule, welche Fähigkeiten und Kompetenzen man haben möchte. Und da schildert eine Förderschullehrerin aus einer Kooperationsklasse folgenden Fall: Eine Realschullehrerin soll in der Kooperationsklasse unterrichten, guckt sich zehn Minuten den Unterricht an und sagt: ›Das hab' ich mir so nicht vorgestellt. Hier unten wollte ich nicht arbeiten.‹ So viel zum Bewusstsein von Regelschullehrern. Das ist natürlich nicht bei allen so, das ist keine Frage, aber gerade im gymnasialen Bereich, bei Realschullehrern, die verstehen sich ganz wie die Gymnasiallehrer als Fachvermittler, als Fachvertreter. Und da muss auch ein Umdenken stattfinden. Ich denke, inklusive Bildung ist einerseits natürlich eine Veränderung in den Köpfen, das Bewusstsein zu haben über die Menschrechte, die Herr Tippelt angesprochen hat, dass hier ein Recht verwirklich wird, was man nicht einfach abwehren kann, nicht sagen kann ›Das passt mir einfach nicht‹. Man muss aber auch zweckrationale Aspekte berücksichtigen. Wenn wir die Lehrkräfte fragen, gerade nicht die Sonderpädagogen, [sondern] die Regelschullehrer, die sagen: ›Ja, ich bin ja im Prinzip dafür, für die Inklusion, aber mir fehlt es an Kompetenzen, was mache ich denn mit einem verhaltensauffälligen Kind, was ist denn eine Deeskalationsstrategie, wie kann ich denn erkennen, ob ein Kind eine Teilleistungsstörung hat oder nicht?‹ Und wenn von einem Bewusstsein für inklusive Bildung die Rede ist: Die Lehrkräfte wollen nicht nur diese Wertrationalität haben und sagen: ›Du musst einfach dieses humanistische Ethos entwickeln!‹, die wollen sagen: ›Zeigt mir ganz genau, was kann ich tun!‹ Und da müssen wir noch enorme Entwicklungsarbeit leisten, sowohl etwas in den Köpfen zu verändern, aber auch zweckrational von den Fachdidaktiken her, von der Schulpädagogik her, von den Sonderpädagogen her, wie die zusammenwirken können und ein System entwickeln. Und mein Nein heißt: Das haben wir bisher noch nicht gemacht. Wir sind dabei, gerade an der LMU auch mit der Qualitätsoffensive Lehrerbildung in diese Richtung im Ausbildungsbereich zu arbeiten, aber da liegt auch noch viel Arbeit vor uns.«

Ulrich Heimlich: »Da klingt ja so ein bisschen dieses Thema inklusive Haltung an, also Inklusion hat etwas mit Einstellung, mit Überzeugung, mit Ethos zu tun. Die große Frage, die sich da stellt: Ist das eigentlich lehrbar, eine inklusive Haltung? Kann man das an pädagogisch Tätige weitergeben? Kann man das bei ihnen anregen?«

Rudolf Tippelt: »Ich glaube, man kann für eine solche Haltung, andere zu akzeptieren, die etwas anders sind als ich, dieses sehr individuelle Denken, jeden anderen so zu nehmen wie er ist, dafür kann man sensibilisieren in unserer Ausbildung. Ich würde allerdings noch einmal Unterschiede machen zwischen sensibilisieren und etwas praktizieren können. Das erste können wir vielleicht, aber wir tun das noch nicht hinreichend. Dennoch haben wir seit 2010, da würde ich wirklich eine Weiche sehen, begonnen, sehr viel intensiver mit dem Begriff der inklusiven Bildung zu arbeiten. Da war die UN-Behindertenrechtskonvention von großer Bedeutung und hatte ihre Auswirkungen. Das hat dazu geführt, dass wir auch engere Kontakte mit der Sonderpädagogik entwickelt haben und die Sonderpädagogik auch mit der allgemeinen Pädagogik, auch mit der Schulpädagogik und anderen »Pädagogiken«. Das ist wichtig, aber es ist nur dann lehrbar, glaube ich, wenn wir auch in authentische Situationen hineingehen. Das heißt, dass wir uns auch konfrontieren mit einer inklusiven Klasse und die Situation auch erleben. Ich glaube, inklusive Pädagogik kann vor allen Dingen als projektorientiertes Lernen gestaltet werden und braucht Praxisphasen, damit das nicht nur eine theoretische Überlegung bleibt, die also entweder normativ oder wertrational ist, wie Herr Kiel richtig sagt, sondern dass man auch weiß ›Wie reagiere ich eigentlich darauf?‹ Und man kann dann auch an den eigenen Reaktionen arbeiten. Das halte ich für sehr wesentlich. Und so kann man es dann, glaube ich, auch unterrichten, denn wir müssen weg von einer Haltung – das können wir durchaus an der Universität befördern –, dass jeder, der irgendwelche Leistungen nicht erbringt, sofort in eine Sondereinrichtung muss – und heraus aus dem Regelbetrieb. Das ist eine Form von Diskriminierung. Diese Einsicht kann man Studierenden vermitteln, dass das so nicht gehen kann in einem humanen Bildungssystem.«

Einleitung: Inklusive Bildung im Dialog

Ulrich Heimlich: »Das bedeutet ja eigentlich, dass wir in der Konsequenz auch aus der UN-Behindertenrechtskonvention unsere Modelle von Qualifizierung und Professionalisierung für pädagogisch Tätige ändern müssen. Es gab ja die Tagung 2013 in Berlin »Professionalisierung für inklusive Bildung«, bei der auch dieses Thema in den Vordergrund gestellt worden ist. Welche Auswirkung hat die UN-Konvention auf unsere Modelle von pädagogischem Studium, möglicherweise auch von Lehrerbildung?«

Ewald Kiel: »Ich würde gleich bei dem anfangen, was Herr Tippelt gesagt hat. Er sprach von Projektorientierung. Ich denke, wir brauchen einen Kontakt der Lehrkräfte, gerade in den Regelschulen, mit Schülern, die inklusiven Herausforderungen ausgesetzt sind. Ein Gymnasiallehrer hat keine Ahnung, was das bedeutet, in einem Kontext mit Schülern mit Behinderungen zu arbeiten, es sei denn im Bereich Körperbehinderung oder ähnlichen Beeinträchtigungen. Das heißt für die Lehrerbildung, wir müssten die Praktika verändern, wir müssen es in Praktika möglich machen, dass Studierende in Kontakt kommen, auch mit schwierigen Situationen, und gleichzeitig aber auch begleitet werden und nicht sagen: ›Uhh, das will ich jetzt unter gar keinen Umständen.‹ Denn man muss ja bedenken, Studierende gehen da mit bestimmten Erwartungen in die Profession hinein, und Gymnasiallehrkräfte verstehen sich sicherlich eher als Fachvermittler, die wollen nicht betreuen, nicht begleiten, sondern die verstehen sich als Romanisten und Germanisten und nicht als Deutschlehrer oder Französischlehrer. Ein anderer Punkt ist, der sicherlich eine große Rolle spielt, zu erkennen, was los ist bei den Schülern. Wir haben ja auch in anderen Kontexten die Forderung, diagnostische Kompetenzen von Lehrkräften zu steigern, oder andererseits wie hier in Bayern den Mobilen Sonderpädagogischen Dienst hereinzuholen, dass ich mir also jemanden mit der entsprechenden Kompetenz in die Schule hereinholen kann. Das ist ein anderer Punkt, der in der Ausbildung eine große Rolle spielt. Und ein dritter wichtiger Punkt, denke ich, ist auch, dass die Schule sich verändert. Ich begleite Schulentwicklungsprozesse hier in München. Wenn ich da an meine eigene Schulzeit denke, da war der Gymnasiallehrer Gymnasiallehrer und hatte mit den Eltern, den Schülern und den Kollegen zu tun. Heute müssen die Schulen sich öffnen. Man braucht Institutionen unterschiedlichster Art: Therapeuten, die hereinkommen, Pflegeberufe, die hereinkommen, oder man versucht die Eltern in Bildungscafés zu erreichen, ›hard to reach-parents‹, die wir ja nicht nur im Behinderten-Bereich haben. Die haben wir auch in anderen Kontexten. Das heißt, die Rolle von Lehrkräften ändert sich radikal. Sie sind nicht mehr Wissensvermittler, sondern Begleiter, Unterstützer, die an der Öffnung der Schule mitarbeiten, die auch entsprechende Kompetenzen haben, zumindest wissen, wen sie ansprechen können, wenn sie Probleme haben. Ich kann die Kompetenzen von Lehrkräften jetzt nicht extrem ausweiten, wobei mehr diagnostische Kompetenzen sicherlich wünschenswert wären. Aber sie müssen wenigstens wissen, wen sie ansprechen können. Und wir brauchen Strukturen, die sie ansprechen können. Und da finde ich, ist die Situation in Bayern nicht schlecht. Ich mag den Mobilen Sonderpädagogischen Dienst sehr, das gibt es in vielen Bundesländern nicht, da können wir stolz darauf sein.«

Ulrich Heimlich: »Ich glaube auch, dass der Mobile Sonderpädagogische Dienst unverzichtbar ist. Wie würden Sie, Herr Tippelt, sagen, sieht das in den anderen pädagogischen Arbeitsfeldern aus, über die Schule hinaus? Wie ändert sich Professionalisierung für die anderen pädagogischen Arbeitsfelder möglicherweise?«

Rudolf Tippelt: »Also im Bereich inklusiver Bildung, wenn wir an Professionalität und Professionalisierung denken, ist meines Erachtens noch enorm viel zu tun, obwohl das jetzt schon sechs, sieben Jahre andauert, dass wir darüber nachdenken und es Modellprojekte gibt. Es ist in der Regelschullehrerausbildung noch nicht vollständig angekommen. Das ist jedenfalls meine Erfahrung. Herr Kiel hat es richtig gesagt, die Lehrkräfte müssen sich an Multiprofessionalität gewöhnen: nicht nur das eigene Fach, nicht nur die eigene Domäne, nicht nur den eigenen Bereich vor Augen zu haben, sondern bereit zu sein, auch mit Therapeuten, mit Sozialpädagogen und dann vor allen Dingen mit Sonderpädagogen eng zusammen zu arbeiten. Sonderpädagogik ist für viele immer noch ein Fremdwort. Auch hier ergibt sich eine Aufgabe der Professionalisierung für inklusive Bildung und da sind wir, aus meiner Sicht, noch am Anfang. Wie kann das gehen an der Hochschule? Man kann auf keinen Fall, was ja manche glauben, die sonderpädagogischen Fachbereiche auflösen und sie sozusagen in alle anderen Teilbereiche der Lehrerbildung integrieren. So nicht! Es kann nur so gehen, dass die hohe Expertise der Sonderpädagogen stärker hereingeholt wird in die frühkindliche Bildung, in kooperative Lehrveranstaltungen oder zumindest in einige Vorträge zu diesem Feld und in Praktika, die in diesem Bereich stattfinden. Das Gleiche gilt im Schulbereich, das Gleiche in der beruflichen Bildung, in der Erwachsenenbildung und auch in der Hochschule. Die Hochschullehrer sind ja auch nicht wirklich vorbereitet auf inklusive Bildung. Da gibt es viel zu tun, vor allen Dingen durch ein interdisziplinäres, kooperatives Lernen. Und da haben die Sonderpädagogen auf der einen Seite eine hohe Verantwortung und sollten eine hohe Bereitschaft zeigen. Jetzt sag ich mal was Kritisches zu den Sonderpädagogen! Sie sollten sich nicht nur immer auf ihr Feld zurückziehen und auf ihre Zielgruppen, sondern es auch anderen vermitteln. Und auch wenn ein paar Widerstände kommen, sollte das nicht als Angriff gewertet werden, sondern als eine Form von Aufklärung. Ich halte das für sehr bedeutsam, dass hier die Zusammenarbeit intensiviert wird – im Interesse der Professionalität. Wichtig ist vielleicht noch – und das gehört ebenfalls zur Professionalität, auch wenn das ein organisatorischer Hinweis ist –, dass wir dann in den unterschiedlichen Bereichen auch immer so viel Personal haben, dass nicht die eine oder die andere Gruppe plötzlich das Gefühl hat, sie muss sich unterordnen, irgendeinem Lerntempo zum Beispiel, sondern dass wir die Möglichkeit der Differenzierung haben, das heißt, ich glaube, Professionalisierung bedeutet auch, in der Lage zu sein, zu differenzieren an bestimmten Punkten. Das ist aber personalintensiv in Schulen, in Behörden, in der beruflichen

Bildung und auch in der Weiterbildung und in der Hochschule.«

Ulrich Heimlich: »Ja, Herr Kiel, bitte gerne unmittelbar dazu.«

Ewald Kiel: »Ich würde gern zu zwei Dingen vom Rudi Tippelt noch etwas sagen. Das eine ist, wir sprechen die ganze Zeit über Schulpädagogik, Sonderpädagogik und Allgemeine Pädagogik. Ich finde, wir dürfen die Fachdidaktiken nicht vergessen. Wenn ich mir zum Beispiel, ich bin Deutschlehrer von Haus aus, die aktuellen Schulbücher anschaue im Deutschunterricht, die versuchen, inklusive Werke auf den Markt zu bringen, dann fällt Folgendes auf: Die haben Texte und die sind einfach nach bestimmten Leistungsvermögen gegliedert. Also für manche Kinder ist der Text kürzer, für andere sehr kurz, andere kriegen komplexe Aufgaben, die eine längere Arbeitszeit benötigen und so weiter. Es wird aber immer nur von der Leistung her geguckt, was muss ich didaktisch ändern. Als jemand der Deutsch unterrichtet hat, wenn ich zum Beispiel in einer achten Klasse so etwas mache wie Erzähltexte besprechen, da unterschiedet man zwischen einem Er-Erzähler, einem Ich-Erzähler, einem auktorialen Erzähler. Hab' ich einen Autisten in der Klasse, dann ist es das, was er auf gar keinen Fall kann, unterschiedliche Perspektiven einnehmen. Was heißt das jetzt für die Aufgabenkultur im Deutschunterricht? Da müssen die Fachdidaktiken sich bewegen, ähnliche Phänomene gibt es sicherlich im Mathematikunterricht, aber das ist ein schönes Beispiel, weil gerade Autisten keine Perspektive eines Anderen einnehmen können. Es nützt also nicht, den Text kürzer zu machen, länger zu machen oder sonst irgendetwas, da muss etwas fundamental Anderes passieren. Und da finde ich, und das meinte ich vorhin auch mit zweckrational, da sind die Fachdidaktiken durchaus aufgefordert, eng zusammen zu arbeiten, gerade auch mit den Sonderpädagogen, um da auch Kompetenzen zu erwerben in bestimmten Bereichen. Einen zweiten Punkt, den ich noch aufgreifen würde, den Herr Tippelt angesprochen hat, ist die Frage der Multiprofessionalität. Dem stimme ich sofort zu. Aber auch da haben wir mal Geistigbehindertenpädagogen befragt – 45, in Kleingruppen. Und die haben alle gesagt, sie arbeiten alle ganz stark in multiprofessionellen Teams. Der Tenor war aber, es funktioniert nur begrenzt gut. Und der Punkt ist einfach ein organisatorischer. Wer hat den Hut auf? Da sagt die siebenundzwanzigjährige Sonderpädagogin der zweiundfünfzigjährigen Pflegekraft: ›Du musst das machen.‹ und die Pflegekraft sagt: ›Ich mache das seit dreißig Jahren. Sagt ihr mir das mal.‹. Und es gibt unglaubliche Reibungsverluste in diesen multiprofessionellen Teams. Und ich finde, da sind wir sowohl von der Hochschule gefordert, etwas zu machen, aber auch in der Organisation und in der Praxis muss darüber nachgedacht werden: Wie kann ich multiprofessionelle Teams sinnvoll organisieren? Und es gilt das alte Prinzip, einer muss auch den Hut aufhaben. Man kann nicht alles egalitär regeln. Sonderpädagogen, wage ich mal zu sagen, tendieren zu diesem egalitären Prinzip ›Alle dürfen mitreden‹, aber ich denke, wenn ich so ein Team mit sieben, acht, neun Leuten habe, das muss von einem organisiert werden und einer muss das letzte Wort haben, sonst funktioniert das nicht. Das ist meine Erfahrung mit den Diskussionen mit Sonderpädagogen in der Geistigbehindertenpädagogik.«

Rudolf Tippelt: »Das ist ein wichtiger Punkt, also ich schließe mich da an. Ich glaube, die Ansprüche der inklusiven Bildung, die sind schon präsent, aber es gibt auch – und darüber beginnen wir erst zu diskutieren – viele Konfliktfelder, die das aufwirft. Und das hat auch etwas damit zu tun, dass jemand den Hut aufhaben muss. Natürlich gibt es dann Fachlehrer, die sagen: ›Mir ist die Fachleistung wichtig. Da stören mich manche Prozesse im Rahmen einer inklusiven Bildung‹ und umgekehrt. Der Sonderpädagoge würde vielleicht sagen: ›Ja, tut mir leid, da müssen wir eben mit bestimmten Gruppen auch ein bisschen mehr Geduld oder eine größere Toleranz haben.‹ Oder wenn wir einmal absehen von dem Begriff Toleranz, sondern die Schüler einfach so akzeptieren, wie sie sind. Und wahrscheinlich ist es auch so – aber das sag ich jetzt als ungeschützte These –, dass es nicht so sein kann, dass wir alle Einrichtungen, die heute sonderpädagogische Aufträge haben, integrieren können in den ganz normalen Regelbetrieb von frühkindlicher Bildung über die Schule bis zur beruflichen Bildung. Wir brauchen Sondereinrichtungen – und zwar im Interesse auch derjenigen, die eine Behinderung haben, damit sie nicht den Anschluss verlieren, damit keine Stigmatisierung stattfindet. Trotzdem sind da Konfliktlinien, und es ist auch nicht leicht, genau auszuloten, wann man dann wieder in ein exklusives System verfällt. Aber eine besondere Zuwendung brauchen manche Schülerinnen und Schüler mit einer Lernbehinderung, mit einer Verhaltensstörung, mit einer geistigen Behinderung, mit einer körperlichen Behinderung.«

Ulrich Heimlich: »Auf jeden Fall und ich denke, dass international auch die Tendenz besteht, dass es ganz unterschiedliche Settings gibt, die benötigt werden und diese Settings auch nebeneinander existieren und keineswegs nur dieses eine Modell einer Schule für alle. Also international haben wir mindestens drei Organisationsformen, nämlich schon auch Schulen für alle in dem Sinne, dass da alle Kinder eines Stadtteils hingehen. Aber es gibt dann immer auch einzelne Klassen, zum Beispiel nur für autistische Kinder, das kann man in den skandinavischen Ländern beispielsweise sehen. Oder wir haben eben auch komplett separate Einrichtungen. Selbst bei hoch inklusiven Systemen wie in Norwegen findet man noch spezielle Schulen für einzelne Behinderungsarten, die also auch als geschützter Raum weiter vorgehalten werden. Ich glaube, wir sind bei einem sehr wichtigen Thema, was die Kooperation angeht, und ich möchte aus unserer Erfahrung als sonderpädagogische Lehrkräfte hier einbringen, dass wir häufig in der Kooperation erleben, in so eine Expertenrolle gedrängt zu werden. Jetzt kommen die Sonderpädagogen in irgendwelche allgemeinen Settings, allgemeine Schulen, und die wissen nun, wie die Förderung angelegt sein muss. Wir müssen dann zunächst einmal häufig enttäuschen und ganz einfach sagen, dass diese Schüler uns auch vor Rätsel stellen und diese Kinder und Jugendliche Probleme haben, die wir auch nicht auf Anhieb begreifen. Wir müssen uns auch erst einmal herantasten und versuchen, ein Verstehen in Gang zu setzen. Wir haben im Bereich der Sonderpädagogik die Erfahrung gemacht, wenn wir über gelingende Kooperation in multiprofessionellen Teams mit unterschiedlichen pädagogischen Fachkräften oder auch anderen Fachkräften, wie Therapeuten, Ärzten, Psychologen und so weiter nachdenken, dass es unabdingbar wichtig ist, sich wirklich zu akzeptieren, gegenseitig, in der je spezifischen professionellen Kompetenz. Also, wenn es um das Gelingen von Kooperation geht, dann sind Hierarchien in der Zusammenarbeit zunächst einmal schwierig. Dieser Expertenstatus für sonderpädagogische Lehrkräfte führt nicht zum Gelingen im Bereich der Kooperation. Ich glaube, die Aufgabe ist auch, dass wir lernen müssen, voneinander zu profitieren, voneinander zu lernen. Und viele pädagogische Fachkräfte in allgemeinen Bildungseinrichtungen müssen zunächst einmal auch verstehen, dass sie mit solchen Problemen gar nicht alleine sind. Das ist nämlich häufig die Befürchtung, dass sie damit allein gelassen werden. Sie können jedoch in kooperative Zusammenhänge einsteigen und dann ist die Frage: ›Wie gelingt das?‹ Was sind Gelingensbedingungen für die Kooperation, gerade in multiprofessionellen Teams?‹«

Rudolf Tippelt: »Ich möchte einmal vorpreschen mit einem Sachverhalt, der aus der Weiterbildung kommt. Ich glaube, es ist wichtig, dass wir nicht die einzelnen Gruppen in Sonderfortbildungen schicken, zum Thema Autismus beispielsweise. Da lernen sie bestimmt ganz viel. Oder zu Themen wie Lernbehinderung oder Verhaltensstörung oder Sprachstörung. Das ist eine bestimmte Form von Weiterbildung, die schon viel praktiziert wird in den Schulen oder generell in pädagogischen Einrichtungen. Diese Form der Fortbildung ist aber noch nicht stark genug, denn unter diesem Gesichtspunkt der inklusiven Bildung ist Fortbildung als Teamfortbildung angelegt: in Teams zusammen fallbasiert arbeiten lassen, über einen Fall gemeinsam nachdenken und die verschiedenen Perspektiven sichtbar werden lassen. Man sollte also in der Weiterbildung und Fortbildung die pädagogischen Fachkräfte nicht wieder auseinanderdividieren, wie schon in der Ausbildung. Auch hier sollte durchaus stärker verzahnt werden, es soll Brücken geben, wie wir vorhin sagten. Das halte ich für sehr wichtig. Aber in der Fortbildung, in den verschiedenen pädagogischen Einrichtungen auf allen Ebenen, da glaube ich, ist das fallbasierte Nachdenken über die Entwicklungsfortschritte, über die nächsten Interventionen, extrem wichtig und zwar gemeinsam, getragen von den verschiedenen Gruppen, die dann jeweils betroffen sind. Also das halte ich für eine Voraussetzung für gelingende Kooperation.«

Ewald Kiel: »Ich denke, dass für Teams, insbesondere für multiprofessionelle Teams, dasselbe gilt wie für Teams in der Wirtschaft. Die Formen der Kooperation gelingen in unterschiedlichen Kontexten unter denselben Bedingungen. Es ist zum Beispiel nur bedingt die Frage, welche Hierarchie ein Team benötigt. Aber ein Team braucht Regeln. Ein regelloses Team, wo alle nicht-hierarchisch miteinander kommunizieren, ich hab' das vorhin schon angedeutet, und wo jeder einen Platzkampf führt um die Frage, wer jetzt der kompetentere ist, ist nicht produktiv. Also das heißt, Teams brauchen eine Organisationsstruktur, die Kompetenzen müssen deutlich sein, wir brauchen Transparenz, wie Prozesse in Teams zustande kommen und wir brauchen auch so etwas wie Gratifikationen. Teams leben auch von Gratifikationen. Es geht also auch darum, dass wir eine Gratifikationsstruktur in den Teams haben. Wenn jetzt zum Beispiel der Sozialpädagoge immer übergangen wird, dann wird er keine Lust mehr haben, dort in diesem Bereich mitzuarbeiten. Und diese Idee der Transparenz, der Organisation, der Regel, der Struktur, der Gratifikation, gilt für jedes Team, auch in der Wirtschaft. Und ich beharre noch einmal darauf: Es muss jemanden geben, der das letzte Wort hat. Sonst funktionieren Teams nicht. Das ist meine Erfahrung in den Schulentwicklungsprozessen, die ich in München immer wieder mache. Es kann nicht immer so sein, dass wir sagen ›Wir sind alle gleich‹ und ›Wir sind alle nett zueinander‹ und ähnliches. Das sind wir dann nämlich nicht. Es gibt eine Letztverantwortung in einem Team und die muss auch geregelt sein.«

Ulrich Heimlich: »Ich wollte nur darauf hinweisen, dass es auch unsere Erfahrung in der Begleitung von inklusiven Schulen, zum Beispiel in unserem Begleitforschungsprojekt zur inklusiven Schulentwicklung hier in Bayern, war, dass die Schulleitung eine ganz entscheidende Rolle spielt. Und das gilt auch für Kindertageseinrichtungen. Leitungen von Einrichtungen können viele Impulse setzen, können Mitarbeiter unterstützen, können auch Strukturen schaffen und insgesamt eine positive Konnotation schaffen für das Thema Inklusion oder auch nicht. Und insofern ist das auch eine ganz interessante Gruppe im Sinne der Begleitung und auch im Sinne der Weiterbildung.«

Ewald Kiel: »Noch ein wichtiger Punkt dazu. Wenn ich das noch sagen darf, das Thema Qualifikation. Wir haben ja gerade in inklusiven Schulen Schulbegleiter. Das ist für mich ein großes Thema, dass Schulbegleiter häufig nicht qualifiziert sind für das, was sie tun. Auch in den Analysen, die ich gerade angesprochen habe, schildert ein Sonderpädagoge beispielsweise: ›Dann gibt es Paul, arbeitsloser Grafiker, sechzig Jahre alt, Schamane. Und Paul fühlt sich in der Lage, mit Autisten umzugehen. Das halte ich nicht für gut. Also dieser Paul darf nicht in die Schule, und das ist eine Schwierigkeit‹. Teams funktionieren auch nur, wenn ein Kompetenzlevel vorhanden ist, das von allen in ihren Bereichen jeweils gegenseitig akzeptiert wird. Und für mich ist zum Beispiel die Schulbegleitung ein ganz kritischer Punkt in multiprofessionellen Teams. Ich finde, es ist eine Schande, dass es dafür keine vernünftige Qualifikation gibt.«

Ulrich Heimlich: »Es ist sicherlich ein riesiges Problem, woran dringend gearbeitet werden müsste, an der Qualifikation.«

Rudolf Tippelt: »Die Bedeutung der Leitung von Bildungseinrichtungen kann ich auch noch einmal unterstreichen. Ich glaube, wir brauchen bestimmte Leitungsstile oder Führungsstile, wir würden es theoretisch transformationale oder ethikorientierte Führungsstile nennen. Der Grundgedanke ist dabei, dass die Mitarbeiter, und übrigens auch die Eltern, eine

Rolle spielen für den Ablauf in der jeweiligen pädagogischen Einrichtung. Und, was mir für Leitungen besonders wichtig ist, gerade im Kontext von inklusiver Bildung, dass es nicht nur in einer Einrichtung und in diesen Teams, möglicherweise auch multiprofessionellen Teams, darum geht, das Wissen über Störungen, über Benachteiligungen, über Behinderungen zu erhöhen. Es geht auch darum, mit den Haltungen, mit den Einstellungen, mit den Ängsten der Mitarbeiter zu arbeiten. Das gilt übrigens auch im Umgang mit den problematischen Haltungen, die man sich dann auch eingesteht, es darf kein Tabu geben, dass jemand sagt: ›Der macht mir Angst, wenn der hereinkommt.‹ Das muss man einmal sagen können, aber das muss bearbeitbar sein in einer Fortbildung, insbesondere in einer teamorientierten Fortbildung. Sonst haben wir so eine Werteglocke und lauter Tabus und da würden sich die Probleme nur aufsummieren. Also wir brauchen eine Stimmung, eine Atmosphäre, in der diese Tabus eingerissen werden, nicht akzeptiert werden, wo auch Ängste, wo auch problematische Haltungen zur Sprache kommen, ohne dass die Person gleich mit Nachteilen rechnen muss. Da geht es um Bearbeitung auch von solchen Haltungen, und das kann eine Leitung und eine Führung herbeiführen.«

Ewald Kiel: »Und das ist zugleich eine große Gefahr, gerade im Bereich der Inklusion. Gerade wenn wir über das richtige Ethos reden nach dem Motto: ›Nein, Du hast noch nicht das richtige Bewusstsein, da musst du noch daran arbeiten.‹ Das hört man dann besonders gerne, diese Vorwurfshaltung. Und man darf ja nicht vergessen, der ganze Kontext, sowohl in der Praxis als auch in der universitären Ausbildung, ist extrem ideologisch aufgeladen. Es sind ja auch Kolleginnen und Kollegen unterwegs, die ein hohes Maß an Verachtung für andere haben, die nicht das richtige Bewusstsein haben. Wenn ich nur die beiden Richtungen ›full inclusion‹ versus ...«

Ulrich Heimlich: ... ›responsible inclusion‹? ...

Einleitung: Inklusive Bildung im Dialog

Ewald Kiel: »... ja genau, ›responsible inclusion‹ sehe, danke. Die einen sagen, wir müssen eine radikale Veränderung des Schulsystems haben. Es kann nur die Einheitsschule geben: gemeinsames Lernen am gemeinsamen Gegenstand am gemeinsamen Ort – unbedingt unter jeder Voraussetzung. Oder auf der anderen Seite Positionen, wie die des Kollegen Hillenbrand in Oldenburg, der sagt, ich kann eigentlich in jedem Schulsystem Inklusion und Förderung betreiben. Und diese ideologischen Kämpfe, die wir zur Zeit haben, die mich sehr ärgern, sind nicht förderlich für diesen Kontext, um Inklusion weiterzuentwickeln. Das muss ich deutlich sagen.«

Ulrich Heimlich: »Ich denke auch, dass diese Debatte absolut kontraproduktiv ist. Daran krankt die bundesdeutsche Diskussion zur inklusiven Bildung ein bisschen. Wir diskutieren absolut einseitig auf einer konzeptionellen Ebene, auf einer Ebene von Zielvorstellungen und Sollzuständen. Aber wir müssen auch ganz ungeschminkt in die Praxis gucken und die Frage der praktischen Umsetzbarkeit und Umsetzung anschauen. Dieses Spannungsverhältnis wird häufig außer Kraft gesetzt und es wird häufig in eins gesetzt. Es wird über Konzepte gesprochen und es wird so getan, als ob die schulische Realität oder die Realität in Bildungseinrichtungen damit schon gleichzusetzen ist. Das ist sie aber nicht. Und man muss offensichtlich, da wären wir auch wieder bei professionellen Kompetenzen, man muss dieses Spannungsverhältnis offensichtlich aushalten. Das wäre nochmal auch ein Punkt, den wir hier ansprechen sollten: Welche Probleme gibt es denn in der praktischen Umsetzung von inklusiver Bildung? Also wenn wir jetzt zum Beispiel zunächst einmal an Schulen denken.«

Ewald Kiel: »Ein bedeutsamer Faktor ist dabei das Rollenverständnis von Lehrkräften. Es gibt eine alte Untersuchung von Caselmann aus den 1960er Jahren, glaube ich. Der unterscheidet zwischen den paidotropen Lehrern, die begleitend sind, und den logotropen Lehrern, die sich als Fachvertreter verstehen. Und diese Grenze haben wir eigentlich auch noch heute. Die Gymnasiallehrer sind diejenigen, die sich als Fachvertreter verstehen, die Sonderpädagogen ganz stark als paidotrope Lehrer, die die Menschen unterstützen wollen, die Schätze in den Köpfen heben wollen. Das ist, finde ich, ein ganz entscheidender Punkt, dass diese Parteien auch aufeinander zugehen in diesem Bereich. Jetzt hab' ich ein bisschen den Faden verloren, was war die Ausgangsfrage?«

Ulrich Heimlich: »Es ging vor allen Dingen um die Frage, die praktische Umsetzung in den Blick zu nehmen und nicht nur über Konzepte nachzudenken.«

Ewald Kiel: »Die praktische Umsetzung ist meiner Meinung nach einerseits durch die Ideologiedurchtränkung behindert. Das ist extrem schwierig. Ich finde, sie ist auch dadurch erschwert, dass Pädagogen glauben, politisch die Welt verändern zu können. Das sollten sie nicht tun. Ich denke Erziehungswissenschaftler sollten das tun, was sie können, über Kompetenzen nachdenken, über Strukturen nachdenken und nicht glauben, eine bessere Gesellschaft durch Pädagogik zu schaffen. August Hermann Niemeyer hat vor 200 Jahren einmal diskutiert, ob die Pädagogik Vorreiter für die Gesellschaft sein kann oder umgekehrt. Er war schon vor 200 Jahren pessimistisch, ich bin das heute auch noch. Und wir haben immer wieder Wellen, in denen Pädagogen glauben, die Welt verändern zu können. Auch da finde ich, ein Realismus, ein wirklich gesunder Realismus, gehört dazu. Und ich finde, die Praxis wird auch besser, wenn man empirische Ergebnisse zur Kenntnis nimmt, die nicht so positiv sind. Also wenn ich an die Haeberlin-Studie denke und an den Befund, der bis heute international immer wieder repliziert wird. Für viele Kinder und Jugendliche wird die Leistung in inklusiven Schulsystemen besser, sie haben höhere Abschlüsse, aber das soziale Exklusionsverhalten steigt in inklusiven Settings. Das ist ja eigentlich eine Katastrophe! Und das muss man sagen dürfen und man muss darüber nachdenken für die Praxis, was bedeuten solche Befunde, die unseren idealen Vorstellungen nicht entsprechen. Und das finde ich bisweilen schwer in der Diskussion mit Kollegen und Praktikern: Das darf man nicht sagen, so etwas. Ich finde das gar nicht schlimm, dass wir diesen Befund haben. Man muss aber darüber nachdenken, wie kann ich das verändern? Und Alternativen entwickeln und schauen, was kann man machen mit diesen Befunden. Aber häufig habe ich das bei einer Reihe von Kollegen erlebt, dass man das wieder nicht sagen darf.«

Ulrich Heimlich: »Das stimmt. Die ideologischen Scheuklappen sind hinderlich in diesem Zusammenhang, und ich nehme an, das gilt also auch für andere Settings, wenn wir jetzt einmal über die Schule hinausschauen.«

Rudolf Tippelt: »Absolut, das kann man übertragen. Wir haben sehr viel über Professionalisierung gesprochen, also über die Fähigkeiten sozusagen auch des einzelnen Unterrichtenden, des Lehrers, auch des Leiters, das ist richtig. Gleichzeitig ist auch die Organisation angesprochen, weil wir auch Organisationskulturen brauchen, die die Inklusion, so wie wir sie am Anfang definiert haben, als ein Ziel formulieren, das geteilt wird, übrigens nicht nur von den Lehrern, auch von Eltern. Das ist übrigens die Stärke mancher alternativer Pädagogiken, dass die Eltern in der Weiterbildung oder beispielsweise in der Montessori-Pädagogik stärker an einer solchen inklusiven Pädagogik beteiligt sind. Das scheint mir wichtig für die Umsetzung. Das ist gleichzeitig ein fiskalischer Punkt. Wir müssen mit kleineren Gruppen arbeiten können, um die spezifischen Lernfähigkeiten, aber auch Lernprobleme ansprechen zu können, um an bestimmten Punkten auch nicht Konflikte in die Gruppe hineinzutragen, sondern sie differenzieren zu können. Qualitativ gute inklusive Bildung kostet Geld – und zwar auf allen Bildungsstufen. Denn wir brauchen ein sehr starkes Praxisberatungssystem, also nach innen für die Lehrer, auch für die, die Probleme damit haben, aber auch für die Eltern. Also diese Erfahrungen, die die Eltern dann zu Hause mit den Kindern machen, die jetzt von der inklusiven Bildung profitieren sollen, sollen zurückgetragen werden, sodass man Zweifel und Probleme bearbeiten kann, das scheint mir sehr wichtig. Und das, was uns Wissenschaftler interessieren muss: Wir dürfen nicht stehen bleiben bei den Konzepten und bei der Realisierung von Konzepten. Wir müssen durch Wirkungsstudien herausarbeiten, wie sich das dann anschließend auswirkt, beispielsweise im Bereich der sozialen Kompetenz oder der sozialen Haltungen. Sind diese feindlicher geworden oder sind diese integrativer geworden und inklusiver? Wir müssen die personale Kompetenz versuchen zu messen, aber auch die Fachkompetenz. Wir müssen den praktischen Systemen schon genauere Rückmeldung geben. Und das ist übrigens nur in Kooperation mit der Praxis möglich, dennoch ist das ganz stark unsere Aufgabe, auch als Wissenschaftler.«

Ulrich Heimlich: »Ich glaube auch, dass wir einen anderen Typus von Forschung benötigen. Also ich hab' das jetzt mit Kollegen an der Universität Oldenburg diskutiert, weil die sich weiterentwickeln wollen als Fakultät, und da ging es um die Entwicklung eines neuen Forschungsprogramms. Wir Wissenschaftler haben Interesse daran, Daten zu bekommen und Aussagen über die Praxis, die wir verwerten können. Und ich habe dann darauf hingewiesen: Das ist ein interaktiver Prozess. Wir dürfen nicht nur in der Praxis auftauchen, um etwas von der Praxis zu bekommen, sondern es wird auch erwartet von uns, dass wir in die Praxis hineinwirken. Wir haben das in den vergangenen Jahren versucht im schulischen Bereich, aber auch im Bereich Kindertageseinrichtungen. Und die Rückmeldung aus der Praxis war für mich interessant, die Kolleginnen und Kollegen haben häufig gesagt: ›Wir brauchen für diese Arbeit gute Rahmenbedingungen.‹ Das darf man nicht vergessen. Also das ist sicherlich nicht ohne Investitionen in Bildung zu machen, ein inklusives Bildungs- und Erziehungssystem aufzubauen. Das ist schon richtig und das muss auch zur Verfügung gestellt werden. Aber innerhalb dieser Rahmenbedingungen, das sagen viele Einrichtungen, viele Kolleginnen und Kollegen, wollen wir uns selbst entwickeln können. Wir benötigen einen Spielraum, um uns selbst zu entwickeln. Und deswegen finde ich zum Beispiel hier in Bayern den Begriff ›Profil Inklusion‹ für die Schulen gut gewählt. Wir haben die Feststellung gemacht, dass die Ein-

Einleitung: Inklusive Bildung im Dialog

richtungen alle ein Profil entwickeln, auch standortbezogen. Und wir haben über die letzten Jahre hinweg die Erfahrung gemacht: Wenn das als Voraussetzung gegeben ist, dann entwickelt sich auch die Qualität des Bildungsangebotes weiter. Wir haben uns also in unseren Forschungen interessiert für die Qualität des Bildungsangebotes in Kinderkrippen, Kindergärten, Grund-, Mittelschulen. Und die Tendenz dieser Forschung geht eindeutig dahin zu sagen: Die Qualität von inklusiven Bildungsangeboten steigt. Und sie ist besser als in nicht-inklusiven Settings. Insofern ist das schon auch ein Vorteil, der sich sozusagen für alle einstellt. Das Problem ist allerdings schlicht und ergreifend, dass wir dafür Zeit benötigen. Das ist nicht von heute auf morgen zu machen, und die Probleme sind auch nicht einfach so vom Tisch zu wischen. Es bringt uns überhaupt nicht weiter, wenn wir diese Probleme sozusagen ausklammern und nicht sehen. Ich schätze die Entwicklung im Bereich der inklusiven Bildung in Deutschland so ein, dass ich sage: Wir sind endlich in einem Stadium, wo wir nicht mehr nur legitimieren müssen, dass das ein guter Weg ist. Sondern wir können jetzt offen diskutieren, welche Probleme da sind, welche Vorteile und Nachteile es gibt und dann daran arbeiten. Zum Beispiel das Problem: soziale Exklusion in inklusiven Settings, eigentlich ein vollkommener Widerspruch. Was heißt das? Das stellt sich nicht von selbst ein, der soziale Zusammenhang. Den muss man unter Umständen auch pädagogisch begleiten und man muss das pädagogisch in den Blick nehmen. Das ist auch eine pädagogische Aufgabe. Und insofern gibt es da schon wirklich die ›Mühen der Ebene‹ sozusagen, also in der praktischen Umsetzung. Das dauert schlicht und ergreifend auch.«

Ewald Kiel: »Ich denke einfach, wir brauchen auch in der Forschung eine engere Anbindung an die Praxis. Ich arbeite jetzt zusammen mit dem Kollegen Markowetz an einem Konzept für die Umsetzung von Inklusion an 120 Münchner Schulen. Wir machen das wie folgt: einmal ganz klassisch wie Wissenschaftler das tun, mit einem Fragebogen an 5.000 Lehrkräfte. Aber wir gehen auch in 15 ausgewählte Schulen und führen dort Gruppendiskussionen mit den Lehrkräften durch. Dann entwickeln wir mit den Lehrkräften zusammen eine Expertise über das, was gemacht werden soll. Zusätzlich arbeiten wir im Schulreferat der Landeshauptstadt München mit verschiedenen Betreuungsgruppen, also mit der Realschule, mit dem Gymnasium und den anderen betroffenen Schulformen und beraten gemeinsam, was man umsetzen kann, und spiegeln das wieder an die Schulen zurück. Ich finde für den Bereich Inklusion – nicht nur, weil ich es selber mache – aber diese enge Anbindung der Forschung an die Schule wichtig. Wir haben ja eben von Rückmeldung gesprochen. Man muss den Schulen auch einen Blick von außen gewähren, gleichzeitig aber auch den Blick der Schule haben dafür. Ich glaube, dass das eine wichtige Ausrichtung von Forschung ist.«

Rudolf Tippelt: »Wenn ich da auch noch einhaken darf, also wir reden manchmal in diesem Zusammenhang von einem bestimmten Modell von Forschung – ich würde das angewandte Grundlagenforschung nennen oder auch umgekehrt grundlagenbasierte Anwendungsforschung. Das heißt immer, dass die Praxis eine Bedeutung hat – und zwar nicht nur als der zu erforschende Bereich, sondern auch als der Bereich, der uns Forschungsfragen signalisiert. Wir Wissenschaftler haben schon die Aufgabe, den Begründungszusammenhang zu liefern, dafür sind wir ausgebildet und das können wir bewältigen, indem wir Befragungen und Beobachtungen, Protokollierungen und so weiter durchführen und auswerten. Aber die Offenheit für Praxisfragen muss da sein und das ist überhaupt nicht selbstverständlich, weder im pädagogischen Bereich noch in anderen wissenschaftlichen Bereichen. Ich möchte noch etwas sagen: Wir reden ja über inklusive Bildung, das sprengt jetzt ein bisschen den Rahmen, aber ich habe hier diesen Bericht »Bildung in Deutschland 2014« vor mir. Das ist also der Nationale Bildungsbericht, der alle zwei Jahre erarbeitet wird. Seit 2008 gibt es jeweils ein Schwerpunktthema. Und 2014 hatten wir das Thema »Bildung von Menschen mit Behinderungen«, da war ich noch im Beirat, insgesamt acht Jahre übrigens. Wir haben inklusive Bildung dort lange thematisiert und auch ein bisschen gestritten, was denn da thematisiert werden soll – weil inklusive Bildung aus einer anderen theoretischen Perspektive auch meint: gender oder Heterogenität. Zur Inklusion gehört auch die Thematik unterschiedlicher sexueller Orientierungen. Dann: Ethnien, das ist natürlich nicht das gleiche wie eine Behinderung, sondern betrifft die Inklusion von unterschiedlichen ethnischen Gruppen mit sehr verschiedenen kulturellen Voraussetzungen. Oder die Inklusion von sozial Deklassierten. Wir haben das damals im Beirat zum nationalen Bildungsbericht alles unter Inklusion auch thematisiert, haben dann aber gesagt: Das ist so breit, wir müssen jetzt den Schwerpunkt setzen und da ist der Schwerpunkt auf Behinderungen gesetzt worden. Mit Recht! Ich will nur sagen, wenn wir von Inklusion gerade in der Allgemeinen Pädagogik sprechen, haben wir manchmal einen breiteren Inklusionsbegriff, der die Kooperation, das Zusammenwirken heterogener Gruppen, ausgesprochen unterschiedlicher Gruppen, meint und auch thematisiert, wobei die Behinderungen einen ganz spezifischen und mit Recht auch einen ganz prägnanten Fokus bilden.«

Ewald Kiel: »Aber nicht nur allein. Also ich war gestern an einer Berufsschule mit 2.000 Berufsschülern, wo wir einerseits natürlich Personen mit Migrationshintergrund haben. Aber es gibt auch Schüler mit Autismus-Spektrum-Störungen, es werden regelrechte Klassen für Schüler mit dem Förderschwerpunkt geistige Entwicklung, als geistige Behinderung, eingerichtet. Und dann gibt es solche praktischen Probleme. Sie haben auch Freigänger oder Personen, die im Gefängnis sitzen. Und dann heißt es: ›Die können wir auf gar keinen Fall mit den Autisten zusammensetzen, die werden aggressiv den Autisten gegenüber, die Autisten können damit nichts anfangen.‹ Die Berufsschule hat einfach große praktische Probleme bei diesen vielen Anforderungen, die Herr Tippelt gerade angesprochen hat. Eine Zusammensetzung der Klasse zu finden, die tragfähig ist. Es ist eines der zentralen Probleme, dass sie sagen: ›Ich kann nicht einfach jeden mit jedem mischen.‹ Das gibt Probleme und die haben Beratungsteams und denken darüber nach, wen kann ich in welche Klasse setzen, damit wir eine vernünftige Lern- und Arbeitsatmosphäre hinkriegen. Und ich bin tief beeindruckt, was für Mühe die sich dort machen und über was für Probleme die dort nachdenken müssen, zum Beispiel das mit den Personen aus dem Gefängnis, den Freigängern und ähnliche Sachen. Das ist mir bisher nicht im Bewusstsein gewesen.«

Ulrich Heimlich: »Das führt auch noch einmal auf die Frage hin: Wie gehen wir eigentlich im Bildungssystem mit Heterogenität um? Und Herr Tippelt, Sie haben ja das weite Verständnis von Inklusion auch gerade angedeutet. Ich als Sonderpädagoge sage im Augenblick allerdings, ich habe ein bisschen Angst, dass die Menschen mit Behinderungen da schon wieder an den Rand gedrängt werden. Deswegen konzentriere ich mich auch auf die Inklusion von Menschen mit Behinderung. Aber es ist natürlich ganz wichtig – und das ist auch eine Auswirkung dieser Inklusionsdebatte, die wir haben –, dass wir verstärkt diese unterschiedlichen Heterogenitätsdimensionen oder Diversitäten oder Differenzlinien einfach in den Blick nehmen. Es gibt im Bildungssystem – meiner Überzeugung nach – keine homogenen Gruppen, keine homogenen Lerngruppen, das ist eigentlich eine Weisheit, die seit langem bekannt ist. Die Frage ist einfach: Wie gehen wir mit dieser Heterogenität im Bildungssystem um? Ich bin der Meinung, dass das die größte Herausforderung ist für das Bildungssystem insgesamt: Umgang mit Heterogenität.«

Ewald Kiel: »Also wenn ich in der Schulpraxis bin – und ich begleite jetzt verschiedene Schulentwicklungsprozesse z. B. in dem SIM-Projekt hier in München, auch mit den Gruppendiskussionen –, dann ist für die Schulen die wichtigste Ressource, um mit Heterogenität umzugehen, nur eine einzige, und die lautet: Zeit. Wir brauchen Zeit, um uns abzusprechen. Wir brauchen Zeit, um die Gruppen einzuteilen. Wir brauchen Zeit, um uns zu koordinieren. Wir brauchen Zeit, um Förderpläne zu erstellen. Das kostet einfach Zeit, und Zeit ist bekanntermaßen Geld. Politisch wird ja gehofft, dass das alles ein Nullsummenspiel ist, und man spart vielleicht Lehrstühle ein, man spart für die Sachaufwandsträger, dass wenn wir weniger Sonderschulen haben, auch weniger Sachaufwand betrieben werden muss. Die erhoffen sich also eigentlich sogar Einsparungen. Das wird aber nicht der Fall sein. Und wieder sagen die Kolleginnen und Kollegen an der Schule: Zeit ist das zentrale Moment, um das Ganze gelingen zu lassen. Ich stimme ihnen in dieser Absolutheit nicht zu, aber ich denke, sie haben Recht und das kostet wirklich viel Geld.«

Rudolf Tippelt: »Das andere ist auch die Akzeptanz von Heterogenität, wie Herr Heimlich sagt. Das ist jetzt mehr ein sozialer und vielleicht auch ein psychologischer Hinweis: Also es ist nicht möglich, es ist schlichtweg eine schlechte Utopie sogar, im pädagogischen Bereich alles homogen machen zu wollen. Das geht nicht! Wir müssen miteinander arbeiten, auch mit heterogenen Gruppen, wie Sie sagen. Das heißt nicht, dass wir durch Ausschluss die Heterogenität in dieser ohnehin schon sehr heterogenen Gesellschaft noch weitertreiben. Da gibt es dann eben diese Brücken der Zusammenarbeit und des Wieder-Inklusiven-Zurückführens, aber trotzdem bleibt auch in der inklusiven Bildung der Lernende und bleiben die Lernenden enorm heterogen. Für dieses hohe Maß an sozialer Differenziertheit, aber auch personaler Unterschiedlichkeit, müssen wir – glaube ich – ein hohes Maß an Akzeptanz und an Sensibilität mit erzeugen. Das ist Aufgabe von Professionalisierung, auch in unserer Ausbildung der Lehrkräfte und anderer pädagogischer Fachkräfte.«

Ulrich Heimlich: »Das führt uns natürlich auch zu der Frage nach den Grenzen. Gibt es Grenzen der Inklusion? Das wird ja auch immer wieder in der Inklusionsdebatte angeführt. Eine Schulleiterin einer inklusiven Schule hat mir einmal gesagt, dass sie das Motto entwickelt haben: ›Grenzen sind Aufgaben.‹ Also wie sieht das aus mit den Grenzen der Inklusion, schrecken wir davor zurück oder betrachten wir sie als Möglichkeiten, als Aufgaben, um Grenzen auch zu verschieben?

Ewald Kiel: »Also ich hasse den Satz ›Grenzen sind Aufgaben‹. Das muss ich deutlich sagen. Der ist mir so idealistisch. Natürlich gibt es Grenzen, das ist keine Frage. Für mich ist Inklusion eine Art Schieberegler. In der vor-inklusiven Zeit, vor der UN-Behindertenrechtskonvention, ist der Schieberegler ganz stark auf Exklusion gestellt gewesen, gar keine Frage, und das hat mit Stigmatisierung und all diesen Dingen zu tun. Wir schieben nun den Regler mehr in Richtung Inklusion. Aber er wird niemals an den 100 Prozent sein, dieser Schieberegler, es wird immer Personengruppen geben, die permanent oder auch nur zeitweise ein exklusives Setting brauchen. Ich beschäftige mich gerade ganz intensiv mit der Geistigbehindertenpädagogik. Schwer geistig behinderte Kinder, die blind sind, einen Intelligenzquotienten von 70 haben, kann man diese Kinder vernünftigerweise in die Regelschule bringen? Wenn ich mit den Eltern spreche, was ich in verschiedenen Diskussionsgruppen tue, sagen die: ›Um Himmels Willen, ich möcht nicht, dass mein Kind in die Regelschule kommt, das geht dort unter.‹ Und natürlich gibt es eine Klientel, der Exklusivität oder Exklusion guttut. Oder wenn man das von der anderen Seite, von der Lehrerseite, her betrachtet: Das, wovor Lehrer am meisten Angst haben, sind verhaltensauffällige Kinder oder Kinder mit dem Förderschwerpunkt emotionale und soziale Entwicklung, wie man heute sagt. Natürlich kann ich nicht in eine Klasse mit 35 Kindern fünf Kinder mit dem Förderschwerpunkt emotionale und soziale Entwicklung stecken. Das geht einfach nicht. Das ist eine Grenze von Inklusion. Ein Kind, ein einzelnes Kind mit schweren Bindungsstörungen, kann eine Klasse mit 25 Kindern allein zum Kippen bringen. Man muss einfach im Einzelfall überprüfen, was möglich ist. Und mit einer offenen Haltung mehr möglich machen, als man im ersten Moment ablehnen würde. Aber es gibt ohne Zweifel Grenzen.«

Rudolf Tippelt: »Also ich würde es anders formulieren: Es gibt Grenzen bei den organisatorischen Voraussetzungen. Wenn jemand glaubt, inklusive Bildung findet immer nur in der gleichen Institution statt, ja dann gibt es Grenzen, wobei schon diese Strategie eine Grenze aufwirft, weil sie Stigmatisierungen möglicherweise sogar schon provoziert, auch in einer engen Gruppe. Es gibt keine Grenzen, würde ich sagen, wenn ich von diesem anfangs formulierten Menschenrechtsanspruch ausgehe. Da muss man normativ reden, in einer demokratischen, in einer partizipativen Gesellschaft gibt es keine Grenzen der inklusiven Bildung, wenngleich man sich dann Bildung natürlich nicht so vorstellen darf, dass das alles in der gleichen Institution oder in derselben Institution geschieht. Da gibt es spezifische sonderpädagogische Einrichtungen, trotzdem aber mit dem Anspruch, dass alle Menschen den Anschluss an diese Gesellschaft in einem optimalen Rahmen auch erreichen können. Unter einem solchen Gesichtspunkt würde ich sagen: Inklusion ist dann grenzenlos. Wenn man das dann evaluiert, werden wir immer, im Augenblick jedenfalls, hinter diesen Zielen, die aber erst einmal vielleicht benchmarks sind, hinterherhinken, aber als humaner pädagogischer Anspruch – würde ich sagen – ist inklusive Bildung grenzenlos.«

Ewald Kiel: »Dem würde ich nicht zustimmen. Das muss ich deutlich sagen. Gerade, weil Kinder und Jugendliche immer in Institutionen gebildet werden oder Bildung erfahren, muss man auch die Seite der Lehrkräfte sehen. Das muss man schon sagen. Was können die aushalten? Und ich sage wiederum, eine Klasse mit 35 Kindern und davon fünf verhaltensauffällig, das geht nicht.«

Rudolf Tippelt: »Ja, das sag ich ja auch, ja. Nur wird da der Anspruch einfach fehlerhaft umgesetzt, und zwar radikal fehlerhaft. Aber der Anspruch der inklusiven Bildung, in einer partizipativen, demokratischen, den Menschenrechten gerecht werdenden Gesellschaft, der ist unbeschränkt.«

Ulrich Heimlich: »Also ich glaube hier ist die Sonderpädagogik als Brückenbauerin gefragt, die beiden Positionen widersprechen sich letztlich eigentlich nicht. Denn der Anspruch der inklusiven Bildung, wenn wir davon ausgehen, dass die UN-Konvention Menschenrechte definiert, ist tatsächlich universal und ist auch nicht teilbar auf einer normativen Ebene. In der praktischen Umsetzung kann es davon vielfache Abstriche geben und daran krankt eben die Inklusionsdebatte in Deutschland, dass diese beiden Ebenen immer verwechselt werden, also die normative Ebene und die Ebene der praktischen Umsetzung. Und ich habe ja schon gesagt, ich glaube, dass es wirklich ein Ausweis von pädagogischer Professionalität ist, dass man in der Lage ist, dieses Spannungsverhältnis auszuhalten. Wir haben alle Ideale und Zielsetzungen unserer pädagogischen Arbeit im Kopf, ich weiß nicht, wann wir die tatsächlich irgendwann einmal vollständig umgesetzt haben in unserer Praxis. Wir müssen alle aushalten, dass die, wie Hartmut von Hentig einmal gesagt hat, ›schmuddelige Erziehungswirklichkeit‹ davon abweicht. In diesem Spannungsverhältnis findet das – meiner Meinung nach – statt. Insofern würde ich gerne versuchen, zwischen den beiden Disziplinen Schulpädagogik und Allgemeiner Pädagogik eine Brücke zu bauen.«

Ewald Kiel: »Wir stehen uns da nicht feindlich gegenüber. Da bin ich ganz sicher. Wir haben nur eine andere Perspektive auf den Phänomenbereich.«

Ulrich Heimlich: »Gut, dann haben wir ja schon einmal eine Inklusionsleistung erbracht hier am Tisch. Ich würde vorschlagen, dass wir noch einmal versuchen, den Blick ein bisschen zu öffnen, über die Ländergrenzen hinaus. Es gibt ja in Deutschland durchaus eine eigenständige Entwicklung im Bereich der sonderpädagogischen Institution nach 1945. Also ich wüsste kein anderes Land der Welt, das ein ähnlich differenziertes Sonderschulsystem ausgebaut hat, im Grunde genommen praktisch für jede Behinderungsart eine eigene Schule. Das gibt es so nicht noch einmal, das ist international gesehen eine singuläre Entwicklung. Wie sehen wir das Verhältnis zu den anderen Ländern? Gibt es da andere Modelle der Inklusion, weiterreichende Modelle, wie wirkt sich das aus auf Deutschland?«

Rudolf Tippelt: »Da bin ich jetzt etwas skeptisch. Nach meinen Informationen sind in Deutschland derzeit etwa sieben Prozent eines Schülerjahrgangs in ausdifferenzierten sonderpädagogischen Einrichtungen. Ich hatte vorher schon gesagt, wir brauchen solche Einrichtungen, weil wahrscheinlich in den Regelunterricht nicht alle wirklich so integrierbar sind, dass sie profitieren, sondern dass sie sogar Schaden nehmen, weil sie abgehängt werden, weil sie möglicherweise auch diskriminiert werden. Vermutlich ist die Quote der förderbedürftigen jungen Menschen auch heute höher als die Quote jener, die sonderpädagogische Einrichtung besuchen. In anderen Ländern differieren diese Quoten. Aber grundsätzlicher ist die Auffassung, dass man die sonderpädagogischen Einrichtungen vollkommen auflösen soll. Da bin ich sehr skeptisch und zwar aufgrund dieser jetzt schon formulierten Probleme, dass dann möglicherweise Kinder, und übrigens auch Familien, Schaden nehmen, wenn wir das tun, durch Diskriminierung, die dann vielleicht überhaupt erst so richtig zum Ausdruck gebracht wird. Also da müssen wir sehr aufpassen, sehr sensibel vorgehen und die Gesellschaft kann sich hier nicht nur von Normen leiten lassen. Da würde ich sagen, sind wir international auf einem sehr guten und auch differenzierten Niveau. Manchmal habe ich, Herr Heimlich, Sie wissen das vielleicht besser, den Eindruck, dass die sonderpädagogischen Spezialisierungen selbst ein wenig inklusiver zusammenarbeiten könnten. Ich weiß nicht, ob das alles in eigener Regie gemacht werden muss oder ob man nicht gewisse theoretische Grundlagen gemeinsam diskutieren könnte, eine gewisse Basisdiagnostik gemeinsam machen könnte, methodologische und wissenschaftstheoretische Grundlagen – übrigens auch gemeinsam mit der Allgemeinen Pädagogik oder der Schulpädagogik – entwickeln könnte. Als ich Dekan hier in unserer Fakultät war, hatten wir uns manchmal mehr Inklusion zwischen den sonderpädagogischen Lehrstühlen und Teildisziplinen gewünscht, wenngleich ich schon sehe, dass natürlich die konkrete Symptomatik und das konkrete Bild der Behinderungen sehr unterschiedlich ist. Und trotzdem hoffe ich – auch bundesweit –, dass innerhalb der Sonderpädagogik noch mehr Zusammenarbeit, ich nenne es jetzt mal provokativ: ›Inklusion‹, stattfindet. Das scheint mir möglich und auch sinnvoll, nicht im Interesse von Personaleinsparungen, um da nicht missverstanden zu werden, sondern im Interesse einer gemeinsamen Problemsicht und einer nicht zu starken Aufspaltung und Zerstückelung von Kompetenzen in diesem Feld.«

Ewald Kiel: »Man kann vom Blick in andere Länder natürlich immer lernen, aber das Vergleichen ist auch nicht ohne Probleme. Ich denke, standardisierte Lösungen gibt es nicht. Das Schulsystem in Deutschland muss ein anderes sein als in Finnland. Wir sind ein dicht besiedeltes Land. In Finnland sind zwischen den Schulen 80, 100, 150 Kilometer Entfernung. Es gibt einen großen Teil der Schulen, die nur 50 Schüler haben. Da ist Inklusion viel leichter, als wenn man in einer Berufsschule mit 2.000 Schülern arbeitet, die es wahrscheinlich in ganz Finnland nicht gibt, vielleicht in Helsinki. Und ich finde, man muss darauf achten, in welchen Kontexten Inklusion eingeführt wird und welche organisatorischen Rahmenbedingungen vorhanden sind, welche demografischen Rahmenbedingungen vorliegen. Deswegen bin ich diesen Ländervergleichen gegenüber misstrauisch. Es heißt ja immer, die Finnen sind schon viel weiter als wir. Oder wenn man sich die Statistik der European Agency of Special Needs Education anschaut. Da gibt es dann so ein Ranking. In Österreich sind angeblich 90 Prozent inkludiert, in Italien 85, in Deutschland nur 56. Die Statistik ist einfach krank, anders kann man das gar nicht sagen, weil nämlich nicht definiert wird, was Inklusion ist. Inklusionsbegriff heißt dann, die Kinder haben eine gemeinsame Pause, andere haben vier Stunden Unterricht zusammen oder wieder andere haben 20 Stunden Unterricht zusammen. Aber all das wird in der Statistik unter einer Rubrik verortet. Das heißt, dieser Vergleich zwischen den Ländern hinkt ganz häufig und diesen Vergleich im Sinne eines Rankings finde ich gar nicht zulässig. Das geben die Zahlen bei der unklaren Operationalisierung des Begriffs gar nicht her. Aber natürlich, sich im Sinne von best practice eine vernünftige Schule anzuschauen im Nachbarland ist etwas ganz Wunderbares. Denn die haben Ideen, die wir vielleicht nicht haben. Um nur ein Beispiel zu geben, in Italien wird ja wesentlich mit Schulbegleitern gearbeitet. Die haben ein mehrgliedriges Schulsystem und sagen ›Wir brauchen keine Gemeinschaftsschule, sondern wir regeln das so.‹ Und ich würde mir für Deutschland wünschen, dass wir Wahlsysteme haben, verschiedene Angebote haben, damit Eltern auch mitentscheiden können. Ich finde es auch legitim, wenn Eltern sagen ›Ich möchte mein Kind auf einer sonderpädagogischen Einrichtung halten.‹ Ob wir das für richtig finden von außen oder nicht, es ist ein legitimer Anspruch von Eltern, und mein Ideal wäre, dass wir Angebotsstrukturen haben, die von Eltern und Kindern oder Jugendlichen unterschiedlich wahrgenommen werden können. Das wäre mein Idealzustand und keine standardisierte Lösung für alle Bundesländer.«

Ulrich Heimlich: »Also ich fand das auch durchaus hilfreich, andere Länder, andere Bildungssysteme mal anzuschauen unter dem Aspekt Inklusion. Ich habe das vor allen Dingen in den skandinavischen Ländern getan und da sieht man dann schon: Es könnte auch noch anders sein. Alleine das ist schon hilfreich, dass man Anregung bekommt, wie etwas auch anders organisiert wird, anders ausgerichtet ist. Den Vergleich finde ich auch manchmal schwierig, da würde ich bestätigen, was Herr Kiel gesagt hat. Also wir haben jetzt, glaube ich, eine Bevölkerungsgröße von 80 Millionen, in Finnland nicht einmal sechs Millionen. Das kann man einfach nicht vergleichen, was da passiert in den beiden Bildungssystemen.«

Rudolf Tippelt: »Vielleicht muss man auf eine Mikroebene gehen, auf Lehr-Lernprozesse, die optimaler sind in bestimmten Settings. Dann kann man eher vergleichen, als jetzt das Gesamtsystem: Auch auf dieser Mikroebene ist es nötig, das Personal zu verstärken und auf relativ kleine Gruppen zu reduzieren. Das muss dann auch finanziert werden, weil in der ökonomischen Logik sonst andere finanzielle Leistungen folgen. Das kann man auch hochrechnen: Wenn manchmal zwei Lehrer in einer Klasse Unterricht machen, können in bestimmten Situationen Einzelpersonen oder kleine Gruppen immer wieder aufgefangen werden und sie werden nicht abgehängt oder ignoriert.«

Ewald Kiel: »Ich habe da neulich einen interessanten Vortrag von meinem amerikanischen Kollegen Terry Osborne aus Sarasota in Florida gehört. Der sagt, die Antwort auf diese globalen Probleme, die wir eigentlich haben, auf die Globalisierung, ist eine Mikrokontextualisierung, dass sich kleine Kontexte organisieren und wissen, was für diese kleinen Kontexte gut ist. Und ich glaube, das gilt auch für Inklusion, dass man kleinere Einheiten schafft, die sich selber organisieren, dort Regelsysteme, Organisationsformen einrichtet, um Kinder zu fördern und das im Rahmen einer Angebotsstruktur. Und ich fand diese Idee des Wortes ›Mikrokontextualisierung‹ eigentlich eine schöne, die da in dem Vortrag zum Ausdruck kam.«

Ulrich Heimlich: »Ich wollte noch ergänzen, was ich mitgenommen habe, eben aus den Reisen in die skandinavischen Länder, das war so eine gehörige Portion Pragmatismus, mit der da vorgegangen wird, auch gerade im Zusammenhang mit inklusiven Angeboten im Bildungssystem. Da wird dann gesagt: ›Wenn das nötig ist für einen Schüler, eine bestimmte Maßnahme separat aus dem Klassenzimmer heraus zu organisieren, dann wird das gemacht.‹ Aber das wird mit einer hohen Flexibilität gemacht. Und das kann man zum Beispiel auch auf dieser Mikroebene, sozusagen von anderen Systemen, durchaus lernen. Ich denke, dass wir sozusagen als nächsten Schritt im Bildungssystem auch so eine Flexibilisierung benötigen, gleichsam eine Suche nach pragmatischen Lösungen. Was ist jetzt machbar unter den gegebenen Bedingungen? Und eben nicht weitere ideologisch gefärbte Debatten, die sich mehr im Grundsätzlichen bewegen, ohne konkrete Lösungen anzubieten. Das ist ein hoher Anspruch. Das ist letztlich, und damit kommen wir schon fast zum Ende unserer Gesprächsrunde, natürlich auch ein Anspruch, der sich an uns stellt, als Vertreter von drei wissenschaftlichen Disziplinen, Allgemeine Pädagogik, Schulpädagogik, Sonderpädagogik. Was heißt das denn für unsere Zusammenarbeit im Bereich der wissenschaftlichen Strukturen? Sie haben das angesprochen, Herr Tippelt, mehr Kooperation in der Sonderpädagogik, aber eigentlich gilt das ja auch für andere wissenschaftliche Disziplinen.«

Einleitung: Inklusive Bildung im Dialog

Rudolf Tippelt: »Ja, auch weil Sie mich jetzt direkt angesprochen haben, also natürlich: Ja, der Meinung bin ich nach wie vor. Sie wissen es besser, Herr Heimlich, aber auch so viel wie möglich Kooperationen in der Sonderpädagogik. Aber ich erwähnte vorher auch schon die ›Kooperation der pädagogischen Teilbereiche‹. Wir haben hier in München die sehr stark ausdifferenzierte Grundschulpädagogik, die Schulpädagogik, aber auch die Weiterbildung und teilweise die berufliche Bildung, die damit zusammenhängt. Kooperation der Sonderpädagogen sollte auch mit diesen Feldern verstärkt werden. Dann eben auch die Kooperation mit den aufgeschlossenen Medizinern, vielleicht oder auch mit Psychologen, die in diesem Feld tätig sind und interessiert sind. Man könnte auch zu Sozialpädagogen Kontakt aufnehmen, die noch einmal einen anderen Blick auf Bildungseinrichtungen haben. Das ist der Aspekt der Kooperation, also der multiprofessionellen Kooperation, die man auch schon in der Ausbildung stärker betreiben kann, als wir es derzeit begonnen haben. Es ist schon so, dass die Einzeldisziplinen nicht mehr isoliert voneinander wirken. Sie haben ein Buch mit anderen Disziplinvertretern gemeinsam gemacht, sie haben Projekte zusammen erarbeitet, wir schreiben jetzt ein Buch zusammen und ich habe mit Herrn Markowetz etwas Gemeinsames gemacht und so weiter. Also das sind durchaus Dinge, die vor 2010 nicht oder kaum stattfanden. Ich will das noch einmal wiederholen, Kooperation hat sich intensiviert. Es hat, finde ich, eigentlich schon eine positive Signalwirkung.«

Ewald Kiel: »Wir haben jetzt gerade an der LMU durch die Qualitätsoffensive Lehrerbildung einen großen Impuls in dieser Richtung bekommen, wo gerade auch Mediziner, wie Herr Schulte-Körne etwa, ein Online-Seminar über Störungsbilder entwickeln, wo die Fachdidaktiken etwas tun, wo über andere Formen der Praktikumsgestaltung nachgedacht wird. Und man sieht aber an einem großen ›Laden‹ wie der LMU auch, wie schwierig das ist, mit knapp 60.000 Studierenden und ich weiß nicht wie vielen Professoren, das zu organisieren. Die Lehrerbildung ist ja auch ein Bereich mit 16 Fakultäten, die daran beteiligt sind, und der Koordinationsaufwand ist ein großer. Ich bin dafür, die Wände einzureißen, aufeinander zuzugehen, zu kooperieren, aber an einer großen Universität wie unserer ist das deutlich schwieriger als an einer Universität, von der ich ursprünglich komme, der Pädagogischen Hochschule (PH) Heidelberg, wo es gerade einmal 4.000 Studenten gegeben hat und jeder jeden beim Kaffee in der Mensa begrüßen konnte und jeder jeden beim Namen kannte.«

Ulrich Heimlich: »Genau, wir haben es eben schon angesprochen, zum Beispiel ist auch die Zusammenarbeit mit den Fachdidaktiken in diesem Zusammenhang ganz wichtig. Das merkt man eben auch im Rahmen des Projektes Lehrerbildung@LMU, dass hier Rahmenbedingungen da sein müssen, die so etwas unterstützen. Das heißt, die Umsetzung der Inklusion in der Hochschule benötigt entsprechende Unterstützung und entsprechende Strukturen, um das auf den Weg zu bringen. Wir können versuchen, auf einer persönlichen Ebene zusammenzuarbeiten, aber in diesem Projekt haben wir jetzt Mitarbeiter, die diesen Dialog in Gang setzen. Wir entwickeln mit den Fachdidaktiken zusammen Filme und Materialien für eine Reihe von Veranstaltungsformaten zur Inklusion. Da habe ich schon das Gefühl, dass das Thema Inklusion einfach eine Plattform bietet, auf der mehr Zusammenarbeit möglich ist, so nehme ich das jedenfalls wahr. Und insofern habe ich eigentlich die Hoffnung, dass wir es schaffen, auch dieses Signal auszusenden in Bezug auf zukünftig pädagogisch Tätige. Es darf sich eigentlich niemand mehr komplett aus dem Thema herausnehmen. Also meine Idee ist tatsächlich: Es darf zukünftig niemand mehr sagen: ›Das ist nicht mein Thema, und ich bin dafür nicht ausgebildet.‹ Wir müssen versuchen, alle pädagogischen Fachkräfte auf die Inklusion vorzubereiten.«

Rudolf Tippelt: »Es ist wichtig, dass wir einen langen Atem haben, das hatten Sie, Herr Kiel, auch schon einmal angesprochen. Es darf keine Mode sein, sich für inklusive Bildung mal sechs Jahre zu interessieren und danach machen wir, was sicher auch wichtig ist, Integration für Migranten. Und wir handeln das dann nicht mehr unter Inklusion ab und die Inklusion von Behinderten haben wir vergessen. Aber dann kommt die nächste Mode, ach Gott, was haben wir schon für Moden erlebt! Wir müssen dicke Bretter bohren – und die Inklusion ist so eines. Also auch dann, wenn die Öffentlichkeit nicht mehr so aktiv Notiz davon nimmt, muss Inklusion ein institutioneller Auftrag bleiben. Da sind sowohl die ethische Basis als auch die praktischen Erfahrungen und die jetzt schon erkennbaren Evaluationsergebnisse Rückenwind genug, um weiterzumachen. Aber es ist mir wichtig hervorzuheben – man braucht einen langen Atem, gerade wenn nicht fortwährend unmittelbar öffentlich davon gesprochen wird. Wir leben in einer Welt, in der die Themen, auch übrigens die Bildungsthemen, sehr schnellen Veränderungen ausgesetzt sind.«

Ulrich Heimlich: »Ich glaube, der Hinweis auf die Moden und die Modebewegungen in der Pädagogik, Schulpädagogik, Sonderpädagogik ist ein gutes Schlusswort. Inklusion darf keine Modeerscheinung sein, sondern wird uns hoffentlich noch lange beschäftigen. Ich danke an dieser Stelle meinen Gesprächspartnern für den Austausch.«

1

Bildung und Teilhabe –
der bildungsphilosophische Zugang

Wolf-Thorsten Saalfrank, Winfried Trieb & Klaus Zierer

> *Und ich fragte die*
> *Politökonomen, die*
> *Moralisten, ob sie jemals die*
> *Zahl der Individuen*
> *errechnet haben, die zum*
> *Elend verdammt sind, zur*
> *ungleichen Arbeit,*
> *zum moralischen Verfall, zur*
> *Unmündigkeit, zur*
> *erschreckenden*
> *Unwissenheit, zur völligen*
> *Entbehrung, zum ewigen*
> *Unglück, um einen Reichen*
> *zu produzieren.*
> Almeida Garret, zit. nach Saramago, José: Hoffnung im Alentejo.
> Hamburg: Hoffmann und Campe, 2005

Vorbemerkung

Das Thema Bildung und Teilhabe ist seit etwa zwanzig Jahren zunehmend in das öffentliche und gesellschaftliche Interesse gerückt (Brenner 2010). Ausgangspunkt hierfür waren insbesondere Programme bzw. Maßnahmen der UNESCO, die unter dem Motto »Education for all« weltweit marginalisierten Gruppen einen Zugang zu Bildung und somit zu gesellschaftlicher Teilhabe ermöglichen wollten. Bildung ist, wenn über soziale Ungleichheit und damit verbunden über ungleich verteilte Chancen hinsichtlich der Teilhabe am sozialen und kulturellen Leben gesprochen wird, ein zentraler Faktor (Ditton 2004; Baumert & Köller 2005; Opielka 2005). So setzen UNESCO- oder auch UNICEF-Programme, die gegen die Ausbeutung von Kindern vorgehen oder die die Chancen ausgegrenzter Bevölkerungsgruppen erhöhen wollen, beispielsweise auf Alphabetisierungs- und Grundbildungsprojekte. Mit der Konferenz von Salamanca im Jahr 1994 wurde diese Forderung durch den Fokus auf Menschen mit Behinderungen erweitert, was dann zu der seit einigen Jahren geführten Diskussion um Inklusion an Schulen, aber auch in der Gesellschaft geführt hat (Saalfrank & Zierer 2017).

Dieser Beitrag soll nun das Verhältnis von Bildung und Teilhabe unter einem bildungsphilosophischen Blickwinkel untersuchen. Aufgrund der Komplexität des Themas kann dieser Beitrag den Zusammenhang zwischen Bildung und gesellschaftlicher Teilhabe jedoch nicht abschließend bestimmen. Indem wir aber einige Forschungsergebnisse zusammenaddieren, sind wir in der Lage, gewisse Aspekte von Bildung und Teilhabe und deren Zusammenhang aufzuzeigen. Auf diese Art und Weise können wir am Gesamtbild weiterarbeiten und zur Lösung der Frage beitragen. Sehr viel Forschung und insbesondere ein interdisziplinäres Vorgehen wäre notwendig, um abschließend gesicherte Aussagen zum vorliegenden Thema machen zu können. Neben der Pädagogik, der Soziologie und der Verhaltens- und Entscheidungspsychologie müsste man auch Erkenntnisse der Hirnforschung mit einbeziehen. Außerdem müsste man zu fast jedem gegebenen Zeitpunkt Kenntnis über eine Person besitzen, mit welchen anderen Personen oder mit welchen Institutionen und Organisationen sie verbunden ist, welche Bildungsinhalte diese Netze zur Verfügung stellen und welche dieser Inhalte die betreffende Person überhaupt zu akzeptieren willens oder in der Lage ist (Allmendinger et al. 2007, S. 487).

1.1 Die moderne Gesellschaft im Differenzierungsprozess

Damit gesellschaftliche Teilhabe und damit das Thema differenziert dargestellt werden kann, benötigt man eine Gesellschaftstheorie, die den Rahmen für die Lebenswirklichkeit abbildet. Die Wissenschaft arbeitet in diesem Zusammenhang mit Begriffen wie »Risikogesellschaft«, »Wissensgesellschaft«, »Erlebnisgesellschaft« oder »Informationsgesellschaft«. Insgesamt, ohne einer Bezeichnung den Vorzug zu geben, bietet sich der Begriff »Moderne Gesellschaft« an. Nassehi (2001, S. 208) ist hier zuzustimmen, wenn er beschreibt, dass es unstrittig ist, »dass moderne Gesellschaften eine demokratische Staatsform bevorzugen, dass sie einen hohen Grad an Arbeitsteilung aufweisen, und für Vollinklusion ihrer Bevölkerungen in ihre Bildungssysteme sorgen, dass sie positives Recht als Konfliktstrategie benutzen, dass sie zunehmend universalistische Werte ausbilden, inzwischen auch: dass ihre Ökonomie kapitalistisch organisiert ist [...]«. Im Rahmen dieses Beitrags soll dieser Begriff als Ausdruck für die kulturelle Selbstbeschreibung der gegenwärtigen Epoche verwendet werden. Kennzeichnend hierfür sind die radikalen gesellschaftlichen Umwälzungen seit Ende des 18. Jahrhunderts, die mit der Industrialisierung, den Fortschritten in Technik und Medizin, der Demokratisierung, städtischen Lebensformen, Individualisierung und Pluralisierung von Lebensstilen und der damit verbundenen Auflösung überkommener Strukturen (vgl. Wanzing 2005, S. 19) einen entsprechenden Wandel hervorgerufen haben.

Andererseits steht »Moderne [...] nicht nur für produktive Entfaltungsmöglichkeiten, nicht nur für Aufbruchsstimmung und Gestaltung, sondern auch für ein ungeheures Zerstörungspotential, das sich in der zum Teil erheblichen ‹Toleranz› sozialer Ungleichheit gegenüber [...] zeigt« (Nassehi 2001, S. 211). Zur weiteren Klärung des Begriffs »Moderne Gesellschaft« und insbesondere im Hinblick auf das Thema »Teilhabe durch Bildung« wird hier der systemtheoretische Entwurf von Niklas Luhmann herangezogen (vgl. Schimank 2000).

Das Gesellschaftskonzept von Luhmann

Einen zentralen Ausgangspunkt für Luhmanns Gesellschaftskonzept stellt die differenzierungstheoretische Perspektive als einen Hauptstrang soziologischer Gesellschaftstheorie dar (Schimank 1996). Die Komplexität einer Gesellschaft richtet sich hiernach nicht nach der Quantität ihrer Teilsysteme, sondern ist abhängig vom Ausmaß der Differenzierung. Systemdifferenzierung bedeutet in diesem Zusammenhang die Fähigkeit von sozialen Systemen, Subsysteme zu bilden und somit interne System/Umwelt-Differenzen hervorzubringen (Wansing 2005, S. 31). Für Luhmann (1984, S. 37) ist die Systemdifferenzierung nichts weiter als die Wiederholung der Systembildung in Systemen. Die primäre Form der Differenzierung charakterisiert die Gesellschaftsstruktur ebenso wie die Beziehung der Teilsysteme untereinander, der Teile zum Gesamtsystem sowie der Teilsysteme zu sich selbst und bestimmt grundlegend die Bedingungen der gesellschaftlichen Teilhabe von Individuen (Wansing 2005, S. 31).

Luhmann beschreibt die moderne Gesellschaft als Ergebnis von verschiedenen Evolutionsprozessen und ihrer Differenzierung. Er unterscheidet dabei drei Stufen: segmentär, stratifikatorisch und funktional. Die *segmentäre Differenzierung* stellt das einfachste Prinzip dar und teilt die Gesellschaft in gleiche Teile. Die zentrale Rolle in diesem Sozialgefüge spielten die Familien, die sich in Blutsverwandtschaften, wie z. B. in Sippen und Stämmen, zusammenfassten. Wegen der schwer handhabbaren Komplexität kam es in der Folge zu einer Umstellung von der segmentären auf die *stratifikatorische Differenzierung*. Kennzeichnend dafür war die ständisch gegliederte Gesellschaft, wobei die Zugehörigkeit zu einer Schicht durch Geburt festgelegt wurde. Exklusion war bedingt durch wirtschaftliche Not bzw. durch fehlende Heiratschancen. Etwa seit dem 16. Jahrhundert kommt es zur Herausbildung von gesellschaftlichen Teilsystemen, die nicht entlang undurchlässiger Schichten verlaufen, sondern vielmehr an gesellschaftlichen Funktionen (Beck-Gernsheim 1986). Dies lässt sich bis zum 19. Jahrhundert exemplarisch aufzeigen an der Loslösung der Politik von der Religion, der Herausbildung von Erziehung und Pädagogik, einer familialen Privatsphäre und einem speziellen Liebescode. Ebenso aufzeigen lässt sich dies an der Ausdifferenzierung eines wissenschaftseigenen Codes, der Entfernung des Rechts von der Politik sowie an der Entkopplung der Wirtschaft von Religion und Moral (Wansing 2005, S. 32).

Demnach ist die moderne Gesellschaft nach Luhmann dann *funktional differenziert*, wenn sie ihre wichtigsten Teilsysteme im Hinblick auf spezifische Probleme bildet, die dann in dem jeweils zuständigen Funktionssystem gelöst werden müssen (Luhmann 1994, S. 34). Hierzu rechnet Luhmann verschiedene Teilsysteme. Namentlich sind diese: Wirtschaft, Politik, Recht, Militär, Wissenschaft, Kunst, Medien, Bildung, Gesundheit, Sport, Religion und Intimbeziehungen. Diese Komponenten schließen sich nicht gegenseitig aus, sondern sind vielmehr kommunikatives Ereignis von Gesellschaft. Die verschiedenen Gesellschaftssysteme sind nicht mehr hierarchisch geordnet, sondern besitzen prinzipiell alle eine gleiche Wichtigkeit bzw. Unwichtigkeit (Wansing 2005, S. 33). Da jedes Teilsystem etwas Unentbehrliches beisteuert und auch von keinem anderen darin ersetzt werden kann, sind alle gleichermaßen wichtig, wodurch zwischen ihnen keine Rangdifferenz besteht (Schimank 1996, S. 151). Klassisch für die moderne Gesellschaft ist nach Luhmann die Autonomie der einzelnen Funktionssysteme, die durch Interdependenzunterbrechungen gewährleistet wird, wonach z. B. Reichtum nicht bedeuten kann, dass sich damit quasi automatisch der politische Einfluss oder der Kunstverstand oder auch das Geliebtwerden der Reichen einstellen (Luhmann 1994, S. 29).

Funktional differenzierte Gesellschaft und Teilhabe

In der modernen Gesellschaft wird die soziale Teilhabe von Individuen über die Funktionssysteme gemäß ihrer jeweils kommunikationsspezifischen *codes* und Programme gesteuert (Wansing 2006, S. 47). Inklusion bezieht sich demnach auf den Modus des Einbezogenwerdens von Personen in die Leistungen und Prozesse der Funktionssysteme und betrifft sowohl den Zugang zu diesen Leistungen als auch die Abhängigkeit der individuellen Lebensführung von ihnen (Luhmann 1981, S. 25). Die Teilhabe bzw. Nicht-Teilhabe an den verschiedenen gesellschaftlichen Subsystemen ist damit auch Ausdruck der Inklusionsindividualität einer Person. Gesellschaftliche Teilhabe ist in dieser systemtheoretischen Sicht wertneutral zu verstehen, denn es geht nicht um das Erreichen eines konkreten Ziels wie dies beim normativen Integrationsbegriff der Fall ist. Diese Vorgehensweise bringt durchaus auch Vorteile mit sich. Denn bei der Integration eines Menschen in die Gesellschaft bleiben wichtige Merkmale von sozialer Benachteiligung unentdeckt. Luhmann (1999, S. 620) macht dies mit den Worten deutlich: »Erst die Existenz nichtintegrierbarer Personen oder Gruppen lässt soziale Kohäsion sichtbar werden und machte möglich, Bedingungen dafür zu spezifizieren.« Der Systemtheorie ist damit eine gewisse Blindheit für menschliche Lebenskrisen vorzuwerfen. Nach Nassehi (1997, S. 142) berührt sie als solche aber nicht im Geringsten die empirischen Probleme der Stabilisierung und Zukunftssicherheit individueller Lebenslagen. Dies bringt der Systemtheorie teils erhebliche Kritik ein, denn konkrete Nachteile, die Menschen z. B. aufgrund ihrer Behinderung erdulden müssen, lassen sich mit diesem Ansatz nur bedingt darstellen. Fuchs

(1994, S. 15) macht dies mit den Worten deutlich: »Ein ungutes Gefühl bleibt zurück: Ist das alles, was sich sagen lässt zu deinem Begriff, der im gesellschaftlichen Alltag und in unserem Bewusstsein eine unbezweifelbare Rolle spielt: Menschen sterben, hungern, lieben, leiden, nicht Sozialsysteme.« Die Systemtheorie greift damit zu kurz, wenn nur die strukturelle Form der Inklusion in den Blick genommen wird und konkrete menschliche Gefährdungen außen vor gelassen werden.

1.2 Teilhabe – Begriffsklärung

Historischer Ursprung des Begriffs

Mit dem Begriff »Teilhabe« wurde der international gebräuchliche Terminus der »Participation« ins Deutsche übersetzt (vgl. Hanslmeier-Prockl 2009, S. 62). Im Lateinischen verweist das Wort »*participes*« auf die beiden Wörter »*pars*« (Teil) und »*capere*« (ergreifen, nehmen) (Raab & Keßler 1976, S. 44/239). In der Brockhaus Enzyklopädie (2006) findet sich dafür die Übersetzung »teilhabend«. Letzterem ist eher zuzustimmen, weil die »Teilnahme« sich mehr auf das »Dabeisein« bei Handlungen und Prozessen richtet, während sich die »Teilhabe« auf das »Anteil haben« an einer Sache bzw. an einem Endprodukt bezieht (Stahlmann 2003, S. 15).

Der Begriff »Teilhabe« nach aktuellem Verständnis

In umgangssprachlichem Sinne meint Teilhabe die Teilnahme von Bürgerinnen und Bürgern an Beratungen und Entscheidungen, seltener die Teilhabe an gesellschaftlicher Macht, Reichtum, Wohlstand, Freiheit und Sicherheit – kurz das »Einbezogensein einer Person in eine Lebenssituation oder einen Lebensbereich« (Schuntermann 2011, S. 254). Der Begriff »Teilhabe« findet sich heute häufig in der Fachdiskussion, um der Forderung Nachdruck zu verleihen, Menschen mit Behinderungen in die Gestaltung ihrer Lebensbedingungen einzubinden. Erwähnenswert ist in diesem Zusammenhang Schnurr. Er beschreibt Partizipation/Teilhabe als »konstitutives Merkmal demokratischer Gesellschafts-, Staats- und Herrschaftsformen« (Schnurr 2011, S. 1069) und unterscheidet dabei drei Dimensionen:

1 Bildung und Teilhabe – der bildungsphilosophische Zugang

1. demokratietheoretisch
Im demokratietheoretischen Sinne handelt es sich um pragmatisch/instrumentelle Vorstellungen einerseits und direkte Formen andererseits. Während die erstere Herrschafts- und Machtstrukturen sichert, stellt die zweite diese eher in Frage. Was als partizipatives Vorgehen, Verhalten oder Gemeinwesen gilt oder nicht, zählt immer zu den umkämpften Gegenständen gesellschaftlicher Strukturen (Bärmig 2015, S. 139). Teilhabe fungiert hier dialektisch in einer Doppelfunktion, nämlich das, was tatsächlich ist, und das, was normativ sein sollte. Jede Auseinandersetzung darüber führt zu einer Bestimmung dieser beiden Funktionen (vgl. dazu Weisser 2012).
2. dienstleistungstheoretisch
Im Mittelpunkt stehen hier Hilfsprozesse als Dienstleistung und deren Einbindung in vorhandene Organisationsstrukturen. Ohne dies näher auszuführen, geht es um demokratische und grundgesetzliche Regelungen, deren Umsetzung das Verhältnis von Autonomie und Stellvertretung betrifft und damit ebenfalls Einfluss auf die gesellschaftliche Teilhabe hat. Da diese dienstleistungstheoretische Dimension für die vorliegende Fragestellung nicht bedeutsam ist, wird auf weitere Ausführungen verzichtet.
3. bildungstheoretisch
Die entsprechende Teilhabeforschung verweist regelmäßig auf den Zusammenhang von sozialem Status und effektivem Partizipationsverhalten. Die Ergebnisse zeigen, dass aktive Beteiligung mit hohem sozioökonomischem Status (Einkommen, Bildungsniveau, berufliche Stellung) und entsprechend einsetzbaren Ressourcen einhergeht (Bärmig 2015, S. 140; Ditton 2004). Eine bildungstheoretische bzw. bildungsphilosophische Begründung von Teilhabe ergibt sich auch, wenn man verschiedene Bildungsdefinitionen betrachtet. So soll mit Bildung – auch in einem politischen Sinne – immer auch gesellschaftliche Teilhabe ermöglicht werden. Man findet solche Bezüge insbesondere in Klafkis Bildungsverständnis (1963, S. 43), der durch Bildung unter anderem ein Erschließen der Welt durch den Einzelnen ermöglichen will. Ebenso ist hier Hartmut von Hentig (1996) zu nennen, der das Sich-bilden betont und durch seine Maßstäbe sehr stark den Teilhabegedanken hervorhebt.

Bei einer Fokussierung auf das Subjekt, wie es bei Klafki und von Hentig deutlich wird, wird eine Grundlage gelegt, die es ermöglicht, mit Heterogenität bzw. Diversität und somit auch mit Inklusion umzugehen. Da der Bildungsbegriff für alle gilt und in den Beschreibungen des Bildungsbegriffs keine Einschränkung aufgrund bestimmter äußerer wie innerer Merkmale erfolgt, können alle der Bildung teilhaftig werden und sich im Prozess des Sich-bildens zu einer (selbst)verantwortlichen Person entwickeln, die an der Gesellschaft teilhaben kann. Der Bildungsbegriff kann vor diesem Hintergrund somit einerseits Grundlage durch sein Menschenbild sein, andererseits aber auch das Ziel, das angestrebt wird.

1.3 Kriterien einer Theorie der sozialen Gerechtigkeit und Teilhabe

Moderne Gesellschaften ermöglichen es prinzipiell jedem Menschen, in jedes gesellschaftliche Funktionssystem inkludiert zu sein. Das Sozialsystem gibt jedem den Anspruch auf Behandlung im Krankheitsfalle, es besteht die allgemeine Schulpflicht und jeder hat das Recht auf und die Pflicht zur politischen Einflussnahme. Bei genauerer Betrachtung erscheint die Vollinklusion aber eher als eine Illusion, wie dies auch Luhmann in seinen neueren Arbeiten mit den Worten zum Ausdruck bringt: »Die Idealisierung des Postulats einer Vollinklusion aller Menschen in die Gesellschaft täuscht über gravierende Probleme hinweg« (Luhmann 1998, S. 630). Aus diesem Grund soll im Folgenden der Begriff »Gerechtigkeit« genauer betrachtet werden.

Gerechtigkeit

Bei dem Wort Gerechtigkeit, ebenso wie bei seinem Gegenteil, dem Wort Ungerechtigkeit, handelt es sich um äußerst mehrdeutige und kontroverse Begriffe. Beheimatet sind diese Begriffe nicht nur in der klassischen, sondern auch in der gegenwärtigen politischen Philosophie. Es können sechs verschiedene Phänomene unterschieden werden, die sich mit dem Begriff »Gerechtigkeit« in Verbindung bringen lassen (Ritsert 2004, S. 173ff.; Heimbach-Steins et al. 2007; Wimmer et al. 2007; Rehn & Schües 2008):

- Haltungen und Einstellungen einzelner Personen bzw. Gruppen,
- verschiedene Formen von Macht und ihre Anwendung als politische Gerechtigkeit,

1 Bildung und Teilhabe – der bildungsphilosophische Zugang

- Handlungen und Prozesse zur Aneignung und Verteilung begehrter (knapper) Güter und Dienste in einem »System der Bedürfnisse«,
- allgemeine, etablierte Verfahren und Abläufe, die als institutionelle Gerechtigkeit begriffen werden können (hierzu gehören Gerichte und gesetzliche Regelungen),
- soziale Gebilde (z. B. Justizsystem und das Bildungssystem) selbst und die Kriterien und Maßstäbe, die ihnen zu Grunde liegen,
- soziale Gebilde wie die Gesellschaft und der Staat.

Obwohl das Thema Inklusion ein gesamtgesellschaftliches Anliegen ist, wird es überwiegend mit Schulen, deren Schülerinnen und Schüler und die sie unterrichtenden Lehrkräfte in Verbindung gebracht. Dies ist nicht nur das vorherrschende Gefühl in der Bevölkerung, sondern auch in der Bildungspolitik und in der pädagogischen Fachliteratur.

Ausgehend von Honneth haben sich auch Ludwig (2000) und Stojanov (2006) bildungstheoretisch mit dem Zusammenhang zwischen Anerkennung und Bildung beschäftigt und die Anerkennungstheorie als Bildungstheorie ausgewiesen. Demnach handelt es sich bei Anerkennung und Bildung um Transformationsprozesse von Selbst- und Weltbezügen. Wesentlich ist, dass Anerkennung nicht das Ziel von Bildungsprozessen, sondern die Voraussetzung ist:

> »Aber der Gegenstand der Anerkennung ist nicht die wechselseitige Andersartigkeit der Subjekte an sich, sondern der Selbstverwirklichungsprozess der Einzelnen, der sich im Rahmen des Verhältnisses wechselseitiger Anerkennung zwischen jeweils anderen vollzieht. So gesehen, sind die Anerkennungsverhältnisse nicht das Ziel von Bildung, zu dem diese hinführen muss, sie sind keine objektive gesellschaftliche Gegebenheit, die durch Bildung angeeignet werden soll, sondern vielmehr Voraussetzung und Triebwerk von Bildung« (Stojanov 2006, S. 168–169).

Neben Bildung als Voraussetzung für Teilhabe ist es ebenfalls bedeutsam, wie Bildung letztendlich zu Teilhabe beitragen kann. Für Kößler werden durch Bildung sowohl moralisch erwünschte Einstellungen als auch Wissen vermittelt. Diese Vermittlung bzw. Aneignung führt dazu, dass Menschen im Bezugssystem ihrer geschichtlich-gesellschaftlichen Welt wählend, wertend und stellungnehmend ihren Standort definieren, Persönlichkeitsprofil bekommen und Lebens- und Handlungsorientierung gewinnen (Kößler 1997, S. 113).

Die psychologisch-pädagogische Betrachtung von Teilhabe

Die Entwicklung eines Menschen vollzieht sich stets in einem kontinuierlichen Austausch mit der Umwelt. Dieser Prozess ist bestimmt durch verschiedene Anpassungsprozesse. Während beim Prozess der Assimilation der Mensch Elemente der Umwelt im Rahmen seiner bereits vorhandenen Strukturen verarbeitet, passt er sich durch Akkommodation mit seiner Struktur den Gegebenheiten der Umwelt an (Hanslmeier-Prockl 2009, S. 74). Dabei ist Erfahrung »immer aktive Akkommodation, die in enger Abhängigkeit von der Assimilation vor sich geht [...]. Assimilation reduziert sich also nicht auf eine einfache Identifikation, sondern besteht sowohl in einer Konstruktion von Strukturen als auch in der Einverleibung von Dingen in diese Struktur« (Piaget 1974, S. 418).

Für Lernen und Entwicklung ist damit ein Austausch mit der Umwelt eine notwendige Voraussetzung. Damit sich dieser Prozess entwickeln kann, ist eine anregende Umgebung notwendig. Die Entwicklung eines vertrauten Umgangs mit Räumen, Gegenständen und Personen, das Erlernen neuer Fertigkeiten und die Entwicklung von Vorstellungen und Wünschen und der Möglichkeit, diese zu kommunizieren, werden nur in einem fortwährenden Austauschprozess mit der personalen und gegenständlichen Umwelt gestaltet (Hanslmeier-Prockl 2009, S. 74). Der Mensch ist in seiner Entwicklung damit abhängig von den Erfahrungen, die der Person zur Verfügung stehen (Haisch 2003, S. 6). Zugleich reagiert er innerhalb dieses Prozesses autonom, da er sich seine Welt selbst konstruiert, indem er unablässig die auf ihn wirkenden Effekte und Informationen auswählt oder ablehnt (Speck 2005, S. 89). Teilhabe ermöglicht so ein Spektrum, welches die selbständige Haushaltsführung ebenso ermöglicht, wie alle anderen damit zusammenhängenden Tätigkeiten, bis hin zur Vertretung eigener Rechte und Interessen gegenüber Behörden, Personen und Gerichten. Kurz gesagt ist Teilhabe ein Mittel, um das Leben – zumindest relativ – selbstbestimmt zu leben und zu gestalten.

Interessant ist auch der ökopsychologische Ansatz von Bronfenbrenner. Ihm geht es nicht nur um die systematische Unterscheidung von Teilhabebereichen, sondern er legt auch den Fokus für die menschliche Entwicklung auf die personelle und materielle Umwelt. Bronfenbrenner unterscheidet zwischen dem Mikro-, Meso-, Exo- und Makrosystem (1981, S. 38ff.):

1. Das Mikrosystem ist ein Muster von Tätigkeiten und Aktivitäten, Rollen und zwischenmenschlichen Beziehungen innerhalb eines Lebensbereiches. Hierzu gehören auch materielle Bedingungen.

2. Das Mesosystem besteht aus den Wechselbeziehungen zwischen den Lebensbereichen, in denen ein Mensch aktiv ist.
3. Das Exosystem enthält Gesetze und Regelungen, die das eigene Leben betreffen, aber sich eines unmittelbaren Zugriffs entziehen.
4. Das Makrosystem umfasst Beziehungen innerhalb einer Gesellschaft und damit auch deren zugrundeliegende Werte und Normen.

Die Teilhabe an unterschiedlichen Wechselbeziehungen innerhalb von Mikro- und Mesosystem fördert die menschliche Entwicklung (Hanslmeier-Prockl 2009, S. 76). Die Möglichkeiten, auf das Makrosystem Einfluss zu nehmen hingegen, verändern sich mit der Einbeziehung der Menschen mit Beeinträchtigungen. Pädagogische und psychologische Unterstützung bedeutet in diesem Zusammenhang die Stärkung der Person innerhalb des Mikrosystems, die Unterstützung beim Aufbau und der Koordination des Mesosystems und dem Aufzeigen von Möglichkeiten zur Einflussnahme durch politische Selbstvertretung im Rahmen des Makrosystems (Hanslmeier-Prockl 2009, S. 76). Nach dem Gesagten sind Mikro-, Meso- und Makrosystem innerhalb einer Kultur zu beobachten und werden wiederum durch das Makrosystem, welches sich durch die geltenden gesellschaftlichen Normen, Ideologien und Werte auszeichnet, beeinflusst.

1.4 Die Rechte von Kindern und Jugendlichen mit sonderpädagogischem Förderbedarf als Herausforderung sozialer Gerechtigkeit und Teilhabe

Spätestens seit der Einführung der Schulpflicht auch für Kinder mit schweren Beeinträchtigungen im Jahr 1978 (erste Schulen gab es in Deutschland seit Mitte der 1960er Jahre) scheint es so, als könne man von einer Vollinklusion aller Kinder und Jugendlichen in das deutsche Bildungssystem sprechen. Fakt ist jedoch, dass für Kinder und Jugendliche mit Behinderungen ungleiche Bildungschancen bestehen, was in unserem spezialisierten und selektierenden Förderschulwesen zum Ausdruck kommt. Die Zugänge zu den verschiedenen Schultypen erfolgen durch »postinklusive Differenzierung« (Fuchs et al. 1994, S. 243), die auf hochselektiven Verfahren beruht und durch institutionelle Klassifizierungssysteme stabilisiert wird

1.4 Die Rechte von Kindern und Jugendlichen mit sonderpädagogischem Förderbedarf

(Wansing 2005, S. 89). In der Folgezeit wurden zwar verschiedene Maßnahmen getroffen, welche die Rechte der betroffenen Kinder und Jugendlichen scheinbar stärkten. Auf dem Weg zu Inklusion wurden zunächst andere Schritte unternommen (Saalfrank & Zierer 2017, S. 19ff.). So wurde die Etikettierung der Sonderschulbedürftigkeit zu Gunsten sonderpädagogischen Förderbedarfs aufgehoben und damit die automatische Zuweisung an eine Förderschule verhindert. Außerdem wurden bei der Wahl des Lernumfeldes der Elternwille in die Entscheidung einbezogen und eine wohnortnahe Lösung für eine integrative Beschulung gesucht, die neben der Zuweisung zu einer Sonderschule als mögliche Alternative galt. Doch diese Maßnahmen zeigten in der Praxis nur wenig Wirkung, mit der Folge, dass nur sehr wenige behinderte Kinder und Jugendliche schulisch integriert werden konnten. Obwohl internationale wie nationale Studien einen mindestens gleich wirksamen, wenn nicht lerneffektiveren, gemeinsamen Unterricht im Vergleich zu Förderschulen bestätigen und eine kostenneutrale Verlagerung der sonderpädagogischen Förderung in die allgemeinen Schulen bei mindestens gleicher pädagogischer Qualität realisierbar erscheint (vgl. Preuß-Lausitz 2000), gibt es nach wie vor unterschiedliche Positionen zur Frage, ob das Ziel der gesellschaftlichen Teilhabe von Kindern und Jugendlichen mit Behinderung eher durch Förderung in Förderschulen oder über gemeinsames Lernen in allgemeinen Schulen erreicht werden kann (Wansing 2005, S. 89).

Seit März 2009 ist auch in der Bundesrepublik die UN-Behindertenrechtskonvention, welche im Dezember 2006 von den Vereinten Nationen verabschiedet wurde, in Kraft getreten. Die Mitgliedsstaaten haben sich damit zu einem Paradigmenwechsel in der Behindertenpolitik verpflichtet. Nicht mehr die Politik der Wohltätigkeit und Fürsorge, sondern eine Teilhabepolitik in allen gesellschaftlichen Bereichen als Verwirklichung universeller Menschenrechte stand im Mittelpunkt. Menschen mit Behinderung sollten keine Sonderrechte genießen, sondern die Menschenrechte sollten konkretisiert und präzisiert auf die Lebenssituation von Menschen mit Behinderung zugeschnitten werden. Die Konvention möchte damit den betroffenen Menschen ein selbstbestimmtes und unabhängiges Leben bei voller und gleichberechtigter gesellschaftlicher Inklusion ermöglichen. Andererseits hat das Bundesverfassungsgericht am 8. Oktober 1997 eine Entscheidung getroffen, wonach sich aus dem prinzipiellen Gleichheitsanspruch kein Anspruch auf schulische Integration ableiten lässt (vgl. Füssel 2003). Nach diesem Urteil ist auch die zwangsweise Überweisung eines behinderten Kindes an eine Sonderschule nur in Ausnahmefällen als Diskriminierungshandlung anerkannt (Degener 2001, S. 183). Ziel aller inklusiven

Maßnahmen ist es, entsprechende Barrieren in der Gesellschaft abzubauen, um so Teilhabe zu ermöglichen. Die Behindertenrechtskonvention ist in diesem Kontext sehr umfassend und greift alle relevanten Lebensbereiche auf. Auch wenn die Anzahl der Schülerinnen und Schüler mit sonderpädagogischem Förderbedarf in Regelschulen ansteigt, sind wir heute noch weit vom Idealzustand entfernt. Die vorliegenden Zahlen belegen dies und machen die Situation deutlich.

Im Jahr 2013 besuchten 67,0 % der Kinder mit einem sonderpädagogischem Förderbedarf integrative Kindertageseinrichtungen. In den Grundschulen lag der Inklusionsanteil zum gleichen Zeitpunkt mit 46,9 % bereits deutlich niedriger. In den Schulen der Sekundarstufe liegt er bei nur noch 29,9 %. Es handelt sich hier um einen Prozess, der sich auch nach Beendigung der Schulpflichtzeit im allgemeinbildenden Schulsystem weiter fortsetzt: 2012 haben nur 28,0 % aller Abgänger und Absolventen einer Förderschule eine (wenn auch anspruchsreduzierte) Ausbildung begonnen. Die überwiegende Mehrheit dieser jungen Erwachsenen wechselte nach Beendigung der Förderschule in Bildungswege des Übergangssystems und damit in jenes System, das keine abschlussbezogene Ausbildung bietet. Hier zeigt sich, dass der Weg nach der Sonderbeschulung nicht nur beschwerlich, sondern auch mit Risiken behaftet ist. Weiter zeigt sich, dass Jugendliche mit primär körperlichen Beeinträchtigungen höhere Chancen auf dem Ausbildungsmarkt haben als Jugendliche mit Lernbehinderung oder geistiger Behinderung. Diesen Menschen bleibt faktisch nur der Weg in die Berufsbildungs- und Berufsförderungswerke, die spezielle Angebote bereithalten. Differenziert man die Daten nach Klientel, wird deutlich, dass von den Absolventinnen und Absolventen der Schule mit dem Förderschwerpunkt geistige Entwicklung weit über 90 % in den Berufsbildungsbereich der Werkstätten für behinderte Menschen einmünden (Schüller 2003, S. 10).

1.5 Der Einfluss von Bildung auf die soziale Inklusion

Bildung stellt eine wichtige Stellschraube im Mechanismus der Inklusionswirkung dar. Folgt man Zöllner (2008), dann hat jeder Bildungsbegriff eine existentielle, also auf die Entwicklung des Menschen bezogene, Bedeutung sowie einen formalen Aspekt, der unter anderem durch die Schulbildung, aber auch durch außerschulische Bildungsanlässe vermittelt wird, und einen funktionalen Aspekt, da Bildung zur Reproduktion der Gesellschaft beiträgt. Diese drei konstitutiven Merkmale von Bildung nach Zöllner machen ebenso deutlich, dass Bildung als unverzichtbarer Bestandteil des Menschseins mit gesellschaftlicher Relevanz anzusehen ist und somit einen wesentlichen Faktor für Teilhabe darstellt. Im Zusammenwirken mit anderen Faktoren hat Bildung eine besondere soziale Bedeutung und bewirkt individuelle und kollektive Konsequenzen. Für den Einzelnen geht es zunächst um den Erwerb von (Grund-) Kompetenzen, welche in vielen Bereichen des Lebens zum Einsatz kommen (Hillmert 2009, S. 85). Bildung hat in diesem Sinne nicht nur einen Eigenwert, sondern ist auch mit einer Vielzahl von sozialen Vorteilen und (Lebens-) Chancen verbunden. Zu den gesellschaftlichen Funktionen von Bildung zählen wesentliche integrative Funktionen, insbesondere die kollektive Vermittlung von Wissen und Kompetenzen, die normative Sozialisation nachwachsender Generationen sowie die Selektion und Allokation auf gesellschaftlich notwendige Positionen. Die Schule bereitet damit auf das spätere Leben vor und bietet gleichzeitig Möglichkeiten zur sozialen Integration.

In der Konsequenz ermöglicht oder verwehrt Bildung bzw. die Teilhabe an Bildung den Zugang zu weiteren Bildungsabschlüssen oder der beruflichen Tätigkeit. Dabei erstrecken sich diese Bildungskonsequenzen nicht nur auf das Einkommen oder die Karrierechancen, sondern auch auf Formen der sozialen Teilhabe. Die Auswirkungen, die sich aufgrund von sozialer Ungleichheit ergeben, sind so vielfältig, dass sie hier nicht im Detail dargestellt werden können. Denn es gibt kein Merkmal der sozialen Ungleichheit, welches so aussagekräftig ist wie der Begriff der Bildung. Bildung entscheidet damit sowohl über Inklusion als auch über Exklusion.

1.6 Rechtfertigung der Bildungskonsequenzen

Doch wie lassen sich diese Bildungskonsequenzen erklären bzw. rechtfertigen? In den dargelegten Ausführungen wurde bereits sichtbar, dass ein unmittelbarer Zusammenhang zwischen Bildungskonsequenzen und den erworbenen Kompetenzen nicht zwingend herzuleiten ist, denn sie können durch ganz unterschiedliche Arten von Bildung bedingt sein. Hinzu kommen Wirkungsmechanismen wie insbesondere lebenszeitbezogene Effekte, wie beispielsweise das Verschieben von Ereignissen im Lebensverlauf als Folge des Zeitbedarfs für Ausbildungen, was soziale Kontakte und Veränderungen in sozialen Umwelten oder die »unmittelbare Veränderung von

Präferenzen der Individuen bzw. ihre kognitive Prägung« (Hillmert 2009, S. 89) ermöglichte. Angesichts wenig konkreter Erforschung von Bildungseffekten bleiben zahlreiche Fragen offen. So ist unklar, wie sich sog. Kompositionseffekte auswirken oder ob sich Bildung tatsächlich auf das Verhalten der betreffenden Person auswirkt. Welche Rolle spielen Drittvariablen im Hinblick auf das Bildungsniveau, wie z. B. der Gesundheitszustand einer Person? Das Hauptproblem liegt jedoch in der Tatsache, dass es sich bei den gemessenen Daten häufig um individuelle Effekte handelt. Daraus sind nicht umstandslos entsprechende kollektive Effekte in dem Sinne abzuleiten, wie sich Veränderungen in der Bildungsverteilung auf gesamte Gesellschaften auswirken (Hillmert 2009, S. 90). Aus diesem Grund ist es schwierig, die Inklusions- bzw. Exklusionswirkung von Bildung an Individualausprägungen festzumachen. Hillmert (2009, S. 90) beschreibt in diesem Zusammenhang, dass ein verändertes kollektives Bildungsniveau etwa »günstigere Inklusionsverhältnisse« für alle schaffen sowie Motor für gesellschaftliche Veränderungen sein kann oder auch die Grundlage der Wettbewerbsfähigkeit von Volkswirtschaften, welche wiederum die Verfügbarkeit kollektiver Ressourcen sicherstellt.

Ungeachtet der genannten Schwierigkeiten und Probleme der Bildungskonsequenzen und deren Rechtfertigung, bleibt Bildung das maßgebliche Moment für die soziale Platzierung in der Gesellschaft. Dies wiederum wirft die Frage auf, welche Faktoren über den Bildungszugang bzw. dessen Verlauf bestimmend sind.

1.7 Teilhabe – theoretische Möglichkeit und praktische Umsetzung

Das Ziel von Teilhabe in dem hier verstandenen Sinn ist die Teilhabe an der Gesellschaft bzw. am Gemeinwesen. Wenn man von Teilhabe spricht, sind grundsätzlich zwei wesentliche Dinge zu unterscheiden: Einerseits die theoretische Möglichkeit zur Teilhabe, andererseits die konkrete Teilnahme. Soviel kann schon jetzt gesagt werden, die konkrete Teilhabe wird sowohl durch subjektive als auch objektive Bedingungen beeinflusst. Bei den objektiven Bedingungen zur Teilhabe geht es um Wahlalternativen, um finanzielle Mittel sowie um die Art und den Umfang der Unterstützung. Bei den subjektiven Bedingungen geht es hingegen um Kompetenzen und Fertigkeiten, um Kenntnisse und Vorstellungen sowie um den Wunsch zur

Teilhabe im Zusammenhang mit der Selbstbestimmung (Hanslmeier-Prockl 2012, S. 86).

Wie bereits ausgeführt, bietet die moderne Gesellschaft den Individuen zunehmende Individualisierungsmöglichkeiten. Die Freiheit der Person, sich aus den Fängen von sozialen Mustern zu befreien, stellt aber nicht nur eine Möglichkeit dar, sondern ist auch Anspruch und Voraussetzung für die gesellschaftliche Teilhabe. Waldschmidt (2003, S. 18) drückt dies zutreffend mit folgenden Worten aus: »In der fortgeschrittenen Moderne darf man nicht nur selbstbestimmt leben, man muss es sogar. [...] Schon längst geht es nicht nur um Emanzipation, sondern auch darum, sich aus traditionellen Bindungen zu lösen, die eigene Biografie selbst zu ‹basteln› und Selbstmanagement an den Tag zu legen. Heutzutage verheißt Autonomie nicht mehr nur Befreiung, sondern ist auch zur sozialen Verpflichtung geworden.« Deutliche Worte, die auch zum Ausdruck bringen, dass lange Zeit mit Menschen mit Behinderung nicht richtig umgegangen wurde. Zwar wurden diese Menschen rundum versorgt, hatten aber kaum Spielraum, um das eigene Leben nach eigenen Maßstäben zu gestalten. Auch hier findet Waldschmidt (2003, S. 14) klare Worte: »Zum Ende des 20. Jahrhunderts, etwa zweihundert Jahre, nachdem im Rahmen der Aufklärungsphilosophie das Autonomiekonzept entworfen wurde, können es nun auch diejenigen für sich reklamieren, die zuvor jahrhundertelang ausgegrenzt wurden.«

Schlussbemerkung

Die in diesem Beitrag besprochenen Ergebnisse heben die zentrale Bedeutung von Bildungsprozessen für die gesellschaftliche Teilhabe in besonderer Weise hervor. Schulische Qualifikation und Chancen auf dem Arbeitsmarkt sind eng aneinandergekoppelt. Soziale Differenzierungen werden in frühester Kindheit geprägt und setzen sich über den weiteren Verlauf des Lebens fort. Damit einher gehen In- bzw. Exklusionsprozesse, welche wiederum Chancen auf gesellschaftliche Teilhabe eröffnen oder verschließen. Das Bildungssystem kann hier als Regulativ die Teilhabechancen ganz erheblich erhöhen. Inhaltlich geht es um die Vermittlung von Alltagskompetenzen und um die individuelle Förderung von allen Schülerinnen und Schülern. Wenn dies in messbarem Umfang erfolgt, dann kommt es auch zum Abbau von sozialen Bildungsungleichheiten. Bildungspolitisch muss dafür gesorgt werden, dass es zur Auflösung der starren Ordnung zwischen den Bildungsgängen kommt. Letztlich muss es darum gehen, dass alle Bildungsteilnehmerinnen und -teilnehmer ihre individuellen Fähigkeiten besser entfalten können, was wiederum die Chancen auf die gesellschaftliche Teilhabe erhöht.

Literatur

Allmendinger, Jutta, Ebner, Christian & Nikolai, Rita (2007): Soziale Beziehungen und Bildungserwerb. In: Axel, Franzen (Hrsg.): Sozialkapital. Grundlagen und Anwendungen. Wiesbaden: VS Verlag für Sozialwissenschaften, S. 487–513
Bärmig, Sven (2015): Kritische Erziehungswissenschaft und Inklusionspädagogik? In: Zeitschrift für Inklusion. https://www.inklusion-online.net/index.php/inklusion-online/article/view/300 (29.08.2019)
Baumert, Jürgen & Köller, Olaf (2005): Sozialer Hintergrund, Bildungsbeteiligung und Bildungsverläufe im differenzierten Sekundarschulsystem. In: Frederking, Volker, Heller, Hartmut & Scheunpflug, Annette (Hrsg.): Nach PISA. Konsequenzen für Schule und Lehrerbildung nach zwei Studien. Wiesbaden: VS Verlag für Sozialwissenschaften, S. 9–21
Beck-Gernsheim, Elisabeth (1993): Individualisierungstheorie: Veränderungen des Lebenslaufs in der Moderne. In: Keupp, Heiner (Hrsg.): Zugänge zum Subjekt. Perspektiven einer reflexiven Sozialpsychologie. Frankfurt a. M.: Suhrkamp, S.125–146
Brenner, Peter J. (2010): Bildungsgerechtigkeit. Stuttgart: Kohlhammer
Brockhaus Enzyklopädie (2006): 21. bearb. Aufl. Mannheim: Brockhaus
Bronfenbrenner, Urie (1981): Die Ökologie der menschlichen Entwicklung. Natürliche und geplante Experimente. Stuttgart: Klett-Cotta
Degener, Theresia (2001): »Niemand darf wegen seiner Behinderung benachteiligt werden!« Behindertendiskriminierung als verfassungsrechtliche Herausforderung. In: Rohrmann, Eckhard (Hrsg.): Mehr Ungleichheit für alle. Analysen und Berichte zur sozialen Lage der Republik am Anfang des 21. Jahrhunderts. Heidelberg: Universitätsverlag Winter, S. 183–198
Ditton, Hartmut (2004): Der Beitrag von Schule und Lehrern zur Reproduktion von Bildungsungleichheit. In: Becker, Rolf & Lauterbach, Wolfgang (Hrsg.): Bildung als Privileg? Erklärungen und Befunde zu den Ursachen der Bildungsungleichheit. Wiesbaden: Springer VS, S. 251–280
Fuchs, Max (1994): Kultur lernen. Eine Einführung in die Allgemeine Kulturpädagogik. Schriftenreihe der Bundesvereinigung Kulturelle Jugendbildung. Remscheid: BKJ
Fuchs, Marek, Lamnek, Siegfried, Luedtke, Jens & Baur, Nina (2009): Gewalt an Schulen. 1994–1999–2004. Wiesbaden: VS. Verlag für Sozialwissenschaften
Füssel, Hans-Peter (2003): Recht – Erziehung – Staat. Weinheim: Beltz
Haisch, Werner (2003): Selbständigkeit, Individualität, Bedürfnis und Bedarf. Vorüberlegnungen zur Konzeption professioneller Unterstützung selbstgestalteter und selbst-

bestimmter Lebensführung. Im Internet unter https://www.gbm.info/files/pdf/2009/anwendertagung/individualitaet_beduerfnis_bedarf.pdf [29.08.2019]

Hanslmeier-Prockl, Gertrud (2009): Teilhabe von Menschen mit geistiger Behinderung. Bad Heilbrunn: Klinkhardt

Heimbach-Steins, Marianne, Kruip, Gerhard & Kunze, Axel Bernd (2007) (Hrsg.): Das Menschenrecht auf Bildung und seine Umsetzung in Deutschland: Diagnosen, Reflexionen, Perspektiven. Bielefeld: W. Bertelsmann Verlag

Hentig, Hartmut v. (1996): Bildung. Ein Essay. München: Hanser

Hillmert, Steffen (2009): Soziale Inklusion und Exklusion: Die Rolle von Bildung. In: Stichweh, Rudolf & Windolf, Paul (Hrsg.): Inklusion und Exklusion: Analysen zur Sozialstruktur und sozialen Ungleichheit. Wiesbaden: VS Verlag für Sozialwissenschaften, S. 85–100

Honneth, Axel (2006): Schlüsseltexte der Kritischen Theorie. Wiesbaden: VS Verlag für Sozialwissenschaften

Klafki, Wolfgang (1975): Kategoriale Bildung. Zur bildungstheoretischen Deutung der modernen Didaktik. In: Klafki, Wolfgang (Hrsg.): Studien zur Bildungstheorie und Didaktik. Weinheim: Beltz, S. 25–45

Kößler, Henning (1997): Selbstbefangenheit – Identität – Bildung. Weinheim: Beltz

Luhmann, Niklas (1981): Soziologische Aufklärung 3. Wiesbaden: Springer VS

Luhmann, Niklas (1994): Funktionen und Folgen formaler Organisation. Berlin: Speyer

Luhmann, Niklas (1998): Die Gesellschaft der Gesellschaft. Berlin: Suhrkamp

Nassehi, Armin (1997): Nation, Ethnie, Minderheit. Köln: Böhlau

Nassehi, Armin (2001): Moderne Gesellschaft. In: Kneer, Georg, Nassehi, Armin, Schroer, Markus (Hrsg.): Klassische Gesellschaftsbegriffe der Soziologie. München: Fink, S. 208–245

Opielka, Michael (2005) (Hrsg.): Bildungsreform als Sozialreform. Zum Zusammenhang von Bildungs- und Sozialpolitik. Wiesbaden: VS Verlag für Sozialwissenschaften

Piaget, Jean (1974): Der Aufbau der Wirklichkeit beim Kinde. Stuttgart: Ernst Klett

Raab, Konrad & Keßler, Manfred (1976): Lateinische Wortkunde. Bamberg: Buchner

Rehn, Rudolf & Schües, Christina (2008) (Hrsg.): Bildungsphilosophie. Grundlagen, Methoden, Perspektiven. Org.Ausg. Freiburg/München: Alber

Ritsert, Jürgen (2004): Sozialphilosophie und Gesellschaftstheorie. Münster: Westfälisches Dampfboot

Saalfrank, Wolf-Thorsten (2010): Der »Einzelne« – Ausgangspunkt pädagogischen Handelns. In: Pädagogische Rundschau, 64 (3), S. 254–268

Saalfrank, Wolf-Thorsten & Zierer, Klaus (2017): Inklusion. Paderborn: utb

Schimank, Uwe (1996): Theorien gesellschaftlicher Differenzierung. Opladen: Leske+Budrich

Schimank, Uwe (2000): Handeln und Strukturen. Weinheim: Juventa

Schnurr, Stefan (2011): Partizipation. In: Otto, Hans-Uwe, Thiersch, Hans, Treptow, Rainer & Ziegler, Holger (Hrsg.): Handbuch Soziale Arbeit. München: Ernst Reinhardt Verlag, S.1069–1078

Schüller, Simone (2003): Der Übergang aus Werkstätten für behinderte Menschen in den allgemeinen Arbeitsmarkt. In: Erwachsenenbildung und Behinderung, H1, S. 8–25

Schuntermann, Michael F. (2011): Einführung in die ICF. Heidelberg: ecomed Medizin

1 Bildung und Teilhabe – der bildungsphilosophische Zugang

Speck, Otto (2005): Menschen mit geistiger Behinderung. München: Ernst Reinhardt Verlag

Stahlmann, Martin (2003): Teilhabe ist mehr als Teilnahme. In: Heilpädagogik.de, Heft 4, S.15–16

Stojanow, Krassimir (2006): Bildung und Anerkennung. Wiesbaden: Springer VS

Waldschmidt, Anne (2003): Selbstbestimmung als behindertenpolitisches Paradigma – Perspektiven der Disabiltity Studies. In: Aus Politik und Zeitgeschichte. Beilage der Wochenzeitschrift das Parlament (8), S. 13–20

Wansing, Gudrun (2005): Die Gleichzeitigkeit des gesellschaftlichen »Drinnen« und »Draußen« von Menschen mit Behinderung – oder: zur Paradoxie rehabilitativer Leistungen. In: Wacker, Elisabeth, Bosse, Ingo & Dittrich, Torsten et al. (Hrsg.): Teilhabe. Wir wollen mehr als nur dabei sein. Marburg: Lebenshilfe Verlag, S. 21–33

Wansing, Gudrun (2006): Teilhabe an der Gesellschaft. Berlin: Springer VS

Wimmer, Michael, Reichenbach, Roland & Pongratz, Ludwig (2007) (Hrsg.): Gerechtigkeit und Bildung. Paderborn: Schöningh

Gerechte Ungleichheit? Wie Bildungsgerechtigkeit gelingen kann. Im Internet unter http://www.kas.de/wf/doc/kas_41924-544-1-30.pdf?150702140154 [27.12.2016]

Zöllner, Detlef (2008): Der Allgemeinbildungsbegriff in Zeiten des reformpädagogischen Umbruchs, am Beispiel von Wilhelm von Humboldt, Hans Herbert Becker (DDR) und dem Deutschen Ausschuss (BRD). In: Pädagogische Rundschau 62, (3), S. 271–283

2

Bildung als Menschenrecht – der rechtliche Zugang

Agnes Leu & Christina Mittmasser

Vorbemerkung und Fallbeispiel

Inklusive Bildung ist auch im Rechtskontext ein viel diskutiertes Thema. Vorliegend wird – gestützt auf die gesetzlichen Rahmenbedingungen in der Schweiz – aufgezeigt, wie es letztlich gelingen kann, das Recht auf Bildung auch für Menschen mit Beeinträchtigungen zu sichern. Im Fokus steht die Grundschulbildung von Kindern mit Beeinträchtigungen und wie diese inklusiv in Regelschulen unterrichtet werden können. Der Beitrag beantwortet die Frage, inwiefern die Schweiz internationale Bemühungen in die Tat umsetzt und welche Kontroversen damit einhergehen. Einleitend ein Fallbeispiel, mit dem sich das Schweizerische Bundesgericht im vergangenen Jahr befasst hat:

> Ein Junge mit Trisomie 21 (»Down Syndrom«) besuchte drei Jahre lang zusammen mit anderen Kindern den Regelkindergarten im Kanton Thurgau. 2016 erfolgte seine Zuteilung in die erste Klasse der Sonderschule. Die Eltern forderten eine Einschulung in die Regelschule mit der nötigen Anzahl an Assistenzstunden. Anstelle einer separativen Beschulung wollten sie, dass ihr Junge zusammen mit anderen Kindern unterrichtet wird. Der Rekurs der Eltern wurde kostenpflichtig abgelehnt. In der Folge schulten die Eltern ihren Sohn in eine Privatschule ein. Sie erhoben Beschwerde am Verwaltungsgericht des Kantons Thurgau und später am Bundesgericht. Beide Instanzen lehnten die Beschwerde der Eltern ab (vgl. Urteil des Schweizerischen Bundesgerichts vom 23.05.2017, 2C_154/ 2017).

Dieser aktuelle Entscheid des höchsten Gerichts in der Schweiz verdeutlicht, dass inklusive Bildung – zumindest in der Rechtsprechung – noch nicht den nötigen Rückhalt findet. Handelt es sich bei diesem Entscheid um einen Einzelfall? Nachfolgend soll detaillierter dargestellt werden, inwieweit auf der rechtlichen Ebene inklusive Bildung gesichert ist und welche Konfliktpunkte sich gegebenenfalls daraus ergeben. Dazu werden vorab im nächsten Abschnitt die Grundlagen, der Entstehungskontext und die Begrifflichkeiten rund um das Thema der inklusiven Bildung veranschaulicht, wobei vor allem menschenrechtliche Entwicklungen im Zentrum stehen.

2.1 Inklusive Bildung im internationalen Kontext

Zunächst stellt sich die Frage, was inklusive Bildung denn eigentlich bedeutet. Das Gebot der inklusiven Bildung beruht im rechtlichen Sinne auf einer internationalen und menschenrechtlichen Grundlage. Eingeführt wurde der Begriff der Inklusion in die internationale schulpädagogische Diskussion auf der Konferenz von Salamanca im Jahr 1994. Die Salamanca-Erklärung und der Aktionsrahmen zur Pädagogik für besondere Bedürfnisse gelten als wichtige Meilensteine auf dem Weg zu einer inklusiven Bildung für Kinder. Sie sind die Endprodukte der genannten Konferenz, an der 300 Teilnehmende zusammentrafen. Damit waren 92 Regierungen und 25 internationale Organisationen vertreten, um das Ziel »Bildung für alle« zu unterstützen. Die Teilnehmenden erklärten unter anderem:

«– those with special educational needs must have access to regular schools which should accommodate them within a child-centred pedagogy capable of meeting these needs, – regular schools with this inclusive orientation are the most effective means of combating discriminatory attitudes, creating welcoming communities, building an inclusive society and achieving education for all; moreover, they provide an effective education to the majority of children and improve the efficiency and ultimately the cost-effectiveness of the entire education system« (UNESCO 1994, S. viii).

Der historische Hintergrund dieser Erklärung ist das Recht auf Bildung, das in der menschenrechtlichen Tradition tief verwurzelt ist. Bereits Artikel 26 der Allgemeinen Erklärung der Menschenrechte (AEMR) von 1948 besagt, dass jeder Mensch ein Recht auf Bildung hat, wobei zumindest der Elementarunterricht unentgeltlich und obligatorisch sein soll und die volle Entfaltung der menschlichen Persönlichkeit zum Ziel hat. Dieses Recht auf Bildung findet infolgedessen in sämtlichen Menschenrechtskonventionen, insbesondere in Artikel 13 des Internationalen Paktes über wirtschaftliche, soziale und kulturelle Rechte (UNO-Pakt 1) von 1966 und in Artikel 28 und 29 der Kinderrechtskonvention (KRK) von 1989, seinen Eingang.

Im menschenrechtlichen Kontext soll Bildung einem sogenannten »4-A-Schema« im Sinne der Prinzipien »Availability, Accessibilty, Acceptability, Adaptability« folgen, die 1999 im Allgemeinen Kommentar Nr. 13 des Ausschusses für wirtschaftliche, soziale und kulturelle Rechte (CESCR) verschriftlicht wurden. Bildung sollte demnach für alle Menschen verfügbar, zugänglich, annehmbar und für verschiedene Menschen mit individuellen Bedürfnissen anpassbar sein. Katarina Tomaševski, Sonderbeauftragte der Vereinten Nationen von 1998 bis 2004, sieht in der Verwirklichung des Rechts auf Bildung als Menschenrecht eine graduelle Entwicklung und einen andauernden Prozess, der durch vier typische Phasen geht. In der ersten Phase wird das Recht auf Bildung anerkannt. Innerhalb dieser Anfangsphase werden jedoch noch einige Personengruppen, wie beispielsweise Personen ohne Staatsbürgerschaft, von diesem Grundrecht ausgeschlossen. In der zweiten Phase wird das Recht auf Bildung durch Separation verwirklicht. So wird beispielsweise Kindern mit Beeinträchtigungen dieses Recht zwar zugestanden, jedoch nur innerhalb einer separierenden Sonderschulung. Die dritte Phase kennzeichnet sich durch Integration und Assimilation. Wer sich der Norm anpassen kann, wird in das allgemeine Schulsystem aufgenommen, beispielsweise wenn Kinder von eingewanderten Familien die nötigen sprachlichen Voraussetzungen mitbringen oder Kinder mit Beeinträchtigungen funktionelle Bedingungen erfüllen. In der vierten Phase wird schließlich durch Respekt vor der Heterogenität der Menschen das Ziel der inklusiven Bildung verfolgt (vgl. Tomaševski 2004, S. 7).

Die verschiedenen Phasen spiegeln sich in der Entwicklung unterschiedlicher menschenrechtlicher Instrumente wider. Als Beispiele seien die UNESCO-Konvention gegen Diskriminierung im Unterrichtswesen von 1960 und der Allgemeine Kommentar Nr. 5 des Ausschusses für wirtschaftliche, soziale und kulturelle Rechte (CESCR) von 1994 genannt.

Innerhalb dieses Prozesses wurde auch das Recht auf Bildung von Kindern mit Beeinträchtigungen vertieft diskutiert. Betont werden muss hier, dass in dieser Entwicklung Integration und Inklusion graduell und deshalb unterschiedlich zu verstehen sind. Der Wandel von der Integrations- zur Inklusionspolitik für Kinder mit Beeinträchtigungen wurde 2007 vom UNO Kinderrechtsausschuss (CRC) in Kommentar Nr. 9 Absatz 67 aufgenommen und wie folgt beschrieben:

> «It is important to understand that inclusion should not be understood nor practiced as simply integrating children with disabilities into the regular system regardless of their challenges and needs. Close cooperation among special educators and regular educators is essential. Schools' curricula must be re-evaluated and developed to meet the needs of children with and without disabilities. Modification in training programmes for teachers and other personnel involved in the educational system must be achieved in order to fully implement the philosophy of inclusive education.»

Den Höhepunkt dieser verschiedenen Bemühungen stellt schließlich das Übereinkommen über die Rechte von Menschen mit Behinderung (Behindertenrechtskonvention, UN-BRK) von 2006 dar. Obgleich darin Sonderschulen nicht kategorisch verboten werden, wird der systematische Ausschluss von Kindern und jungen Menschen mit Beeinträchtigungen aus dem allgemeinen Bildungssystem als *Vertragsverletzung* beurteilt. Die Konvention ist die erste internationale Rechtsgrundlage, die Menschen mit Beeinträchtigungen in den Mittelpunkt rückt. Noch nie wurde ein Menschenrechtspakt so schnell entworfen, verhandelt und in Kraft gesetzt. Sie kennzeichnet einen Paradigmenwechsel vom medizinischen zum menschenrechtlichen Modell von Behinderung. Mit dem medizinischen und individuellen Modell wurde zuvor die körperliche, psychische und kognitive Beeinträchtigung des Einzelnen in den Mittelpunkt gerückt. Im Rahmen des menschenrechtlichen Modells wird der Fokus auf die gesellschaftlichen Rahmenbedingungen und Diskriminierung gelegt. Es wird davon ausgegangen, dass die schwierige Lage von Betroffenen nicht auf ihre eigenen Beeinträchtigungen, sondern auf gesellschaftlich konstruierte Barrieren zurückzuführen ist. Die Verhandlungen zur UN-BRK in New York zeichneten sich besonders durch eine hohe Beteiligung von Fachpersonen und Personen mit Beeinträchtigungen aus Behindertenverbänden und Nichtregierungsorganisationen aus. Damit wurde versucht, den durch die internationale Behindertenbewegung entstandenen Grundsatz »Nothing about us without us« umzusetzen. Der UN-BRK gehören 175 Staaten an, die mit der Unterzeichnung Menschen mit Beeinträchtigungen die selbstbestimmte Teilhabe an der Gesellschaft sowie den gleichberechtigten Zugang zu allen Grundfreiheiten garantieren. Neben dem allgemeinen Prinzip der Nichtdiskriminierung gelten auch die Grundsätze der Chancengleichheit, Barrierefreiheit und Inklusion (vgl. Degener 2009, S. 205).

Artikel 24 der UN-BRK widmet sich dem Gebot der inklusiven Bildung, indem es Menschen mit Beeinträchtigungen das Recht auf Bildung zuspricht und darauf hinweist, dass dieses ohne Diskriminierung und auf Grundlage der Chancengleichheit zu verwirklichen ist. Die Vertragsstaaten sind dazu angehalten, ein »inclusive education system at all levels and life long learning« zu garantieren. Menschen mit Beeinträchtigungen sollen ihre Persönlichkeit, ihre Begabungen und ihre Kreativität sowie ihre geistigen und körperlichen Fähigkeiten voll zur Entfaltung bringen können und zur realen Teilhabe an einer freien Gesellschaft befähigt werden. Es muss sichergestellt werden, dass diese nicht aufgrund ihrer Beeinträchtigung vom allgemeinen Bildungssystem, dem unentgeltlichen und obligatorischen Grundschulunterricht oder vom Besuch weiterführender Schulen ausgeschlossen werden. Hierfür sollen angemessene, an den Bedürfnissen der Einzelnen orientierte Vorkehrungen getroffen und die notwendigen Unterstützungsmaßnahmen eingeführt werden. Mit Artikel 24 der UN-BRK wird das allgemeine Menschenrecht auf Bildung zum *Rechtsanspruch* auf inklusive Bildung (vgl. Bielefeldt 2017, S. 5).

Das Recht auf Bildung für Menschen mit Beeinträchtigungen war im Rahmen der Verhandlungen um die Behindertenrechtskonvention jedoch umstritten. Im Mittelpunkt der Diskussion stand die Beantwortung der Frage, ob es ein Wahlrecht geben soll, d. h. ob die Sonderbeschulung als gleichberechtigte Wahlmöglichkeit zur inklusiven Beschulung weiterhin zur Verfügung stehen solle oder nicht. Im ersten Entwurf der UN-BRK war noch ein Wahlrecht inkludiert. Die Endfassung enthält jedoch keine derartige Formulierung mehr (vgl. Degener 2009, S. 214).

Die zweite große Frage galt der Terminologie. Erwähnenswert ist, dass der englische Begriff »*inclusion*« sowohl in der Salamanca-Erklärung als auch in der UN-BRK innerhalb der deutschen Fassung mit »Integration« übersetzt wurde. Auch in der schweizerischen Rechtspraxis wird meist von Integration und selten von Inklusion gesprochen, was bei späterer Betrachtung der Schweizer Rechtsgrundlagen deutlich wird. Die Übersetzung wird stark kritisiert, weil sie den Paradigmenwechsel, der mit der UN-BRK erzielt werden sollte, nicht reflektiert (vgl. ebd. S. 211). Die Übersetzung von »*inclusion*« mit »Integration« im deutschen Sprachraum hat zu Irritationen, begrifflichen Verunsicherungen und zu dem Missverständnis geführt, die Begriffe seien gleichbedeutend. Inklusion gilt jedoch, wie bereits aus der menschenrechtlichen Diskussion ersichtlich wurde, im pädagogischen Sinne als Weiterentwicklung von Integration. Hier schließen wir uns Bielefeldt (2017, S. 5) an, wonach die Konvention »mit dem Leitbegriff der Inklusion weit über die herkömmliche Integrationspolitik hinausgeht«. Am integrativen Verständnis wird kritisiert, dass es damit nicht gelingt, sich vom schädigungsbezogenen Denken zu verabschieden. Während Integration teilweise Separation und eine Ungleichbehandlung voraussetzt, verzichtet Inklusion von Vornherein auf die Unterscheidung von Gruppen verschiedener Kinder, sieht Heterogenität und Miteinander als gewollte Selbstverständlichkeit und fördert heilpädagogische Unterstützung für alle Kinder (vgl. Heimlich 2012, S. 14).

Zusammenfassend bleibt festzuhalten, dass – bezogen auf internationale Grundlagen – eine stetige Entwicklung hin zu einem allgemeinen Anspruch auf inklusive Bildung zu beobachten ist. Die internationale Gemeinschaft scheint ein inklusives Schulsystem auf rechtlicher Ebene anzustreben und verankert dieses Ziel direkt in internationalen Konventionen, um die einzelnen Staaten zur Einführung zielgerichteter Massnahmen zu bewegen. Der internationale Tenor gibt vor: Kinder mit Beeinträchtigungen sollen ohne Barrieren zusammen mit anderen Kindern unterrichtet werden. In Hinblick auf die Terminologie kommt dieser graduelle Prozess im deutschsprachigen Raum ins Stocken, da die Unterscheidung zwischen Integration und Inklusion durch die deutsche Übersetzung verloren gegangen ist. Inwiefern diese missverständliche Auslegung auch innerhalb der Schweizer Rechtslage ihre Spuren hinterlässt, führen wir weiter hinten aus. Das einführende Fallbeispiel zeigte jedoch noch eine weitläufigere Herausforderung innerhalb der Schweiz auf: Auch ein Ende der separativen Sonderbeschulung von Kindern mit Beeinträchtigungen scheint noch nicht in Sichtweite zu sein. Bevor wir näher darauf eingehen, wollen wir noch eine weitere terminologische Frage klären.

2.2 Der Begriff »Behinderung«

Inklusion ist im Kontext unseres Beitrags nicht der einzige Begriff, der Diskussionsbedarf nach sich zieht. In verschiedenen Rechtsquellen, wie beispielsweise der UN-BRK oder auch in der Schweizer Bundesverfassung, sticht der Begriff Behinderung ins Auge. Ist dieser Terminus noch zeitgerecht und politisch korrekt? Und: Welche Personen gehören aus rechtlicher Perspektive zur Gruppe von Menschen mit Behinderungen?

Aus Autorensicht stellt der Begriff kein neutrales, rechtliches Konzept dar. Es handelt sich um einen medizinischen, psychologischen, pädagogischen, soziologischen sowie bildungs- und sozialpolitischen Terminus, der in unterschiedlichen Kontexten und Funktionen verwendet wird. Somit ist eine allgemein anerkannte Definition nur begrenzt möglich. Es besteht ein ungeklärtes Verhältnis zu teilweise angrenzenden und synonym verwendeten Begriffen wie Krankheit, Schädigung und Störung. Der Begriff Behinderung ist für uns negativ konnotiert. Sozialen und gesellschaftlichen Aspekten von Behinderung muss mehr Beachtung geschenkt werden. Wir beziehen uns damit auf das oben bereits erwähnte menschenrechtliche Modell von Behinderung, das die *Betroffenenperspektive* in den Mittelpunkt stellen soll. Behinderung wird darin als Folge von Stigmatisierungsprozessen, Negativzuschreibungen sowie Ein- und Ausschliessungsdynamiken gesehen. Wir beurteilen deshalb die Verwendung des Konzepts der Behinderung teilweise als nichtgelungenen Umgang mit Verschiedenheit (vgl. Dederich 2009, S. 17). In unserem Beitrag benutzen wir gezielt den Terminus Beeinträchtigung anstelle des Begriffs Behinderung und schließen uns damit Debatten an, in welchen die politische Korrektheit des Begriffs angezweifelt wird.

An dieser Stelle muss dennoch erwähnt werden, dass Behinderung im rechtlichen Kontext weiterhin verwendet wird. Es bleibt zu klären, welche Personengruppen dieser Begriff rechtlich gesehen umfasst. Innerhalb der Verhandlungen zur Behindertenrechtskonvention (UNO-BRK) zeigte sich, dass der Umgang mit dieser Frage nicht einfach ist (vgl. Degener, 2009, S. 204). In Artikel 1 findet sich schlussendlich folgende Formulierung:

> »Zu den Menschen mit Behinderungen zählen Menschen, die langfristige körperliche, seelische, geistige oder Sinnesbeeinträchtigungen haben, welche sie in Wechselwirkung mit verschiedenen Barrieren an der vollen, wirksamen und gleichberechtigten Teilhabe an der Gesellschaft hindern können.«

Diese Formulierung sollte dazu beitragen, alle Menschen, die aufgrund von gesundheitlichen Beeinträchtigungen dem Risiko der Diskriminierung ausgesetzt sind, in die UN-BRK einzubinden. Wie bereits angesprochen wird damit versucht, ein neues Verständnis des Begriffs zu etablieren, das sich auf die umweltbedingten Barrieren bezieht, wie aus der Präambel der UN-BRK deutlich wird.

Mit Blick auf die Schweiz lässt sich ein ähnlicher Bezugsrahmen feststellen. Hinsichtlich der Rechtssetzung ist hier vor allem das Diskriminierungsverbot in der schweizerischen Bundesverfassung (BV) relevant, das den Begriff Behinderung behandelt. Gemäß Art. 8 Abs. 2 BV darf niemand aufgrund der Herkunft, der Rasse, des Geschlechts, des Alters, der Sprache, der sozialen Stellung, der Lebensform, der religiösen, weltanschaulichen oder politischen Überzeugung *oder wegen einer körperlichen, geistigen oder psychischen Behinderung* diskriminiert werden. Eine genauere Definition des Begriffs Behinderung fehlt hier jedoch. Auf Gesetzesebene wurde mit dem Bundesgesetz über die Beseitigung von Benachteiligungen von Menschen mit Behinderungen (Behindertengleichstellungsgesetz, BehiG) von 2002 eine konkretere Beschreibung eingeführt. Nach Art. 2 Abs. 1 BehiG handelt es sich bei einem Menschen mit Behinderungen um

> »[...] eine Person, der es eine voraussichtlich dauernde körperliche, geistige oder psychische Beeinträchtigung erschwert oder verunmöglicht, alltägliche Verrichtungen vorzunehmen, soziale Kontakte zu pflegen, sich fortzubewegen, sich aus- und weiterzubilden oder eine Erwerbstätigkeit auszuüben«.

Innerhalb der Rechtsprechung hat das Bundesgericht den grundrechtlichen Behinderungsbegriff erstmals 2008 genauer definiert und dabei eine Begriffsumschreibung von Müller & Schefer (2008, S. 757) herangezogen. Gestützt darauf gilt:

> »Es zählen dazu Personen, die in ihren körperlichen, geistigen oder psychischen Fähigkeiten auf Dauer beeinträchtigt sind und für welche die Beeinträchtigung je nach ihrer Form schwerwiegende Auswirkungen auf elementare Aspekte der Lebensführung hat« (BGE 135 I 49 E. 6.1).

Bezogen auf die genannten Ausführungen zu den unterschiedlichen Definitionen muss angefügt werden, dass gewisse Unsicherheiten bestehen bleiben und es weiterhin schwerfällt zu entscheiden, wer zu dieser Personengruppe zählt und wer nicht. Schefer & Hess-Klein (2014) beschäftigten sich näher mit dem juristischen Verständnis von Behinderung. Sie verweisen auf zentrale Elemente dieser rechtlichen Definition, die Interpretationsspielraum enthalten. Wesentlich ist, dass die Abgrenzung zwischen einer Behinderung und einer Krankheit fließend sein kann. Eine Krankheit ist dann eine Behinderung, wenn sie so langanhaltend ist, dass eine Stigmatisierungswirkung eintritt. Neben der Dauer ist dabei auch ausschlaggebend, wie weit eine Person von ihrer Krankheit eingeschränkt wird. Dieselbe Krankheit kann je nach ihrer Intensität eine Behinderung darstellen oder auch nicht (bspw. Diabetes, vgl. EGMR v. 30.04.2009, Glor v. Switzerland, 13444/04). Mit dem Wortlaut »schwerwiegende Auswirkungen« wird auf diesen Aspekt Bezug genommen. Dabei sind auch die konkreten Lebensumstände zu berücksichtigen. So ist der Verlust eines Fingers für eine Pianistin schwerwiegender als für eine Opernsängerin. Auch die Unfähigkeit, schwere Gegenstände zu heben, hat für verschiedene Berufsgruppen unterschiedlich schwere Auswirkungen. Vor allem müssen aber soziale Rahmenbedingungen und der Zugang zu gesellschaftlichen Gütern bedacht werden. So ist es beispielsweise im Falle von Menschen mit einer HIV-Infektion von sozialen Dynamiken abhängig, inwiefern sie von gesellschaftlichen Bereichen ausgeschlossen werden (vgl. Schefer & Hess-Klein 2014, S. 13–20). Deutlich wird, dass die Definition einer Behinderung in rechtlichen Sachverhalten mit einem gewissen Ermessensspielraum einhergeht, was sich auf die zugestandenen Maßnahmen und Ausgleichsleistungen auswirken kann. Die Abklärung, ob Personen unter diese Definition fallen, stellt in so manchen Fällen innerhalb behördlicher Entscheidungen und vor Gericht eine Streitfrage dar.

In diesem Abschnitt wurde der Terminus Behinderung und die dazugehörigen rechtlichen Rahmenbedingungen näher erläutert. Betont wurde, dass die Verwendung von Begrifflichkeiten in diesem Zusammenhang vorsichtig und ausgewogen zu erfolgen hat. Entscheidend ist auf Stigmatisierungsdynamiken und umweltbedingte Barrieren aufmerksam zu machen. Das Konzept der Behinderung ist sehr vielschichtig. Bezogen auf die Beantwortung der Frage, ob jemand eine Behinderung hat oder nicht, beinhaltet es rechtlich gesehen Unklarheiten und verlangt ein gewisses Ermessen. Aus Autorensicht muss dabei stets das menschenrechtliche Verständnis von Behinderung mitgedacht werden. Um im Nachgang an die obigen Ausführungen die Frage zu beantworten, inwiefern die Schweiz im Bildungsbereich die internationalen Prinzipien konkret verfolgt, wird vorab ein kurzer Einblick in die Schweizer »Behindertenpolitik« gewährt.

2.3 Die »Behindertenpolitik« in der Schweiz

Wie geht die Schweizer Politik grundsätzlich mit Menschen mit Beeinträchtigungen um und ist sie diesbezüglich am Puls der Zeit? Die Ratifizierung der Behindertenrechtskonvention durch die Schweiz erfolgte 2014, nachdem das Übereinkommen 2013 von der Schweizer Bundesversammlung genehmigt wurde. Dies geschah vergleichsweise spät. So haben beispielsweise Österreich und Deutschland das Übereinkommen bereits 2008 bzw. 2009 ratifiziert. 2012 führte die Bundesregierung innerhalb der Botschaft aus, dass die Behindertenpolitik in der Schweiz zufriedenstellend sei und sie die Anforderungen des Übereinkommens bereits heute weitgehend erfülle (vgl. BBl 2013 661, S. 662).

Die vom Bundesrat erwähnte weitgehende inhaltliche Deckungsgleichheit widerspiegelt sich indes nicht in den Resultaten der Analyse von Inclusion Handicap (2017), dem Dachverband der Behindertenorganisationen in der Schweiz. Dieser sogenannte Schattenbericht befasst sich damit, inwiefern die rechtlichen Bestimmungen der UN-BRK tatsächlich in die Schweizer Praxis einfließen und kam zu dem Schluss, dass die Konvention noch nicht zur Genüge umgesetzt wird. Inclusion Handicap spricht diesbezüglich von schwerwiegenden Umsetzungsmängeln auf allen drei Ebenen (Gemeinde, Kantone und Bund) in verschiedenen Bereichen wie Arbeit, Bildung und Dienstleistungen (vgl. Inclusion Handicap 2017, S. 8). Im Folgenden zählen wir einige Kritikpunkte auf:

- Personen mit Beeinträchtigungen in privatrechtlichen Arbeitsverhältnissen sind nicht in das Behindertengleichstellungsgesetz von 2002 eingeschlossen und somit nicht gegen ungerechtfertigte Ungleichbehandlung geschützt (vgl. ebd. S. 16).
- In der Schweiz wird nur im geringen Ausmaß eine bewusstseinsbildende Öffentlichkeitsarbeit betrieben, um die Bekämpfung von Stereotypen gegenüber Menschen mit Beeinträchtigungen voranzutreiben und das menschenrechtliche Verständnis von Behinderung in der Bevölkerung zu festigen (vgl. ebd. S. 31).
- Schätzungen weisen außerdem darauf hin, dass 98 % der Bushaltestellen in der Schweiz für Menschen mit Beeinträchtigungen nicht zugänglich sind und somit keine Barrierefreiheit im öffentlichen Verkehr gewährleistet ist (vgl. ebd. S. 38).
- Mit Blick auf das Verfahren und mögliche Rechtswege ist von großer Bedeutung, dass die Schweiz bis heute das Zusatzprotokoll zur UN-BRK nicht ratifiziert hat. Damit ist es für die Betroffenen zurzeit nicht möglich, sich nach erfolglosen innerstaatlichen Beschwerden an den UN-BRK-Ausschuss zu wenden. Gefordert wird in diesem Zusammenhang auch die Einführung einer Monitoring-Stelle, die Teil der UN-BRK ist, von der Schweiz aber noch nicht geschaffen wurde.

- Auch die fehlende Einbindung von Behindertenorganisationen und Betroffenen in die Entwicklung von Maßnahmen wird kritisiert. Kurz zusammengefasst verlangt der Dachverband eine umfassende, kohärente Strategie mit einem konkreten Aktionsplan mit klaren Zielen auf allen Ebenen sowie eine Überprüfung und bessere Koordination der bestehenden Maßnahmen (vgl. ebd. S. 14).

Hinsichtlich dieser umfassenden Kritik verkündeten 2017 drei Verbände (INSOS, CURAVIVA und vahs), zusammen mit Stellvertreterinnen und Stellvertretern, einen Aktionsplan zu erarbeiten [1]. Zudem wurde im März 2018 von AGILE.ch eine Kundgebung zum Thema »Gleichstellung für Menschen mit Behinderungen: Jetzt!« organisiert [2]. Die Bemühungen der Verbände zeigen auf, dass die Schweiz in Bezug auf eine zufriedenstellende Behindertenpolitik durchaus Aufholbedarf hat. Ersichtlich wird auch, wie wichtig die Gleichstellung von Menschen mit Beeinträchtigungen ist und welche Möglichkeiten zur Mitsprache bestehen.

2.4 Inklusive Bildung in der Schweiz

Mit Blick auf die obigen Ausführungen stellt sich schließlich die Frage, wie es gelingen kann, das Recht auf inklusive Grundschulbildung für Kinder mit Beeinträchtigungen auf nationaler Ebene zu sichern. Um diese Frage adäquat zu beantworten, ist ein Grundverständnis für die Schweizer Rechtslage in diesem Bereich vonnöten. Diese wird im Folgenden kurz und überblicksmäßig erklärt:

Bedeutsam für die Bildung von Kindern mit Beeinträchtigungen ist das bereits erwähnte Diskriminierungsverbot (Art. 8, Abs. 2 BV), das Menschen mit Beeinträchtigungen vor Ungleichbehandlung schützt, sowie der Anspruch auf ausreichenden und unentgeltlichen Grundschulunterricht (Art. 19 BV). Eine wesentliche Rolle spielt auch Artikel 62 der Bundesverfassung, der besagt, dass die Kantone für die Umsetzung dieses Anspruchs zuständig sind. Zentral sind darüber hinaus die Bestimmungen des Behindertengleichstellungsgesetzes im Bereich des Grundschulunterrichts, wonach die Kantone, soweit dies möglich ist und dem Wohl des Kindes dient, mit entsprechenden Schulungsformen die Integration von Kindern und Jugendlichen mit Beeinträchtigungen in die Regelschule fördern sollen (Art. 20 Abs. 2 BehiG).

Sieht man davon ab, dass in der Schweizer Gesetzgebung von Integration statt von Inklusion die Rede ist, scheint es auf den ersten Blick, als schütze die Rechtsetzung in der Schweiz eine gleichberechtigte Bildung für junge Menschen mit Beeinträchtigungen. Das oben vorgestellte Fallbeispiel des Jungen mit Trisomie 21, dem eine inklusive Schulbildung innerhalb der Grundschule verwehrt wurde, spricht jedoch für eine geringe *Umsetzung* des Anspruchs auf inklusive Bildung durch die Kantone im Rahmen ihrer Zuständigkeit. In die gleiche Richtung weisen weitere Urteile des Bundesgerichts, wie zum Beispiel BGE 141 I 9 und BGE 130 I 352. Entsprechend stellt sich die Frage, inwiefern die bestehenden rechtlichen Grundlagen von den Kantonen in der Praxis tatsächlich umgesetzt werden. Dazu gibt es einige wesentliche Aspekte, die aus Autorensicht vertieft zu diskutieren sind:

Optimale Schulung versus ausreichendes Bildungsangebot

Gestützt auf die rechtlichen Grundlagen sind die Schweizer Kantone nicht zur optimalen Schulung eines Kindes verpflichtet. Es besteht lediglich ein Anspruch auf ein *ausreichendes Bildungsangebot* an öffentlichen Schulen. So können Abweichungen von einer idealen Bildung für Kinder mit Beeinträchtigungen zum Beispiel mit dem Argument legitimiert werden, Störungen des Unterrichts für Kinder ohne Beeinträchtigungen vermeiden zu wollen. Auf diese Weise muss die Notwendigkeit inklusiver Bildung immer auch vor anderen Kindern gerechtfertigt werden können (vgl. Aeschlimann-Ziegler 2011, S. 216). Das Verhältnis zwischen Kindern mit und ohne Beeinträchtigungen scheint innerhalb der Diskussionen um inklusive Bildung stets eine wesentliche Rolle zu spielen, obgleich inklusive Bildung im eigentlichen Sinne die bestmögliche Bildung aller Kinder zum Ziel hat.

Ein weiterer Grund für Abweichungen von einer optimalen Bildung können finanzielle Überlegungen sein. Nach der Rechtsprechung des Schweizerischen Bundesgerichts und der kantonalen Gerichte haben Kinder keinen Anspruch auf die bestmögliche Betreuung, unabhängig von finanziellen Abwägungen. Die Entscheidung über die Schulungsform sowie über die Ausgestaltung des Unterrichts des Einzelnen kann je nach finanziellen Interessen des Gemeinwesens getroffen werden, solange die Verhältnismäßigkeit gegeben ist (vgl. ebd. S. 202; BGE 136 I 162 E. 3.2; BGE 130 I 352 E. 3.3; BGE 129 I 12 E. 6.4). Dies wurde auch innerhalb des anfangs genannten Fallbeispiels des Jungen, dem eine inklusive Bildung verweigert wurde, deutlich, was folgender Urteilsauszug zeigt:

»Der verfassungsrechtliche Anspruch umfasst ein angemessenes, erfahrungsgemä[ß] ausreichendes Bildungsangebot an öffentlichen Schulen. Ein darüberhinausgehendes Ma[ß] an individueller Betreuung, das theoretisch immer möglich wäre, kann jedoch mit Rücksicht auf das limitierte staatliche Leistungsvermögen nicht eingefordert werden« (Urteil des BGer vom 23.05.2017, 2C_154/2017 E. 4.3).

In der Schweiz gab es noch weitere Fälle, die in diesem Zusammenhang von Interesse sind. Immer wieder wird gegen den Wunsch der Kinder, Eltern oder Lehrpersonen argumentiert, mit dem Einwand, dass es keinen Anspruch auf eine *optimale* Schulbildung gibt. 2015 wurde die Schweiz auch vom UN-Kinderrechtsausschuss dafür kritisiert. Insbesondere wurde darauf aufmerksam gemacht, dass Kinder mit Beeinträchtigungen in allen Kantonen ungenügend in den Regelunterricht inkludiert werden. Der Grund für die fehlende Inklusion seien fehlende Ressourcen (vgl. CRC, 2015, S. 15). Es wird deutlich, dass bei Entscheidungen rund um die Beschulung von Kindern mit Beeinträchtigungen oft die *Ressourcenabhängigkeit vor der Bedürfnisabhängigkeit* steht. Fehlende Ressourcen des Staates führen zum Entscheid für die Anordnung einer separativen Beschulung. Aus Autorensicht sollte jedoch die Einhaltung und Umsetzung der UN-BRK darin münden, dass die nötigen Ressourcen vorhanden sind und zur Verfügung gestellt werden.

Anhaltend wird mit der Kostenfrage gegen ein inklusives Schulmodell argumentiert. Dabei weisen verschiedene Forschungsarbeiten daraufhin, dass ein Nebeneinander von separativen und inklusiven Schulformen, und somit von mehreren Verwaltungssystemen und Organisationsstrukturen, ineffizient ist, gerade weil es an finanzieller Tragfähigkeit von Sonderschulen mangelt. Es wird vermehrt nahegelegt, dass inklusive Bildung kostenwirksam ist (vgl. Deutsche UNESCO-Kommission 2014, S. 13–14; IDDC Inclusive Education Task Team 2016, S. 18–20; Peters 2004, S. 23–31). Auch das Urteil des Schweizer Bundesgerichts 138 I 162 spricht sich für die Kosteneffizienz eines inkludierenden Bildungsangebotes aus.

(Zu) großer Gestaltungsspielraum der Kantone

Die verfassungsrechtlichen Bestimmungen sowie das Behindertengleichstellungsgesetz reichen, wie anhand der genannten Beispiele aus der Rechtsprechung des Bundesgerichts deutlich wurde, für eine Umsetzung der UN-BRK nicht aus. Da die Kantone für die Ausgestaltung des Grundschulunterrichts zuständig sind, ist die kantonale Umsetzung demzufolge von großer Bedeutung. Es gibt auf kantonaler Ebene Bemühungen, schweizweit inklusive Bildung zu fördern. Innerhalb des Sonderpädagogik-Konkordats der Schweizerischen Konferenz der kantonalen Erziehungsdirektoren (EDK), das am 25. Oktober 2007 verabschiedet und am 1. Januar 2011 in Kraft getreten ist, einigte man sich darauf, *gemeinsame Instrumente* für die Schulung von Kindern mit besonderem Bildungsbedarf einzusetzen und dabei die Integration dieser Kinder in die Regelschule zu fördern. Konkret heißt es in Artikel 2, dass integrative Lösungen separierenden Lösungen *vorzuziehen* sind. Diese Bemühungen gehen in die richtige Richtung. Dennoch ist kritisch anzumerken, dass wiederum der Begriff Integration anstelle des Konzeptes der Inklusion verwendet wird. Wie oben auf Seite 4 ausgeführt, entspricht dies nicht dem internationalen Standard und führt zu Missverständnissen. Zudem werden auch hier Bedingungen wie die Berücksichtigung des schulischen Umfeldes und der Schulorganisation angeführt, wodurch wiederum Ermessensspielraum entsteht bzw. Abweichungsmöglichkeiten geboten werden. Weiter wurde das interkantonale Sonderpädagogikkonkordat lediglich von 16 der insgesamt 26 Kantone in der Schweiz ratifiziert [3].

Auf kantonaler Ebene bestehen weiterhin Gesetze, deren Inhalt dem Grundsatz der Inklusion widersprechen. Beispielsweise wollte der Kanton Aargau, gestützt auf §7, Abs. 2 der Verordnung vom 8. November 2006 über die integrative Schulung von Kindern und Jugendlichen mit Behinderungen, die Sonderschulung sowie die besonderen Förder- und Schutzmaßnahmen (V Sonderschulung, SAR 428.513), den Anspruch auf integrative Bildung eines Kindes mit Autismus einschränken. Gegen das kantonale Urteil erhoben die Eltern Beschwerde beim Bundesgericht. Das Bundesgericht rügte das kantonale Gericht und führte aus, dass die Kantone, gestützt auf Verfassung (Art. 8 Abs. 2 BV) und Gesetz (Art. 20 Abs. 2 BehiG), bezogen auf die Ausgestaltung des Grundschulunterrichts nicht völlig frei sind. Die Kantone haben seit der Neugestaltung des Finanzausgleichs die verfassungsrechtliche Möglichkeit, das Schulwesen integrativ anzugehen, d. h. *nur dann Sonderschulung* vorzusehen, wenn selbst bei der Umsetzung individueller Sondermaßnahmen eine Integration in der Grundschule nicht möglich oder sinnvoll erscheint (vgl. BGE 141 I 9 E. 5.3 sowie BBl 2002 2467). Für Kinder mit Beeinträchtigungen sei eine *größtmögliche Partizipation* im Umfeld der Regelschule anzustreben. Entsprechend verlangt die Ausgestaltung des Grundschulunterrichts Flexibilität mit Blick auf den Einzelfall. Hier steht die Verfassung über der kantonalen Verordnung (vgl. BGE 141 I 9 E. 5.2). An diesem Beispiel, in dem das Bundesgericht den *Vorrang der inklusiven Bildung vor der Sonderbeschulung* geschützt hat, wird noch einmal deutlich, dass inklusive Bildung kantonal unterschiedlich gehandhabt wird.

Unbestritten bleibt, dass die Art der Bildung, die ein Kind mit Beeinträchtigungen in der Schweiz erhält, abhängig ist vom Ort, an dem es die Schule besucht, bzw. vom Kanton, in dem es aufwächst. Dies ist eine sehr spezifische Situation für die Schweiz und wird mit dem Begriff »Kantönligeist« gefasst. Eine Frage, die sich daraus ergibt, ist, ob dieser sogenannte »Kantönligeist« soziale Ungleichheit erzeugt und reproduziert. Zumindest schweizweit sollten Kinder mit Beeinträchtigungen, gestützt auf den Gleichbehandlungsgrundsatz, dieselben Bildungsstandards vorfinden und nicht in Abhängigkeit des Wohnorts unterschiedlich behandelt werden.

Im Zusammenhang mit der Bildung von Kindern mit Beeinträchtigungen gäbe es noch weitere mögliche Diskussionspunkte. So wird beispielsweise in der Schweiz der Nachteilsausgleich ausgiebig debattiert, da seitens Lehrpersonen, Eltern sowie Kindern oft großes Misstrauen besteht, wenn einem Kind mit Beeinträchtigungen zusätzliche Mittel zur Verfügung gestellt werden, um Chancengleichheit zu erzeugen (vgl. Inclusion Handicap 2017, S. 102). Ein weiterer Diskussionspunkt stellt die Mittelschulbildung von Personen mit Beeinträchtigungen und der Übergang zwischen Schule und Beruf dar. In einer Evaluation des Behindertengleichstellungsgesetzes wurde festgestellt, dass auch hier die Situation je nach Kanton sehr unterschiedlich ist. Herausforderungen in diesem Bereich sind mangelnde Informationen zu den bestehenden Rechtsansprüchen, fehlende Handlungssicherheit der umsetzenden Behörden sowie wenig Bereitschaft von Lehrbetrieben, Personen mit Beeinträchtigungen aufzunehmen (vgl. Egger et.al. 2015, S. 25-31).

Schlussbemerkung

In diesem Beitrag wurde der rechtliche Zugang zum Themenfeld »Inklusive Bildung« anhand der Betrachtung der Schweizer Rechtslage näher erläutert. Die Frage, wie das Menschenrecht auf Bildung im Sinne der Inklusion auch für Menschen mit Beeinträchtigungen gesichert werden kann, lässt sich zusammengefasst wie folgt beantworten:

- Es braucht eine Ratifizierung der internationalen Abkommen, die in der Folge auf sämtlichen Ebenen des Rechtssystems der einzelnen Länder umgesetzt werden müssen. Für die Schweiz lässt sich positiv anmerken, dass sie das wichtigste internationale Abkommen dazu, die UN-BRK, ratifiziert hat. Auch sind zentrale rechtliche Grundlagen, wie einzelne Arti-

kel in der Bundesverfassung und das Behindertengleichstellungsgesetz, gegeben, um die von der UN-BRK geforderten Maßnahmen umzusetzen. Darüber hinaus besteht mit dem Sonderpädagogikkonkordat auch die Ambition, kantonübergreifend separierende Lösungen zu vermeiden.
- Länderspezifische Herausforderungen sind bereits bei den Begrifflichkeiten auszumachen. Problematisch zu beurteilen ist hier vor allem die deutsche Übersetzung von »*inclusion*« mit Integration, obgleich inklusive Bildung einen pädagogischen und menschenrechtlichen Fortgang des integrativen Ansatzes darstellt. So wurde auch in der Schweiz die Weiterentwicklung von Integration von Kindern mit Beeinträchtigungen zur inklusiven Bildung aller Kinder noch nicht rechtlich erfasst. In diesem Beitrag wurde bezüglich der Verwendung von Begrifflichkeiten auch das rechtliche Verständnis des Begriffs Behinderung diskutiert. Wesentlich erscheint uns dabei, auf die gegebene Unsicherheit hinzuweisen, die sich bei der Frage ergibt, wer zu dieser Gruppe gehört und wer nicht. Vor allem wollen wir aber auch ein menschenrechtliches Verständnis einfordern, das die von der Gesellschaft konstruierten Barrieren in den Mittelpunkt stellt.
- Was die Frage nach dem rechtlichen Anspruch auf inklusive Bildung angeht, muss nun im Vergleich zur Rechtsetzung vor allem die Rechtsprechung beleuchtet werden. Für die Schweiz wurden in diesem Beitrag zwei Problemfelder herausgearbeitet: einerseits die Tatsache, dass es lediglich einen Anspruch auf ausreichende Bildung gibt und andererseits der kantonale Gestaltungsrahmen. Es hat sich gezeigt, dass gesetzliche Lücken geschlossen und kantonale Ermessensspielräume, die sich aus dem föderalistischen System in der Schweiz ergeben, auf ein Minimum reduziert oder ganz ausgeschlossen werden müssen. Die bestmögliche Bildung, insbesondere auch für Kinder und junge Menschen mit Beeinträchtigungen, in der Schweiz darf aus Autorensicht nicht von finanziellen Interessen abhängig gemacht werden. Zur Umsetzung inklusiver Bildung braucht es die notwendigen Ressourcen, um die Bedürfnisse der Kinder in Sachen Bildung im Fokus zu behalten. Dazu ist es nötig, dass sich die Kantone stärker verpflichtet fühlen, dem gesetzlichen Rahmen bezüglich inklusiver Bildung zu folgen und ein entsprechendes Bildungsangebot bereitzustellen.
- Für eine Umsetzung des Anspruchs ist neben politischem Willen und Mut auch ein zivilgesellschaftliches Umdenken notwendig. Dies kann unserer Meinung nach nur durch ein breites Verständnis der menschenrechtlichen Perspektive auf Menschen mit Beeinträchtigungen erreicht werden.

Literatur

Aeschlimann-Ziegler, Andrea (2011): Der Anspruch auf ausreichenden und unentgeltlichen Grundschulunterricht von Kindern und Jugendlichen mit einer Behinderung. Bern: Stämpfli

Bielefeldt, Heiner (2017): Menschenrecht auf inklusive Bildung. In: vpod Bildungspolitik. Zeitschrift für Bildung, Erziehung und Wissenschaft 201, S. 4–6

Dederich, Markus (2009): Behinderung und Anerkennung. Stuttgart: Kohlhammer (Enzyklopädisches Handbuch der Behindertenpädagogik, Band 2)

Degener, Theresia (2009): Die UN-Behindertenrechtskonvention als Inklusionsmotor. In: Recht der Jugend und des Bildungswesens 2, S. 200–219

Deutsche UNESCO-Kommission (2014): Inklusion: Leitlinien für die Bildungspolitik. 3. Auflage. Bonn: UNESCO

Egger, Theres, Strutz, Heidi, Jäggi, Jolanda, Bannwart, Livia, Oesch, Thomas, Naguib, Tarek & Pärli, Kurt (2015): Evaluation des Bundesgesetzes über die Beseitigung von Benachteiligungen von Menschen mit Behinderungen – BehiG: Kurzfassung. Im Auftrag des Eidgenössischen Departements des Innern – Generalsekretariat GS-EDI / Eidgenössisches Büro für die Gleichstellung von Menschen mit Behinderungen EBGB, Bern: Arbeitsgemeinschaft BASS/ZHAW

Heimlich, Ulrich & Kahlert, Joachim (2012) (Hrsg.): Inklusion in Schule und Unterricht. Wege zur Bildung für alle. Stuttgart: Kohlhammer

Heimlich, Ulrich (2012): Einleitung: Inklusion und Sonderpädagogik. In: Heimlich, Ulrich & Kahlert, Joachim (Hrsg.): Inklusion in Schule und Unterricht. Wege zur Bildung für alle. Stuttgart: Kohlhammer, S. 9–26

IDDC Inclusive Education Task Team (2016) (Hrsg.): #CostingEquity. The case for disability-responsive education financing. Brüssel: International Disability and Development Consortium (IDDC)

Inclusion Handicap (2017) (Hrsg.): Schattenbericht: Bericht der Zivilgesellschaft anlässlich des ersten Staatenberichtsverfahrens vor dem UN-Ausschuss für die Rechte von Menschen mit Behinderungen. Bern: Inclusion Handicap

Müller, Jörg Paul & Schefer, Markus (2008): Grundrechte in der Schweiz. Im Rahmen der Bundesverfassung, der EMRK und der UNO-Pakte. Bern: Stämpfli

Peters, Susan J. (2004): Inclusion Education: An EFA Strategy For All Children. Washington, D.C: Worldbank

Schefer, Markus & Hess-Klein, Caroline (2014): Behindertengleichstellungsrecht. Bern: Stämpfli

Tomaševski, Katarika (2004): Manual on Rights-Based Education: Global Human Rights Requirements Made Simple. Bangkok: Asia and Pacific Regional Bureau for Education, UNESCO Bangkok

Gesetze, Verordnungen, Materialien

Allgemeine Erklärung der Menschenrechte vom 10. Dezember 1948 (AEMR, A/RES/217 A (III)).

Bundesgesetz vom 13. Dezember 2002 über die Beseitigung von Benachteiligungen von Menschen mit Behinderungen (Behindertengleichstellungsgesetz, BehiG; SR 151.3).

Bundesverfassung der Schweizerischen Eidgenossenschaft vom 18. April 1999 (BV; SR 101).

Internationaler Pakt über wirtschaftliche, soziale und kulturelle Rechte vom 16. Dezember 1966 (UNO-Pakt 1; SR 0.103.1).

Regierungsrat des Kantons Aargau: Verordnung über die integrative Schulung von Kindern und Jugendlichen mit Behinderungen, die Sonderschulung sowie die besonderen Förder- und Stützmassnahmen vom 08.11.2006 (V Sonderschulung; SAR 428.513).

Schweizerische Konferenz der kantonalen Erziehungsdirektoren (EDK): Interkantonale Vereinbarung über die Zusammenarbeit im Bereich der Sonderpädagogik vom 25. Oktober 2007. (Sonderpädagogik-Konkordat).

Schweizerischer Bundesrat: Botschaft zur Genehmigung des Übereinkommens vom 13. Dezember 2006 über die Rechte von Menschen mit Behinderung (BBl 2013 661).

Schweizerischer Bundesrat: Botschaft zur Neugestaltung des Finanzausgleichs und der Aufgaben zwischen Bund und Kantonen (NFA) vom 14. November 2001 (BBl 2002 2467).

Übereinkommen über die Rechte des Kindes vom 20. November 1989 (Kinderrechtskonvention, KRK; SR 0.107).

UN Committee on Economic, Social and Cultural Rights (CESCR): General Comment No. 13: The Right to Education (Art. 13 of the Covenant), E/C.12/1999/10 (08.12.1999).

UN Committee on Economic, Social and Cultural Rights (CESCR): General Comment No. 5: Persons with Disabilities, E/1995/22 (09.12.1994).

UN Committee on the Rights of the Child (CRC): Concluding Observations on the Combined Second to Fourth Periodic Reports of Switzerland, CRC/C/CHE/CO/2-4 (26.02.2015).

UN Committee on the Rights of the Child (CRC): General comment No. 9 (2006): The Rights of Children with Disabilities, CRC/C/GC/9 (27.02.2007).

UN Educational, Scientific and Cultural Organisation (UNESCO): Convention against Discrimination in Education (14.12.1960).

UN Educational, Scientific and Cultural Organisation (UNESCO): The Salamanca Statement and Framework for Action on Special Needs Education: World Conference on Special Needs Education: Access and Quality. Salamanca, Spain (1994).

Online Quellen

[1] Medienmitteilung: Verbände entwickeln einen nationalen Aktionsplan zur Umsetzung der UN – Behindertenrechtskonvention, Bern (30.10.2017). Im Internet unter https://insos.ch/assets/Downloads/Medienmitteilung-NAG-UN-BRK.pdf [12.02.2018].

[2] Medienmitteilung: »Kundgebung Gleichstellung von Menschen mit Behinderungen« 1,8 Mio. Menschen fordern Gleichstellung: Jetzt (17.03.2017). Im Internet unter https://www.agile.ch/assets/files/PDF-2018-D/180317_MM_Kundgebung.pdf [26.03.2018].

[3] Schweizerische Konferenz der kantonalen Erziehungsdirektoren: Interkantonale Vereinbarung über die Zusammenarbeit im Bereich der Sonderpädagogik (Sonderpädagogik-Konkordat) vom 25. Oktober 2007: Stand kantonale Beitrittsverfahren (zuletzt geprüft: 30.01.2018). Im Internet unter https://edudoc.ch/static/web/arbeiten/sonderpaed/liste_rat_df.pdf [13.02.2018].

3

Bildung zwischen Exklusion und Inklusion – der soziologische Zugang. Gleichheitsideale und ungleiche Teilhabe bei Beeinträchtigungen

Elisabeth Wacker

Vorbemerkung

Bildung gilt vielfach als Schatzkästchen mit Ermöglichungscharakter. Empirische Befunde für Deutschland und Europa weisen etwa darauf hin, dass Bildung, technologischer Fortschritt, gesundheitsförderliche Lebensweisen und die Lebenserwartung in positivem Zusammenhang stehen (Graeber 2017; Günther & Huebener 2018; Huebener 2018; 2019), auch wenn direkte Kausalitäten schwer belegbar sind. Bildung wirkt auf Verhaltensweisen ebenso wie auf Zugänge zu Wissen bzw. zu sozialen und materiellen Ressourcen, entsprechende Effekte zeigen sich aber nicht nach schlicht verlängertem Schulbesuch. Die Schätze liegen wohl eher in den zu bildenden Personen selbst (im »human development«, freigesetzten Kräften; Sen 1989; 1999) als in den unterrichtenden Institutionen. Das kulturell gewachsene und etablierte Konzept von Schule steht daher zugleich in der Aufmerksamkeit; es spiegelt nämlich eine angenommene »Normalität«, aber ist nicht in Stein gemeißelt. Schule hat sich als Institution *für alle* etabliert, aber nicht *in allem* bewährt. Beispielsweise stellt sich die Frage, wie gut sie ihren Bildungsauftrag erfüllt, während sie fraglos soziale Ungleichheit produziert und reproduziert (Quenzel & Hurrelmann 2019, S. 3).

Bildung ist facettenreich: Menschenrechtlich ist sie jeder Person zugesagt und soll aus Institution-Individuum-Interaktionen hervorgehen (etwa aus Unterrichtsgeschehen und Lehrplänen). Schule ist verwoben mit Zugängen, Haltungen, gestalteten Umgebungen und steht in vielfachen Wechselbeziehungen. Dies wirkt wesentlich ein auf Bevölkerungsgruppen, die als besonders gelten, wie z. B. Menschen mit Beeinträchtigungen. Das Bildungssystem ordnet sie »den Behinderten« zu. Vor allem dies klassifiziert sie als Gleiche, trotz vieler Binnenverschiedenheiten. Sie haben jedenfalls gleiche Rechtsansprüche auf Gleichstellung und zudem hohe Benachteiligungsrisiken. Bildungsstrukturen rücken Aspekte ihrer Beschaffenheit (etwa gleiche Einschränkungen) oder ihrer Besonderheit (etwa Diskrepanzen zu Leistungs- oder Verhaltenserwartungen) in den Vordergrund. Dies betrifft sie gemeinschaftlich, wie im Folgenden aus sozialwissenschaftlicher Perspektive betrachtet wird.

3.1 Bildungsexpansion und wie Schule gleich macht

Das 20. Jahrhundert war geprägt von einzigartigen Bildungsexpansionen. Die Gegenwart ringt nun mit vielfachen Zweifeln an Inhalten, Erfolgen, Systemen und Anliegen von Bildung. Passen Ziele und Methoden der vergangenen 150 Jahre in die Zukunft oder ist die gewohnte Schulform »out«, wie dies bereits 1972 die Hard Rock Band Alice Cooper im Album »School's Out« artikulierte? Der Titelsong entwirft ein Befreiungsszenario: »No more pencils / No more books / No more teacher's / Dirty looks … Well, we got no class / And we got no principals / We ain't got no intelligence / We can't even think of a word that rhymes.«

Was Schule machen soll, steht also zur Debatte. Aus historischer Perspektive und bezogen auf behinderte Menschen zeigen sich nun widersprüchliche Schulangebote: zwischen fromm-fürsorglicher Bewahrung, bürgerlich strenger Erziehung bzw. Re-Sozialisierung oder auch medizinischer Intervention gegen Dysfunktion (Köhler 1977; Neumann 1995). Bezugspunkt sind vulnerable Gruppen, etwa beeinträchtigte Kinder und Jugendliche mit Bildungs- und Förderanliegen, aber auch Haltungen, die verhindern, ausgrenzen und verwahren. Solch janusköpfige Schulformate werden im laufenden Betrieb zögerlich analysiert, seit langem aber von Fachleuten als aussondernd charakterisiert (Deppe-Wolfinger 1983). Gegner der Sonderbeschulung betonten: »Tüchtig ist nicht, wer mehr leistet als andere, sondern der, der alles das leistet, was potenziell in ihm möglich ist« (Roser 1981, S. 32). Schule bleibt insofern eng mit Leistung verbunden.

Neueste Debatten rücken hingegen die Normalität menschlicher Vielfalt in den Vordergrund. Menschen mit Beeinträchtigungen haben – wie *alle* anderen »Sondergruppen« in der Gesellschaft – einen Bildungsanspruch, und auch die Pädagogik wird beauftragt, für *alle* im Bildungswesen Gleichstellung zu ermöglichen, Gleichheitszwänge abzuwehren und Diskriminierungsrisiken zu verringern (Naue 2006). Lernen und Lehren zielt dabei auf Verantwortung in Politik und Gesellschaft, Kultur und Wirtschaft sowie auf die Kompetenz, den eigenen Lebenslauf lernend gestalten zu können. Dazu dienen Beschreibungs- und Erklärungswissen ebenso wie Handlungs- und Veränderungswissen (BMBF 2018, S. 4).

Einschluss oder Ausschluss durch Schule

Gilt Gleichstellung statt Gleichbehandlung als generelles Ziel, werden Unterschiede beleuchtet. Darin gründende Teilhaberisiken Schritt für Schritt abzubauen, ist eine komplexe Aufgabe, die Wocken (2009, S. 18) solange als »Träumerei von einer inklusiven Gesellschaft« einordnet, bis die Vielfalt gesellschaftlicher Gruppen allgemein bewusst sei. Diskriminierung erfolgt aktuell bei ›disability‹ ebenso wie bei anderen Vielfaltsdimensionen (z. B. ›gender‹, ›race‹, ›class‹). Die grundlegende Frage nach inklusiver Schulbildung als Vision oder Illusion (für manche auch als Alptraum) kann also nicht bei der Vielfaltsdimension Behinderung haltmachen und klärt sich an politischen und fachlichen Scheidewegen. Dies entbehrt nicht des Paradoxen, weil der Bildungszugang für *alle* einst errungen wurde durch die »Besonderung« der am stärksten benachteiligten Kinder in Hilfsschulen. Durch Ausgliederung einiger aus der Volksschule konnte der soziale Fortschritt des

Schulbesuchs für *alle* erhalten werden, der in überfüllten Schulklassen zu scheitern drohte (Altstaedt 1983, S. 133). Hilfsschulen dienten insofern dem Erfolg der Volksschularbeit. Erst in den 1960er Jahren, als sich die besondere Schulform weiter differenzierte, wollte man an von Hilfs- zu Sonderschulen gewandelten neuen Lernorten explizit Sonder- bzw. Heilpädagogik praktizieren (Klein 1995, S. 106ff.) – als »Pädagogik der Behinderten« (Bleidick 1972, S. 84ff.). Ausschluss und Privilegierung gingen historisch also Hand in Hand, aber stets bezogen auf gegebene selektierende Regelschulen.

Im deutsch-deutschen Bildungssystem ging man beiderseits Sonderwege: Die BRD baute gemäß dem 1961 verkündeten Bundessozialhilfegesetz (BSHG) auf Eingliederungshilfe, die flächendeckend, ausdifferenziert und gegliedert sein sollte, mit dem Auftrag, für behinderte Menschen Hilfen zu bieten. Der Einlass ins System erfolgte nach Klassifikation. Die Sonderbeschulten galten als behindert, so wie einst Hilfschülerinnen und Hilfsschüler Volksschulversagerinnen und -versager waren (Altstaedt 1983, S. 131). In der DDR knüpfte man an denselben schulischen Wurzeln an. Die Sozialpolitik prägten aber drei zentralistische Grundsätze: staatliche Verantwortung, zentrale Planung und Finanzierung aller Leistungen sowie enge Zusammenarbeit aller staatlichen Organe, gesellschaftlichen Organisationen, Betriebe und Einrichtungen (Kohnert 1990, S. 231). Ziel war wie im Westen eine flächendeckende Versorgung auf qualitativ gleichwertigem Niveau in allen Landesteilen. Die Sorge für Bürgerinnen und Bürger mit physischpsychischen Schädigungen besaß Verfassungsrang, das Recht auf Bildung, auf Schutz der Gesundheit, auf Arbeit und Fürsorge lag in einer Hand. Der Artikel 25,1 der DDR-Verfassung vom 6. April 1968 besagte: »Jeder Bürger der Deutschen Demokratischen Republik hat das gleiche Recht auf Bildung. Die Bildungsstätten stehen jedermann offen«, aber Absatz 5 modifizierte »Für Kinder und Erwachsene mit psychischen und physischen Schädigungen bestehen Sonderschul- und -ausbildungseinrichtungen« (Metzler et al. 1997, S.10f.). Der freiheitlich-demokratische ebenso wie der sozialistische Bildungsweg war also die Segregation beeinträchtigter Personen bei Schulversagen, gemeint war hier, Versagen *in* der Schule. Nach dem Versagen *der* Institution Schule wurde jeweils nicht gefragt. Die Ohnmächtigsten gelten also als Versager, denen dann besondere soziale Kontrolle und Stigmatisierungsprozesse zukommen (Merton 1968).

Dies bahnt den Weg zu einem Defizitmodell, das vor allem bemüht ist, physische oder psychische Dysfunktionen *an* Menschen zu reduzieren, z. B. über Eingriffe und Hilfsmittel (sog. medizinisches Modell), oder zu disziplinieren, um Abweichungen von einer fiktiven Normalität zu beseitigen (Modell der Sanktionierung bei Fehlverhalten), wie dies etwa dem jungen

Hermann Hesse im Bildungssystem wiederfuhr (Hesse 1892). Hier zeigt Schule keine Aufmerksamkeit für Kontextfaktoren, die die Lebenslage und Lebensführung einer Person bestimmen oder für ihre Chancen auf gesellschaftliche Einbindung und Entfaltung (Teilhabe). Zukünftig soll sie aber – so lauten die Programme – sensibel werden für soziale und ökonomische, historische und kulturelle Einflussfaktoren auf Bildungschancen, kurz »Verhältnisse«, weil Wissenserwerb sich mit Bezug zu äußeren Bedingungen vollzieht, die das Leben von Personen oder Gruppen beeinflussen. Denn in den Kontexten werden die Handlungsspielräume markiert, die eine Person mit ihren eigenen Interessen, Fähigkeiten und Einschränkungen nutzen kann (Rockmann et al. 2014).

Wie Bildungsinhalte und -strukturen kulturell und institutionell geformt sind und wie dies ihren Ermöglichungscharakter beeinflusst, gerät zusätzlich ins Visier. Denn Vielfaltsanforderungen steigen in den gegebenen Schulformen, aber auch weil die Bedeutung von formaler und non-formaler Bildung bzw. von informellem Lernen immer bewusster wird (Autorengruppe Bildungsberichterstattung [kurz: ABB] 2018, S. XIV). Daher lassen sich zukünftig Personengruppen nicht mehr *einfach* klassifizieren, unabhängig von Bildungskonzepten und -kontexten. Bereits gegenwärtig wirken gebräuchliche Zuschreibungen im deutschen Regel- und Sonderbildungssystem wenig trennscharf (▶ Tab. 3.1). Aus solchen Tauglichkeitszweifeln heraus wurde vor langem (1978) im Warnock-Report empfohlen, als Entscheidungsgrundlage für den Zugang zur schulischen Bildung »special educational needs« zu nutzen, statt eines Etiketts »behindert«. Mit neuer Bedarfs- und Bedürfnisorientierung soll dann individuelle Bildungsplanung für jedes Kind gelingen.

Tab. 3.1: Wer hat besondere Ansprüche (»Special educational needs«) im Bildungssystem?

	Förder-/Sonderschule (nicht für alle nutzbar)	Regelschule (nicht für alle nutzbar)	Inklusive Schule (»Education for all«)
Behindertes Kind	x		x
Kind mit einer Beeinträchtigung	x		x
Kind mit Lernschwierigkeiten	x	x	x
Kind, das vermutlich Schwierigkeiten beim Lernen hat		x	x
Kind mit bildungsferner Herkunft		x	x
Kind aus armen Verhältnissen		x	x

Das deutsche System folgt aber zunächst der Klassifikation »behindert« und entwickelte differenzierte Förderpädagogiken nach Beeinträchtigungsform (Klein 1995, S. 116ff.). Die Institution Schule verteilt dabei Lebenschancen (Schelsky 1965, S. 137ff.), denn die Beschulung blieb von vielen nicht direkt in der Begabung und im Verhalten des Kindes liegenden Umständen abhängig. Dies belegen chancensensible Berichterstattungen (Arndt & Volkert 2006, S. 20). Ungleichheiten reichen vom sozioökonomischen Status der Herkunftsfamilie bis zum Bundesland, in dem das jeweilige Schulsystem angerufen wird oder das nach eigenem Assessment aufnimmt oder ausschließt (Ditton 2019). Wirkungen im weiteren Bildungs- und Lebensweg sind dann gebahnt, die Wansing (2019, S. 27) als »Inklusionsrückstände« problematisiert. Auch gegenwärtige, als inklusiv deklarierte, Schulangebote, die zunächst scheinbar dem allgemeinen Menschenrecht auf Bildung am besten genügen, heben nicht *einfach* alle Benachteiligungsumstände auf. Vielmehr sind soziale Ungleichheiten im deutschen Bildungsbereich weiterhin bestimmend und ausgeprägt (ABB 2018, S. 5). Zusätzlich fordern (bildungs-)strukturschwache Räume in den Bundesländern heraus. Den holprigen Weg in eine inklusive Gesellschaft, die generell als Ziel gesetzt wird, aber alleine den Schulen anzulasten, wäre vermessen.

Gerechtigkeit als Schulaufgabe

Das System der Eingliederungshilfe konnte bislang im Bildungsbereich keine Chancengerechtigkeit herstellen. Dies wird sich auch mit der neuen Teilhabegesetzgebung nicht ändern, solange ungleiche Macht- und Kompetenzbeziehungen bestehen bleiben (Nachtschatt & Ramm 2016). Ob hier die Schulpädagogik, als hohe Schule der Wissensvermittlung, mit eigenen Lehrmethoden und Lehrplänen in die Bresche springen kann, ist noch unklar, und ebenso, ob sie dies tun will. Denn seit langem steht eine handlungsleitende grundlegende Reflexion über Bildung und Wissen aus, wie sie in eine »Theorie der einbeziehenden Schule« münden könnte oder in Aufmerksamkeit für »Enabling und Disabling Spaces« (Fasching & Biewer 2014). Stattdessen finden hinter den Unterrichtskulissen heftige »Glaubenskriege« zu Beschulungsformen und Wettbewerbe um fachliche Kompetenzen und deren Alimentierung statt.

Im Grundsatz wird unterschieden zwischen der »Erkenntnis der Welt« über Wissen, also etwas, was man »gesehen« hat (lat. videre) und als richtig oder falsch bewertet (versteht), und etwas, was Kompetenz meist meint, also implizites Wissen, das auch den Alltag steuert. Hierzu können sich Zu-

3 Bildung zwischen Exklusion und Inklusion – der soziologische Zugang

gänge jeweils unterscheiden (▶ Abb. 3.1). In der Berichterstattung der Bundesregierung zeigen sich seit einiger Zeit Trends zur wachsenden Aufmerksamkeit für Kontexte, also Lebenslagen und damit verbundene Verwirklichungschancen (Wacker 2016). Man will offen sein für

> »die umfassenden Fähigkeiten (›capabilities‹) von Menschen, ein Leben führen zu können, für das sie sich mit guten Gründen entscheiden konnten und das die Grundlagen der Selbstachtung nicht in Frage stellt« (Bundesregierung 2005, S. 9).

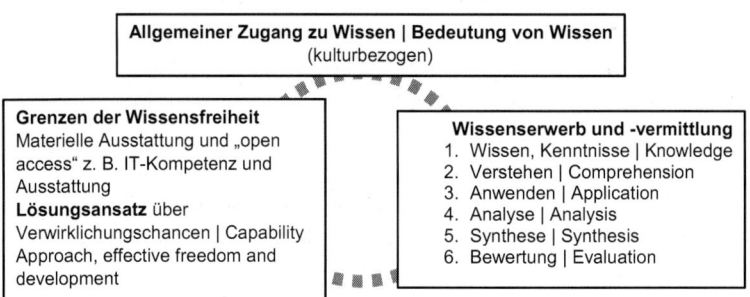

Abb. 3.1: Bildung oder Wissen? Bildungsproduktion und -anliegen/knowledge production and concerns im traditionellen deutschen Bildungssystem (Taxonomie zu Wissenserwerb und Vermittlung nach Bloom, 1956 sowie Verwirklichungschancen-Ansatz nach Sen, Bundesregierung 2005, S. 9)

Damit kommt allerdings die Struktur des bestehenden Schulsystems auf den Prüfstand. Entsprechende Reformen der Beteiligung an Bildung werden dringend gefordert oder befürchtet – je nach gefragter Expertise (Füssel et al. 2014). Ein entsprechendes Verwirklichungschancen-Set, das »effective freedom« abbilden soll, könnte der Bewertung der überfälligen Reform dienen. Es enthält z. B. Indices wie »über ausreichende Kompetenzen für alle Lebensbereiche verfügen«, »eigene Ziele im Erwerbsleben verfolgen« und »am gesellschaftlichen Leben teilnehmen« (Sen 2000, S. 95).

Folgt man Klafki (1975), soll Schule diese Problemlösekompetenz vermitteln und vor allem Mut machen zu handeln. Unterricht könnte mit Erikson (1972) auch lehren, was man hat (z. B. Ressourcen, Unterstützung, Hilfsmittel), was man ist (Erkenntnisse zu inneren Kräften, Gefühlen, Stärken, Einsichten) und was man kann (Wissen zu sozialen und interpersonellen Kompetenzen) (Grotberg 2011, S. 95ff.). Ob für die Institution Schule Kompetenz in Individuen angelegt sein muss (im Sinne einer Begabung), um dann pädagogisch geweckt zu werden, oder ob man in der Schule – jenseits von Vorbedingungen – (Schlüssel-)Qualifikationen vermittelt und jeweils bescheinigt, in welchem Gebiet sie erworben bzw. genutzt wurden (etwa als Selbstkompetenz, Sachkompetenz oder Sozialkompetenz), wird diskutiert (Klieme & Hartig 2007), in der Hoffnung, auf diesem Weg ein offenes Kompetenz-Performanz-Dilemma zu lösen, insofern Kompetenzen derzeit nur bemessen und bewertet werden können, wenn sie gezeigt werden.

Meist wird der Kompetenzbegriff im Schulsystem derzeit »gerade dort bemüht, wo es um das Identifizieren, Bewerten und Vergleichen von Individuen geht und somit dort, wo über gesellschaftliche Teilhabe und Lebenschancen entschieden wird« (Truschkat 2012, S. 73). Dass dies gerecht sei, bezweifeln Fachleute, vor allem weil der Blick auf menschliche Vielfalt und unterschiedliche relevante Kontexte damit kaum gelinge (Ungar 2011, S. 168ff.). Würde Bildung (im Sinne von engl. »education«, also Wissen und Erziehung) hingegen interpretiert werden als lebenslange Formung eines Menschen, in der Gesellschaft zu sich selbst zu kommen, hätten Intelligenzmessungen oder Bewertungen in Gruppenvergleichen weniger zentrale Bedeutung. Denn Tauglichkeit oder Mündigkeit ließen sich als individuelle Bezugsnorm bescheinigen. Inklusive Pädagogik könnte im Rahmen der vorschulischen und schulischen Bildung einen Grundstein legen, wenn sie auch lehrt, Lebensumstände zu bewältigen. Wissen und Kompetenz wären dann Mittel, um gebildet zu werden bzw. sich zu bilden. Folgt man Kant (AAIX, 455 [11]), ist Pädagogik genau hierfür die verantwortliche Wissenschaft:

> »Die Pädagogik oder Erziehungslehre ist entweder physisch oder praktisch. [...] Die praktische oder moralische ist diejenige, durch die der Mensch soll gebildet werden, damit er wie ein frei handelndes Wesen leben könne. [...] Sie ist Erziehung zur Persönlichkeit, Erziehung eines frei handelnden Wesens, das sich selbst erhalten, und in der Gesellschaft ein Glied ausmachen, für sich selbst aber einen inneren Wert haben kann.«

Gebildet kann also etwa sein, wer berechtigt an Wissen zweifeln bzw. in sozialen Kontexten leben kann und in der Lage ist, nach dem eigenen Potenzial selbst zu bestimmen. Damit wird es möglich, Wissensbestände in ihren sozialen, politischen, ökonomischen und technischen Umständen kritisch einzuordnen (Foucault 1983, S. 132; Weiler 2005) und zu begreifen, wie diese das geschlossene System der formalen schulischen Bildung weit überschreiten. Eine reformierte Schule der Zukunft könnte sich nun beherzt auch der Aufgabe widmen, zu lehren wie man Wissensbestände abruft und mit ihnen umgeht.

Wissen kann – meinen Schulkritiker/-innen – zugänglicher und gerechter verteilt werden, wenn nicht mehr alleine Schulstoff das Schicksal formt. Lempp nennt die Institution Schule in ihrer Gatekeeper-Funktion sogar »den wichtigsten pathogenen Faktor in der Entwicklung heutiger Kinder« (1991, S. 27). Denn Schule teilt derzeit Wissen zu sowie damit verbunden gesellschaftliches Ansehen und Zugang zu Arbeit und Einkommen. Kindern, die nicht passend erscheinen, vermittelt sie ein Selbstbild, das mehr krank als klug machen kann, bescheinigen doch pädagogische Fachkräfte, wer unpassend, problematisch bzw. schwer integrierbar sei. Dass dies gerade bei speziell pädagogisch geschultem Personal derzeit Routine scheint, belegt eine explorative Studie aus NRW (Demant 2017). Aus Inklusionsperspektive ist diese Schule nicht gerecht, sondern positioniert sich als bildungsbiografische Weichenstellerin und mächtige Exklusionstreiberin. Sie stützt das lehrplanmäßig »unauffällige« Durchkommen und damit Kompetenzen, sich ein- und anzupassen. Schule entdeckt und beklagt zugleich vielerlei Problemgruppen, die sie zu bewältigen habe: Unruhestiftende, langsam Lernende, körperlich Abweichende, in ihrer Herkunft Besondere sowie ökonomisch-sozial Unterausgestattete, gemessen an einer als normal definierten Schülerschaft. Dass diese zusätzlich verschieden ist nach Alter, Geschlecht, religiöser oder weltanschaulicher Sozialisation, Gesundheitsverhalten, Talent und Neigung, Lebenserfahrung und vielem mehr, wird tendenziell ausgeblendet oder als Ursache weiterer Mühe bewertet, nicht aber als Quelle für Bildung und Wissen. Hierbei erfüllt Schule allerdings ihren gesellschaftlichen Auftrag, solange dieser lautet, *alle* gleichzustellen und gleich zu behandeln.

Exklusionsrisiken, Inklusionschancen und Klassifikationen

Exklusion lässt sich interpretieren als Merkmal für Brüche in der gesellschaftlichen Solidarität, die an sich auf Einbindung *aller* (Bedürftigen und Berechtigten) zielt. Aus regulärem Geschehen ausgeschlossene Gruppen fühlen sich abgewertet bzw. weniger anerkannt und erfahren einen unzureichenden Zugang zu lebenswichtigen Gütern (wie Bildung, Gesundheit, Schutz, politische Beteiligung). Ihre Chancen zur Teilhabe am gesellschaftlichen Leben sind somit gemindert. Zugleich sind Selektion und Exklusion in sozial und funktional differenzierten Gesellschaften aber normal (Luhmann 1997). Durch Auswahlprozesse sollen die richtigen Personen an die jeweils passenden Positionen gelangen, zum Wohl der Einzelnen und der Gemeinschaft. Problematisch erscheint dies insofern, als riskante Exklusionsfolgen ungleich verteilt sind. Daher sollte – nach Expertenmeinung – auch im Bildungssystem, etwa über den Ausgleich bestehender Nachteile oder über den Abbau von Barrieren, gegengesteuert werden (Eckert &

Gniewosz 2017). Konkrete Lösungswege sind aber umstritten, beispielsweise setzen gerade Bundesländer, in denen Kinder aus Familien mit Risikolagen (z. B. durch Armutsgefährdung) am seltensten vorkommen, weiterhin mehrheitlich auf Sonderbeschulung (ABB 2018, S. 37/106/302).

Zum Verständnis der Debatte um Inklusionschancen trägt aus soziologischer Perspektive zunächst bei, Mythen von Totalinklusion oder vollständiger Exklusion aufzudecken (Nassehi 2007). Beispielsweise bewirkt – unter den Bedingungen der Schulpflicht – ein Ausschluss aus der Regelschule den Einschluss in Sonderformen der Beschulung. Dann folgen dieser (Teil-)Exklusion aber meist Häufungen weiterer (Teil-)Ausschlüsse, beispielsweise aus höherer Bildung und gewünschter Berufswahl, aus sozialen oder medialen Netzen, der Gesundheitsversorgung, politischer Beteiligung oder anderen Chancengebern. Daher erstaunt es, wie häufig sich gerade in der Fachwelt der Eingliederungshilfe Fürsprecherinnen und Fürsprecher dieser Aussonderung zum Wohle der Betroffenen finden. Sie argumentieren zugunsten eines Sondersystems, das die passgenaue Unterstützung nach individuellen Lernbedürfnissen ermögliche, die das Regelschulsystem nicht bieten könne. Dabei haben sie die bestehende Regelbeschulung vor Augen und nicht ein zu reformierendes Schulsystem, das sich durch Veränderungen in Zielen, Ausstattungen und Fachlichkeit nicht mehr vor allem von besonderen Förderaufgaben entlasten will. Insofern verbinden sich Inklusion und Exklusion eng mit der angenommenen *Funktion* (und Weiterentwicklung) der jeweilig ein- oder ausschließenden Teilsysteme (Ditton 2019, S. 162ff.) und mit ihrer Fach- und Vermittlungskompetenz. Aus einer Wirkungsperspektive könnten Kritiker als Schwäche der gegenwärtigen Sonderbeschulung anführen, dass Förderschulen ein Abschlussproblem produzieren. Denn es sind nicht, wie häufig irrtümlich in der öffentlichen Diskussion vermutet, die Hauptschülerinnen bzw. -schüler, die ohne Hauptschulabschluss bleiben. Vielmehr stammt der Großteil dieser Gruppe aus Förderschulen: Im Jahr 2016 waren es 25.000 Absolventinnen und Absolventen bzw. 71 % der Förderschulabgänger. Im Regelschulsystem verbliebene Jugendliche mit Förderbedarf hingegen profitieren mit ihren Abschlüssen deutlich mehr beim Übergang in die Arbeitswelt (ABB 2018, S. 122f.).

Eine Klassifikation nach den Maßgaben der Eingliederungshilfe, die Sondergruppen wie die Menschen mit Seh-, Lern-, Körper- bzw. geistigen Beeinträchtigungen im Bereich der Bildung mit Schultypen verbindet, erzeugt also tiefgreifende Nebenwirkungen. Dies könnte sich zugunsten der gebotenen Aufmerksamkeit für Lebenslagen und Verwirklichungschancen erübrigen. Hier werden nämlich Person-Umwelt-Verknüpfungen in Wechselwirkungen mit Faktoren, die ermöglichen oder hinderlich sind, aufge-

3 Bildung zwischen Exklusion und Inklusion – der soziologische Zugang

deckt. Systematisch bietet die WHO seit dem Jahr 2001 mit der »Internationalen Klassifikation von Funktionsfähigkeit, Behinderung und Gesundheit« (International Classification of Functioning, Disability and Health, ICF) ein entsprechend differenziertes Klassifikationssystem an, das seither die nationale und internationale Rechtsentwicklung und fachübergreifende Teilhabeforschung prägt (▶ Abb. 3.2): Verschiedene Lebenslagen in der Bevölkerung werden danach bemessen und bewertet, um differenziert nach bio-psycho-sozialem Bedarf geeignete Maßnahmen zu entwickeln und zu etablieren.

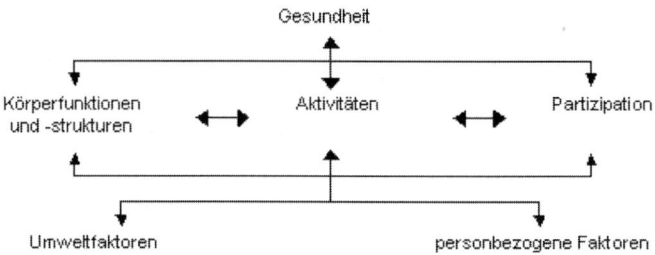

Abb. 3.2: International Classification of Functioning, Disability and Health«, ICF (WHO 2001)

Folgt man Amartya Sen, ließe sich die mühevolle Suche nach gleichstellenden Lösungen umwandeln in Aufmerksamkeit für passgenaue Bildungsangebote, die zugeschnitten sind auf Möglichkeiten und Erfordernissen für anstehende Bildungsaufgaben und auf individuelle Handlungsoptionen sowie ausgerichtet sind auf Teilhabe und Lebensqualität. Eine Vielfalt von Alter, Einkommen, Geschlecht, Bildung oder Lebensort könnte dann einbezogen sowie Freiheitsgrade des Handelns und der Verwirklichung bilanziert werden. Auch neue Wissensbestände fänden Raum, wie etwa der erfolgreiche Umgang mit neuen Aufgaben der Informationsgesellschaft (Alampay 2006).

Schulentwicklung nach Zahlen und gleiche Rechte bei Beeinträchtigungen

Im Jahr 2008 ist die Konvention der Vereinten Nationen über die Rechte von Menschen mit Behinderungen [Behindertenrechtskonvention, kurz: BRK 2006] [zum Text: Netzwerk 2010] (United Nations 2007; Vereinte Nationen 2010) in Kraft getreten. Auf den ersten Blick erscheint nun die laufende Auseinandersetzung um den richtigen schulischen Förderort hinfällig. Gleichberechtigte Bildungszugänge und gleichwertige Bildungsoptionen sind rechtlich verbindlich zugesprochen. Aber sie werden unterschiedlich eingeräumt.

Wenn aufgrund einer Beeinträchtigung nicht aus dem allgemeinen Bildungssystem ausgeschlossen werden darf, so bleiben dennoch der Bedarf und auch der individuelle Anspruch auf angemessene sonderpädagogische Förderung erhalten. Ob »eine Beeinträchtigung so gravierend ist, dass Kinder oder Jugendliche ohne besondere Unterstützung im Regelunterricht gefördert werden können«, bleibt zu klären (ABB 2014, S. 159). Dies richtet vor allem Fragen an die Qualität der Regelschulangebote, aber ebenso an die Autoritäten, die Diagnosen über geeignete Förderorte erstellen. Schließlich bewirkt auch das verfügbare Fachpersonal, ob erwünschte entwicklungs- und bildungsfördernde Effekte gelingen. In deutschen Schulen finden sich hierzu uneinheitliche, ja widersprüchliche Praktiken: Es gibt Regel- und Förderschulen, Sonderklassen in Regelschulen oder zieldifferente Segmente für Angebote an Schülerinnen und Schüler mit und ohne Beeinträchtigungen in Inklusionsschulen oder auch Einzelintegration über Schwerpunktschulen etc. (ABB 2014, S. 157ff.; 2018, S. 103). Einige Trends springen jedoch ins Auge: Die Zahl der direkt in einer Förderschule Eingeschulten geht leicht zurück (von 3,6 % aller eingeschulten Kinder im Schuljahr 2008/09 auf noch 3 % in 2016/17), die Zahlen sinken aber vor allem im Förderschwerpunkt »Lernen« (um 68.000 Schülerinnen und Schüler, verglichen mit dem Schuljahr 2000/01), während sie im Bereich der »emotionalen und sozialen Entwicklung« deutlich wachsen (aktuell sind sie mit 87.000 nahezu verdoppelt) (ABB 2018, S. 103f.). Ob dies auch Effekte einer »Umetikettierung« sind, ist schwer nachzuprüfen.

Im Jahr 2016/17 wurden aus statistischer Perspektive insgesamt gut eine halbe Million (523.813) Kinder und Jugendliche sonderpädagogisch gefördert (davon 318.002 in Förderschulen) (ABB 2018, S. 302). Dies bedeutet bei insgesamt sinkenden Schülerzahlen einen Anstieg von 5,3 auf 7,1 % Förderwürdiger. Nachdem nichts auf eine Verschiedenheit der Begabungen oder Beeinträchtigungen nach Bundesländern hindeutet, zeigt der Ländervergleich erhebliche Effekte schulpolitischer Anliegen, bezogen auf entsprechend diagnostizierte und eingeschulte Kinder (ABB 2018, S. 5ff./104ff./302; Lange 2017): In der Mehrzahl der Bundesländer dominiert weiterhin die schulisch besondere Förderung. Im verfeinerten Blick auf Standorte zeigen sich im Zeitraum zwischen 2000/01 und 2016/17 jedoch sowohl Ausdünnungen (Brandenburg, Mecklenburg-Vorpommern, Nordrhein-Westfalen, Sachsen, Schleswig-Holstein) als auch Aufwüchse (Baden-

Württemberg, Hessen, Niedersachen). Ähnlich divers sind die Schulgrößen (entgegen einem Trend zur Verkleinerung verharren Länder wie Bayern, Nordrhein-Westfalen und Sachsen bei mit über 160 Plätzen unverändert großen Schulen) (ABB 2018, S. 301). Die Schlusslichter beim Angebot allgemeinbildender Schulen zur sonderpädagogischen Förderung sind Rheinland-Pfalz und Baden-Württemberg, Spitzenreiter hingegen Brandenburg, Saarland, Hamburg und Niedersachsen. Zugleich variieren aber auf Kreisebene die Anteile inklusiv arbeitender Schulen zwischen 11 % und 100 % quer durch die Bundesländer. Des Weiteren finden sich nennenswerte Verschiedenheiten auf Klassenebene (jüngere Schülerinnen und Schüler erhalten mehr Förderangebote in Regelschulen) und nach Schulformen (das Gymnasium meldet mit 0,3 % weiterhin die geringsten Aufnahmequoten) (ABB 2018, S. 303). Generell zeigt sich deutschlandweit in der Umsetzung der Anliegen inklusiver Beschulung keine hohe Dynamik und ein Nord-Süd-Trend: Die geringsten statistischen Chancen auf eine »Regelbeschulung« für beeinträchtigte Kinder und Jugendliche bestehen im »grün-schwarz« regierten Baden-Württemberg und im »rot-gelb« regierten Rheinland-Pfalz.

Bundesweit wird ein durchschnittlicher Inklusionsanteil von nun 39,3 % ausgewiesen, hierbei unterrichten allerdings nur vier Länder über die Hälfte der Schülerinnen und Schüler mit Förderbedarf in allgemeinen Schulen (Berlin, Bremen, Hamburg, Schleswig-Holstein) (ABB 2018, S. 302). Im Schulsystem fühlt man sich in den Unterrichtsprozessen durch die Unterschiede in der sozialen und leistungsbezogenen Zusammensetzung der Schülerinnen und Schüler erheblich beeinflusst. Exklusive Auswahlprozesse (wie an Gymnasien üblich) werden vor allem als förderlich für Lehre und Lernen wahrgenommen (ABB 2018, S. 7). Die Eintrittschancen in die Arbeitswelt für behinderte Menschen sinken weiterhin (die Angebot-Nachfrage-Relation verschlechtert sich) (ebd., S. 9/321).

Ob die steigende Anzahl als förderwürdig benannter Kinder und Jugendlicher einer neuen Aufmerksamkeit für Förderaufgaben, einer Anpassung der Schulsysteme an Veränderungsprozesse oder einer faktisch steigenden Bedürftigkeit der Heranwachsenden geschuldet ist, ist in der Fachwelt umstritten. Dabei steht auch zur Debatte, ob die deklarierten Bedarfe tatsächlich im Zusammenhang mit körperlichen, seelischen oder nicht vor allem auch mit sozialen Beeinträchtigungen stehen. Zugleich sondern Institutionen generell eher Personen mit geringerer Bildung aus. Dass diese Gruppen auch Selbstselektion betreiben, d.h. Eltern aus sog. bildungsfernen Schichten, Zuwanderungsfamilien oder Langzeitarbeitslose, ihre Kinder schneller aus dem Regelschulsystem nehmen, verstärkt ungleiche Exklusionsrisiken und befeuert seit Jahrzehnten eine heiße Auseinandersetzung um die Entscheidungshoheit für schulische Zuweisungen (Deutscher Bildungsrat 1970; Hermstein et al. 2019, S. 786ff.). Goffman beschrieb diesen Prozess der Anpassung von Erwartungen an Enttäuschungen als »cooling out« (1952). Selbstachtung und Selbstgewissheit sind von missachtungsgeprägten Mangelsituationen bedroht und sollen durch Rückzug gesichert werden. Gerade ein Bildungssystem, das suggeriert, dass »jeder könnte«, aber zeigt, dass »nicht alle können«, lädt dazu ein, Versagenserwartungen so zu bewältigen. Einen weiterführenden Bildungsweg zu wählen fällt zugleich Elternhäusern leichter, die höhere soziale Positionen und mehr verfügbares Kapital besitzen. Damit können sie nämlich unbeschwerter riskante Entscheidungen treffen (Bourdieu 1982). So werden »Kellerkinder« der Bildungsexpansion geformt (Klemm 1991; 2018), deren Lebenserwartung und Karrierechancen geringer, deren gleichberechtigter Zugang zu allen gesellschaftlichen Handlungsfeldern (sowie zu Ansehen und Einfluss) eingeschränkter sind (van Essen 2013). Eine kritische Debatte der Berechtigungskulturen und der zugänglichen Organisations- und Vermittlungsformen erscheint insofern geboten.

3.2 Teilhabegebot bei Vielfalt und Verwirklichungschancen

Die mögliche gerechte Entfaltung eigener Kräfte für *alle* stützt sich auf einen Zugang über mehrere Ebenen (Bronfenbrenner 1979) – politisch-institutionelle Levels, Individualebene und Kontexte eingeschlossen. Dazu wurde zunächst die theoretische, kulturelle und historische Eingebundenheit von Bildung und Schule angeführt und zahlenbasiert erläutert. Hier kristallisiert sich nun heraus, dass Bevölkerungsgruppen mit unterschiedlichen Ausgrenzungserfahrungen leben. Dazu trägt die »Nothelferin« Bildung wesentlich bei, obwohl die westlich geprägte Wertegemeinschaft *allen* den unbedingten Anspruch auf Bildungszugang versichert (Wacker 2019, S. 717ff.). Der Schulzutritt ist alleine also keine Patentlösung, sondern eben ein – wenn auch wesentliches – Element gelingender Bildungsbeteiligung. Dies meint auch die BRK, der es im Grundsatz um die volle, wirksame und gleichberechtigte Teilhabe an der Gesellschaft geht, die in Wechselwirkungen mit institutionellen Rahmenbedingungen auch für Menschen mit Behinderungen gelingen soll (Art. 1). Die Konvention lässt sich insofern verstehen als Mainstreaming-Auftrag an relevante Akteure, ein Wächteramt beim Aufbau einer inklusiven Gesellschaft zu übernehmen (Shakespeare 2006). Erfahrene inklusive Bildung für *alle* böte dafür einen zentralen Multiplikationseffekt (Wallimann-Helmer 2012, S. 8), um eine für Inklusion aufgeschlossene Gesellschaft besser zu entfalten.

> **UN-Behindertenrechtskonvention, offizielle [und Schatten-]Übersetzung ins Deutsche, Art. 1**
>
> Zweck dieses Übereinkommens ist es, den vollen und gleichberechtigten Genuss aller Menschenrechte und Grundfreiheiten durch alle Menschen mit Behinderungen zu fördern, zu schützen und zu gewährleisten und die Achtung der ihnen innewohnenden Würde zu fördern.
>   Zu den Menschen mit Behinderungen zählen Menschen, die langfristige körperliche, seelische, geistige oder Sinnesbeeinträchtigungen haben, welche sie in Wechselwirkung mit verschiedenen Barrieren an der vollen, wirksamen und gleichberechtigten Teilhabe an der Gesellschaft hindern können [die in Wechselwirkung mit verschiedenen Barrieren ihre volle und wirksame Teilhabe gleichberechtigt mit anderen an der Gesellschaft behindern können].

Nach BRK Art. 24 gilt für *alle* Unterzeichnerländer im jeweiligen Bildungsbereich das Vielfaltsgebot, das Diskriminierungsverbot und das Recht auf Selbstbestimmung (BRK Art. 24,1 »respect for human rights, fundamental freedoms and human diversity«). Aktionspläne strukturieren die Aufgaben, diese Rechtslage auf Europa, Bundes-, Länder- und kommunaler Ebene zu realisieren. Sollte eines Tages Inklusion tatsächlich Schule machen, wäre dies also einer gesellschaftlichen Bewegung und einem politischen Anspruch geschuldet. Dies betonen die UNESCO-Leitlinien, die dazu aufrufen, Inklusion nicht zu verordnen, sondern mit einer »Veränderung von Einstellungen und Werten der Menschen« zu verbinden (Deutsche UNESCO-Kommission 2014, S. 18).

Befähigungsgerechtigkeit – stärken oder schützen?

Alle, also auch behinderte Menschen, sollen als gleichberechtigte Gesellschaftsmitglieder über die Verwendung von Gemeingütern wie Bildung mitbestimmen (Jentsch 2012) und bei bestehender Beeinträchtigung ggf.

dazu ein Recht auf »assistierte Freiheit« haben (Graumann 2011; 2012). Gemeint ist, sie haben Anspruch darauf, dass ihre jeweiligen Potenziale zur Entwicklung ihrer Befähigung zu Freiheit und Autonomie angemessen zur Sprache kommen und gefördert werden. In diesem Sinne tauscht Bildung ihren bisher dominierenden weichenstellenden und wettbewerblichen Zuschnitt, um bestimmte Bildungsniveaus zu erreichen, ein zugunsten intensiver Anstrengungen, passende Rahmenbedingungen zur individuellen Kompetenzentwicklung für ein gutes Leben zu schaffen (Felder 2012). Jenseits eines immer Besorgnis auslösenden Systemwechsels sind hierbei mögliche Gewinne oder drohende Verluste zu reflektieren. Diese werden erwartet in einer inklusiven Gesellschaft in der Person, aber ebenso jenseits der Person (Alkemeyer et al. 2018).

Folgt Bildung einem Ermöglichungsgebot, können Ziele operationalisiert werden, die Befähigungsgerechtigkeit herstellen. Seinszustände (»beings«), also über Bildung zu verfügen, und Tätigkeiten (»doings«), Bildung zu erwerben, sind hierbei unterscheidbar. Das Maß für individuelles Wohlergehen (»well-being«) kann etwa sein, wieviel Verwirklichungschancen bestehen, wie gebildet man ist oder wieviel Bildung man erwerben kann, im »Spiel der Kräfte«, also möglicher Positionierungen. Im Idealfall sollen Beeinträchtigungen (ebenso wie andere Diversitätsmerkmale) die Verwirklichungschancen für ein gutes Leben nicht mindern. Eine Schlüsselrolle kommt neben Gesundheit und politischer Freiheit der Bildung zu. Sie kann stark machen für Lebensbewältigung. Das meint aber keineswegs die reine Leistung von Individuen, sondern das Zusammenwirken mit Lebensumständen, die auch ein neutraler Beobachter als angemessen beschreiben würde. Dafür genügt es nicht zu messen, ob Personen mit ihrem Bildungszugang zufrieden sind oder ob sie ein bestimmtes Bildungsniveau erreichen, sondern vor allem geht es darum, *wie* dies gelingt. Denn Bildungserfolge könnten auch über unangemessene Methoden erzwungen oder mögliche Erfolge durch versperrte Zugänge verspielt werden. Hiervor muss Schule schützen. Aber nur dann, wenn Personen nicht permanent ausgeschlossen werden (»have real access«), finden sich entsprechend geeignete Wege und Maßstäbe: »the most important thing is to consider what people are actually able to be and do« (Wells o. J., S. 7).

Wie dies im Schulsystem zum Tragen kommt ist ebenso wandelbar, wie ein Verständnis von Behinderung sich fortlaufend verändern kann. Grundlage ist ein gerechter Bildungsanspruch *aller*, d. h. dies gilt für sämtliche Personengruppen im Bildungsgeschehen gleichermaßen (Walker 2008). Eine fachliche Ausrichtung an »Störungsbildern« (in Bezug auf Lernen, Verhalten etc.) erübrigt sich zugunsten einer an Aufgabenstellungen orientierten Pädagogik (beispielsweise Unterrichten in heterogenen Gruppen, Beratung, berufliche Bildung, Prävention und Rehabilitation, Gesundheitsförderung, Kompetenzaufbau etc.) (Biewer 2009, S. 195). Dies mindert zugleich bestehende Risiken, durch rein formale Gleichheitsgebote im Bildungssystem ungleiche Chancen fortzuschreiben, während erforderliche Ausgleiche und jeweils notwendige assistierende Rahmenbedingungen ausgeblendet werden (Bourdieu 2001). Chancen können sich beispielsweise über differenzierte Lernziele ergeben, die unterschiedlichen Begabungen und Leistungsmöglichkeiten entsprechen. An einem angemessenen Verständnis von Bildungschancen ist jeweils zu arbeiten. Viele Vielfaltsmerkmale sind zu berücksichtigen und zugleich abzuwägen. Derzeit lässt sich konstatieren, dass die beeinträchtigungsdifferenzierte Förderschule generell soziale Ungleichheit nicht kompensiert, gerade weil Wechselwirkungen in entsprechend exklusiven Sonderformaten entstehen (Bos et al. 2010). Bildungssysteme, die nicht auf qualifizierende Bildungsabschlüsse ausgelegt sind, produzieren gegenwärtig Bildungsverliererinnen und -verlierer (Quenzel & Hurrelmann 2010) oder trainieren für den Umgang mit Exklusionserfahrungen. Solche Umstände und Folgen werden über mehrdimensionale Betrachtungsweisen deutlich und legen nahe, eine inklusive Schule der Vielfalt mit großem Nachdruck anzustreben (KMK 2011; 2015).

Einbezug bei Heterogenität

Wie Chancengerechtigkeit wächst, wird – so die Meinung Betroffener und ihrer Sachwalter – wesentlich über Einbezug bestimmt. Dabei kann sich auch klären, ob Chancengleichheit tatsächlich meint, *alle* müssen alle denkbaren Bildungsabschlüsse erreichen können, oder ob es um die Ermöglichung eines guten und selbstbestimmten Lebens geht. Hier steht die Tür zur Wertschätzung der Verschiedenheit weit offen, weil mit ihr Behinderung als *eine* mögliche Diversitätsdimension anerkannt wird (Wacker 2009) und die Verteilungsgerechtigkeit von Bildungsansprüchen das eigentliche Augenmerk erhält (Prengel 2018). Diese Entwicklung wird sich verstärken, wenn Regelschulen die gegebene Vielfalt von Schülerinnen und Schülern einbeziehen und nicht als Last bei der Selbstoptimierung wahrnehmen. Dann erst wird dort Heterogenität nicht ungewöhnlich sein. Die erforderliche Anerkennung dieser Schulentwicklung verbunden mit individueller Förderung ermöglicht Programme und Ressourcen für entsprechend offene Schulen (Holtappels 2009), in denen Vielfalt Normalität ist. Dies käme auch anderen vulnerablen Gruppen zugute. Konträr, weil stigmatisierend, wirkt jedoch, wenn behinderte Menschen aus den falschen Gründen – beispielsweise, um Regelschulen zu entlasten – bessergestellt und »aussortiert« – und nicht zugunsten einer angemessenen autonomen Persönlichkeitsentfaltung bzw. eines wirksamen Nachteilsausgleichs gefördert würden (Jentsch 2012, S. 78). Hingegen verspricht eine auf neue Fundamente gestellte Regelschule, die nach Ermöglichungsmaßstäben differenziert und agiert, für *alle* Schülerinnen und Schüler ebenso wie für Bildungs- und Erziehungsanliegen ein Gewinn zu sein.

Umweltfaktoren und gemeinschaftsbasierte Bildungspraxis

Aktuell werden die Beeinträchtigungen einer Person immer mehr im engen Zusammenhang mit ihrer sozialen und räumlichen Umgebung gesehen, man spricht von einer Person-Umwelt-Verknüpfung. Die neue Teilhabeberichterstattung und -gesetzgebung der Bundesregierung unterstreicht dies wesentlich. Eine schlichte Formel für eine sich entwickelnde inklusive Gesellschaft, die in Gemeinden, Gemeinschaften und Quartieren ihren Ausdruck findet, gibt es aber noch nicht. Sie könnte lauten:

- Fähigkeiten und Fertigkeiten sollen auf individueller Ebene übereinstimmen mit Erwartungen und Gegebenheiten auf Handlungs- und sozialer Ebene, also im kulturellen und Umwelt-Kontext.
- Es soll bekannt werden, dass Behinderung aus der Wechselwirkung zwischen Menschen mit Beeinträchtigungen und einstellungs- und umweltbedingten Barrieren entsteht, die sie an der vollen, wirksamen und gleichberechtigten Teilhabe an der Gesellschaft hindern (BRK Präambel e).

Hier berühren sich Anliegen inklusiver Bildung mit Idealen einer Community für *alle*. Es geht um soziale Räume, in denen Bedarfe, Bedürfnisse und Erfordernisse artikuliert werden können und zusammen mit der Institution Schule Programme und Kontextfaktoren entwickelt werden für Human Resource, Human Rights und Human Relations in *einer* nicht ausgrenzenden Umwelt (Wacker 2013). Menschen in ihrer Verschiedenheit und Vielfältigkeit sollen an diesem noch utopischen Ort gut unterkommen, wahrgenommen und wertgeschätzt werden. Das bedeutet als Zwischenschritte, *Lösungen in Gemeinschaften* zu suchen, deren Teilhabepotenziale auszuloten wären. Schon Aristoteles beschreibt Zugehörigkeit als wertvolles Gut:

3 Bildung zwischen Exklusion und Inklusion – der soziologische Zugang

»[...] niemand möchte alleinstehen, wenn ihm auch alle Güter der Welt zugehören sollten. Denn der Mensch ist von Natur ein geselliges Wesen und auf das Zusammenleben angelegt« (Aristoteles, Nikomachische Ethik IX, 9).

Damit ist aber nicht geklärt, was »einen identisch mit den anderen macht [und] was genau alle teilen müssen« (Delitz 2018, S. 11). Folgt man imaginären Zugehörigkeiten (z. B. zur Gruppe der Behinderten), beinhaltet das stets Risiken von Beherrschen, an den Rand Drängen und negativ Bewerten, solange das Maß scheinbar homogene Mehrheitsgesellschaften vorgeben. Die Versuche, deswegen kollektive »Identitäten in der Vielfalt« zu finden, bieten derzeit aber keine mehrheitsbestimmenden »Ankerplätze« für ein »Wir-Bewusstsein« (die manche aktuell eher auf der »Nationalbühne« zu finden glauben). Folgt man dem menschenrechtlichen Anspruch der BRK, haben *alle* Menschen ein verbrieftes Recht auf gesellschaftliche Teilhabe. Dies garantiert auch das deutsche Grundgesetz *allen* Bürgerinnen und Bürgern und seit 1994 explizit den Menschen mit Beeinträchtigungen. Hieraus könnte man ableiten, auch ihr Lebensmittelpunkt müsse in der Gemeinschaft *aller* sein: »Niemand darf wegen seiner Behinderung benachteiligt werden« (Artikel 3 Absatz 3). Um dem im Bildungssystem gerecht zu werden, sind somit auch Bildungsaufträge neu zu denken und Wege zu suchen, die einer heterogenen Schülerschaft passgenau zu Wissen verhelfen. Hierbei sind auch förderliche Kontexte, wie bauliche, fachlich-personelle und sächliche Ausstattungen, von hoher Bedeutung, ebenso wie Ganztagsangebote (Hofmann-Lun & Furthmüller 2016). Es könnte sich also allgemein lohnen, in diese Schulkonzepte zu investieren, insofern sie (mehr) Bildungsgerechtigkeit erreichbarer machen. Derzeit zeigen sich jedoch vielerlei Stolpersteine, allen voran der Mangel einer mehrheitsfähigen Richtungsentscheidung (Identifikation). Hinzu kommen hinderliche Details wie fehlende fachliche Expertise, Personalmangel, geringe Ressourcen für einen interfachlichen Austausch, für ausreichende förderpädagogische Schulbegleitung, passende räumliche Ausstattung, behördliche Unterstützung, vor allem aber für die entsprechende Lehr- und Lernkultur. Lehrpersonal soll zum Teamplayer geschult werden, Gemeinschafts- und Rückzugsräume sollen den erforderlichen Wandel unterstützen, der idealerweise *alle* Bildungsbenachteiligten erreichen soll. Gelingt diese Programmatik, winken jedenfalls gesteigerte Lernerfolge und verbesserte Teilhabechancen für *alle* Teilnehmenden.

Letztlich verstärkt also die BRK das generelle Ziel der Gleichwertigkeit menschlicher Vielfalt und damit verbundener u. a. gleicher Teilhabechancen an Bildungssystemen in der Lebensspanne (BMBF 2018, S. 8ff.). Konkret lautet der Auftrag, Bildung als Mehrebenensystem zu betrachten, das auf der Mikroebene das Individuum passgenau fördert, auf der Mesoebene einen verbesserten institutionellen Rahmen entwickelt in Form reformierter Bildungseinrichtungen, ebenso aber auch über neue Bildungs- und Lernorte, und das schließlich auf der Makrobene den politischen Willen zur Kohärenz bei Vielfalt erzeugt, jenseits von »in sich selbst schwingenden Stressgemeinschaften« (Sloterdijk, zit. nach Delitz 2018, S. 80), die alleine erwarteten Bedrohungsszenarien geschuldet sind. Eine positive Identität mit Gemeinschaft, in der Vielfalt bejaht wird und der sich Individuen in einem Bildungs- und Willensbildungsprozess gemeinschaftlich anschließen, wie dies Habermas (1976, S. 107) vorschlägt, steht noch aus. Besonders ist hierbei die ungehinderte Teilhabe von »Teilhabe-gehinderten« ein Desiderat.

Literatur

ABB – Autorengruppe Bildungsberichterstattung (Hrsg.) (2014): Bildung in Deutschland 2014. Ein indikatorengestützter Bericht mit einer Analyse zur Bildung von Menschen mit Behinderungen. Bielefeld: W. Bertelsmann Verlag

ABB – Autorengruppe Bildungsberichterstattung (Hrsg.) (2018): Bildung in Deutschland 2018. Ein indikatorengestützter Bericht mit einer Analyse zu Wirkungen und Erträgen von Bildung. Bielefeld: W. Bertelsmann Verlag

Alampay, Erwin A. (2006): Beyond access to ICTs: Measuring capabilities in the information society. In: International Journal of Education and Development using Information and Communication Technology 2 (2006), S. 4–22

Alkemeyer, Thomas, Bröckling, Ulrich & Peter, Tobias (2018) (Hrsg.): Jenseits der Person. Zur Subjektivierung von Kollektiven. Bielefeld: transcript

Altstaedt, Ingeborg (1983): Die Entwicklung der Sonderschule als Teil des niederen Schulwesens. In: Deppe-Wolfinger, Helga (Hrsg.): behindert und abgeschoben. Zum Verhältnis von Behinderung und Gesellschaft. Weinheim/Basel: Beltz, S. 132–144

Arndt, Christian & Volkert, Jürgen (2006): Amartya Sens Capability-Approach – Ein neues Konzept der deutschen Armuts- und Reichtumsberichterstattung. In: Vierteljahreshefte zur Wirtschaftsforschung 75, S. 7–-29

Biewer, Gottfried (2009): Grundlagen der Heilpädagogik und Inklusiven Pädagogik. Bad Heilbrunn: Klinkhardt

Bleidick, Ulrich (1972): Pädagogik der Behinderten. Grundzüge einer Theorie der Erziehung behinderter Kinder und Jugendlicher. Berlin: Marhold

Bloom, Benjamin S. (1956): Taxonomy of Educational Objectives. The Classification of Educational Goals. Handbook I: Cognitive Domain. New York: David McKay

BMBF – Bundesministerium für Bildung und Forschung (2018): Rahmenprogramm empirische Bildungsforschung. Berlin: BMBF

Bos, Wilfried, Müller, Sabrina & Stubbe, Tobias (2010): Abgehängte Bildungsinstitutionen: Hauptschulen und Förderschulen. In: Quenzel, Gudrun & Hurrelmann, Klaus (Hrsg.): Bildungsverlierer. Neue Ungleichheiten. Wiesbaden: VS Verlag für Sozialwissenschaften, S. 375–397

Bourdieu, Pierre (1982): Die feinen Unterschiede. Kritik der gesellschaftlichen Urteilskraft. Frankfurt/M.: Suhrkamp

Bourdieu, Pierre (2001): Wie die Kultur zum Bauern kommt. Über Bildung, Klassen und Erziehung. Schriften zu Politik & Kultur 4. Hamburg: VSA Verlag

BRK – Behindertenrechtskonvention (2006): UN-Konvention über die Rechte behinderter Menschen, Originalfassung vom 13.12.2006. Im Internet unter www.un.org/disabilities/default.asp?navid=12&pid=150.pdf [30.03.2019]

Bronfenbrenner, Urie (1979): The Ecology of Human Development. Cambridge: Harvard University Press

Bundesregierung (2005): Lebenslagen in Deutschland – Zweiter Armuts- und Reichtumsbericht der Bundesregierung. Bundestagsdrucksache 15/5015. Berlin: Bundesregierung

Delitz, Heike (2018): Kollektive Identitäten. Bielefeld: transcript

Demant, Luisa (2017): Teilhabe an Bildung. Beratung und professionelles Handeln. Wiesbaden: Springer

Deppe-Wolfinger, Helga (1983) (Hrsg.): behindert und abgeschoben. Zum Verhältnis von Behinderung und Gesellschaft. Weinheim/ Basel: Beltz

Deutscher Bildungsrat (1970): Empfehlungen der Bildungskommission. Strukturplan für das Bildungswesen. Stuttgart: Klett

Deutsche UNESCO-Kommission e. V. (2014): Inklusion. Leitlinien für die Bildungspolitik, 2014. Im Internet unter www.unesco.de/sites/default/files/2018-05/2014_Leitlinien_inklusive_Bildung.pdf [30.03.2019]

Ditton, Hartmut (2019): Mechanismen der Selektion und Exklusion im Schulsystem. In: Quenzel, Gudrun & Hurrelmann, Klaus (Hrsg.): Handbuch Bildungsarmut. Wiesbaden: Springer, S. 157–181

Eckert, Thomas & Gniewosz, Burkhard (2017) (Hrsg.): Bildungsgerechtigkeit. Wiesbaden: Springer

Erikson, Erik H. (1972): Identität und Lebenszyklus. Frankfurt/M.: Suhrkamp

Fasching, Helga & Biewer, Gottfried (2014): Wissenskonstruktionen mit Menschen mit intellektueller Beeinträchtigung in der Bildungswissenschaft. In: Zeitschrift für Bildungsforschung, 4 (3), S. 289–302

Felder, Franziska (2012): Inklusion und Gerechtigkeit. Das Recht behinderter Menschen auf Teilhabe. Frankfurt/ M.: Campus

Foucault, Michel (1983): Der Wille zum Wissen. Sexualität und Wahrheit. Frankfurt/M.: Suhrkamp

Füssel, Hans-Peter, Hasselhorn, Marcus & Werning, Rolf (2014): Schwerpunktthema 2014: Zur Bildung von Menschen mit Behinderungen. In: DJIimpulse 3, S. 34–38

Goffman, Erving (1952): On Cooling the Mark Out. Some Aspects of Adaptation to Failure. In: Psychiatry. Journal of Interpersonal Realtions 15, pp. 451–463

Graeber, Daniel (2017): Does More Education Protect against Mental Health Problems? Berlin: DIW Deutsches Institut für Wirtschaftsforschung

Graumann, Sigrid (2011): Assistierte Freiheit. Von einer Behindertenpolitik der Wohltätigkeit zu einer Politik der Menschenrechte. Frankfurt/M.: Campus Verlag

Graumann, Sigrid (2012): Freiheit als Entwicklungskonzept und das Menschenrecht auf inklusive Bildung. In: Wallimann-Helmer, Ivo (Hrsg.): Chancengleichheit und ›Behinderung‹ im Bildungswesen. Gerechtigkeitstheoretische und sonderpädagogische Perspektiven. Freiburg/München: Karl Alber, S. 86–106

Grotberg, Edith H. (2011): Anleitung zur Förderung der Resilienz von Kindern – Stärkung des Charakters. In: Zander, Margherita (Hrsg.): Handbuch Resilienzförderung. Wiesbaden: VS Verlag für Sozialwissenschaften, S. 51–101

Günther, Tom & Huebener, Mathias (2018): Bildung und Lebenserwartung: empirische Befunde für Deutschland und Europa. Berlin: DIW Deutsches Institut für Wirtschaftsforschung

Habermas, Jürgen (1976): Können komplexe Gesellschaften eine vernünftige Identität ausbilden? In: Habermas, Jürgen (Hrsg.): Zur Rekonstruktion des Historischen Materialismus. Frankfurt/M.: Suhrkamp, S. 92–126

Hermstein, Björn, Berkemeyer, Nils, Bos, Wilfried & Semper, Ina (2019): Schulreform und Bildungsarmut. In: Quenzel, Gudrun & Hurrelmann, Klaus (Hrsg.): Handbuch Bildungsarmut. Wiesbaden: Springer, S. 771–798

Hesse, Hermann (1892). Brief Hermann Hesses an seinen Vater vom 14. September 1892 aus der Heilanstalt Stetten. Im Internet unter www.hermann-hesse.de/node/1356 [30.03.2019]

Holtappels, Heinz Günter (2009): Öffnung der Schule als pädagogische Konzeption. In: Hinz, Renate & Walthes, Renate (Hrsg.): Heterogenität in der Grundschule. Den pädagogischen Alltag erfolgreich bewältigen. Weinheim/Basel: Beltz, S. 188–199

Hofmann-Lun, Irene & Furthmüller, Peter (2016): Ganztagsschulen und Inklusion. In: DJIimpulse 2, S. 24–27

Huebener, Mathias (2018): The Effects of Education on Health: An Intergenerational Perspective. IZA Discussion Paper No. 11795

Huebener, Mathias (2019): Life expectancy and parental education in Germany SOEP – The German Socio-Economic Panel Study at DIW Berlin, 1023

Jentsch, Sabine (2012): Der »Mehrwert« der Inklusion. Philosophische Grundlagen einer bildungspolitischen Forderung. In: Wallimann-Helmer, Ivo (Hrsg.): Chancengleichheit und »Behinderung« im Bildungswesen. Gerechtigkeitstheoretische und sonderpädagogische Perspektiven. Freiburg/ München: Karl Alber, S. 53–85

Kant, Immanuel (1900): Ausgabe der Preußischen Akademie der Wissenschaften, Berlin 1900ff, AA IX, 455

Klafki, Wolfgang (1975): Studien zur Bildungstheorie und Didaktik. Weinheim/Basel/Berlin: Beltz

Klein, Gerhard (1995): Zum Begriff der Behinderung in der Sonderpädagogik. In: Neumann, Johannes (Hrsg.): ›Behinderung‹. Von der Vielfalt eines Begriffs und dem Umgang damit. Tübingen: Attempto, S. 105–123

Klemm, Klaus (1991): Jugendliche ohne Ausbildung. Die »Kellerkinder« der Bildungsexpansion. In: Zeitschrift für Pädagogik (6), S. 887–898

Klemm, Klaus (2018): Unterwegs zur inklusiven Schule. Lagebericht 2018 aus bildungsstatistischer Perspektive. Gütersloh: Bertelsmann Stiftung

Klieme, Eckhard & Hartig, Johannes (2007): Kompetenzkonzepte in den Sozialwissenschaften und im erziehungswissenschaftlichen Diskurs. In: Zeitschrift für Erziehungswissenschaft, Sonderheft Nr. 8, S. 11–29

Köhler, Ernst (1977): Arme und Irre. Die Liberale Fürsorgepolitik des Bürgertums. Berlin: Wagenbach

Kohnert, Monika (1990): Das System sozialer Sicherung in der ehemaligen DDR. Situation und Perspektiven sozialer Arbeit in den fünf neuen Bundesländern. In: Blätter der Wohlfahrtspflege. Deutsche Zeitschrift für Sozialarbeit 119, S. 231–233

KMK – Kultusministerkonferenz (2011): Inklusive Bildung von Kindern und Jugendlichen mit Behinderungen in Schulen. Beschluss der Kultusministerkonferenz vom 20.10.2011. Im Internet unter www.kmk.org/fileadmin/veroeffentlichungen_beschluesse/2011/2011_10_20-Inklusive-Bildung.pdf [31.01.2019]

KMK – Kultusministerkonferenz/Hochschulrektorenkonferenz (2015): Lehrerbildung für eine Schule der Vielfalt. Gemeinsame Empfehlung von Hochschulrektorenkonferenz und Kultusministerkonferenz. Beschluss der Kultusministerkonferenz vom 12.03.2015 / Beschluss der Hochschulrektorenkonferenz vom 18.03.2015. Im Internet unter www.hrk.de/uploads/media/HRK-KMK-Empfehlung_Inklusion_in_LB_032015.pdf [31.01.2019]

Lange, Valerie (2017): Inklusive Bildung in Deutschland. Ländervergleich. Berlin: Friedrich-Ebert-Stiftung

Lempp, Reinhart (1991): Die Belastung der Familie durch die Schule. In: Pädagogik (43), S. 25–27

Luhmann, Niklas (1997): Die Gesellschaft der Gesellschaft. Frankfurt/M.: Suhrkamp

Merton, Robert (1968): Sozialstruktur und Anomie. In: Sack, Fritz & König, René (Hrsg.): Kriminalsoziologie. Frankfurt/M.: Akademische Verlagsgesellschaft, S. 283–313

Metzler, Heidrun, Wachtel, Grit & Wacker, Elisabeth (1997): Die Wende in der Behindertenhilfe. Zur Situation behinderter Kinder und Jugendlicher in den neuen Bundesländern. Tübingen: Attempto

Nachtschatt, Eva & Ramm, Diana (2016): Die Leistungen zur Teilhabe an Bildung im Bundesteilhabegesetz: Stellungnahme des Bundesrates und Gegenäußerung der Bundesregierung. Fachbeitrag D52-2016. Im Internet unter www.reha-recht.de [30.03.2019]

Nassehi, Armin (2007): Exklusion als soziologischer oder sozialpolitischer Begriff? In: Bude, Heinz & Willisch, Andreas (Hrsg.): Exklusion. Die Debatte über die »Überflüssigen«. Frankfurt/M.: Suhrkamp, S. 18–25

Naue, Ursula (2006): Minderheit sichtbar machen: Behinderte Menschen, Barrieren und Diskriminierung. In: Zeitschrift Stimme von und für Minderheiten (58), S. 20–21

Netzwerk Artikel 3 e. V. (2010): Schattenübersetzung des Übereinkommens über die Rechte von Menschen mit Behinderungen. Korrigierte Fassung der zwischen Deutschland, Liechtenstein, Österreich und der Schweiz abgestimmten Übersetzung. Im Internet unter www.nw3.de/attachments/article/89/089_schattenuebersetzung-endgs.pdf [30.03.2019]

Neumann, Johannes (1995) (Hrsg.): ›Behinderung‹. Von der Vielfalt eines Begriffs und dem Umgang damit. Tübingen: Attempto

Prengel, Annedore (2018): Pädagogik der Vielfalt. Verschiedenheit und Gleichberechtigung in Interkultureller, Feministischer und Integrativer Pädagogik. 4. Auflage. Opladen: Leske+Budrich

Quenzel, Gudrun & Hurrelmann, Klaus (2010): Bildungsverlierer: Neue soziale Ungleichheiten in der Wissensgesellschaft. In: Quenzel, Gudrun & Hurrelmann, Klaus (Hrsg.): Bildungsverlierer. Neue Ungleichheiten. Wiesbaden: VS Verlag für Sozialwissenschaften, S. 11-33

Quenzel, Gudrun & Hurrelmann, Klaus (2019): Ursachen und Folgen von Bildungsarmut. In: Quenzel, Gudrun & Hurrelmann, Klaus (Hrsg.): Handbuch Bildungsarmut. Wiesbaden: Springer, S. 3-25

Rockmann, Ulrike, Rehkämper, Klaus & Leerhoff, Holger (2014): Bildungskapital verringert Bildungsrisiken: DJIimpulse (3), S. 26-29

Roser, Ludwig-Otto (1981): Integration Behinderter in Italien: Anspruch und Realität. In: Zeitschrift Behinderte in Familie, Schule und Gesellschaft (3), S. 28-33

Schelsky, Helmut (1965): Auf der Suche nach Wirklichkeit. Gesammelte Aufsätze. Düsseldorf: Eugen Diederichs Verlag

Sen, Amartya (1989): Development as Capability Expansion. In: Journal of Development Planning (19), S. 41-58

Sen, Amartya (1999): Development as Freedom. Oxford: University Press

Sen, Amartya (2000): Ökonomie für den Menschen. Wege zu Gerechtigkeit und Solidarität in der Marktwirtschaft. München: Hanser

Shakespeare, Tom (2006): Disability rights and wrongs. London: Routledge

Truschkat, Inga (2012): Kompetenz – Eine neue Rationalität sozialer Differenzierung? In: Kurtz, Thomas & Pfadenhauer, Michaela (Hrsg.): Soziologie der Kompetenz. Wiesbaden: VS Verlag für Sozialwissenschaften, S. 69-84

Ungar, Michael (2011): Theorie in die Tat umsetzen. Fünf Prinzipien der Intervention. In: Zander, Margherita (Hrsg.): Handbuch Resilienzförderung. Wiesbaden: VS Verlag für Sozialwissenschaften, S. 157-178

United Nations (2007): Convention on the Rights of Persons with Disabilities and Optional Protocol. Im Internet unter www.un.org/disabilities/documents/convention/convoptprot-e.pdf [30.03.2019]

van Essen, Fabian (2013): Soziale Ungleichheit, Bildung und Habitus. Möglichkeitsräume ehemaliger Förderschüler. Wiesbaden: VS Springer

Vereinte Nationen (2010): Übereinkommens über die Rechte von Menschen mit Behinderungen. Im Internet unter www.behindertenrechtskonvention.info/fakultativprotokoll-zum-uebereinkommen-ueber-die-rechte-von-menschen-mit-behinderungen-3117/ [30.03.2019]

Wacker, Elisabeth (2009): Ungleiche Teilhabe – Behinderung und Rehabilitation. In: Hinz, Renate & Walthes, Renate (Hrsg.): Heterogenität in der Grundschule. Den pädagogischen Alltag erfolgreich bewältigen. Weinheim/ Basel: Beltz, S. 101-113

Wacker, Elisabeth (2013): Versorgung und Inklusion behinderter Menschen in lokalen Strukturen. In: Luthe, Ernst-Wilhelm (Hrsg.): Kommunale Gesundheitslandschaften. Wiesbaden: VS Springer, S. 243-261

Wacker, Elisabeth (2016): Beeinträchtigung – Behinderung – Teilhabe für alle. Neue Berichterstattung der Bundesregierung zur Teilhabe im Licht der Behindertenrechtskonvention der Vereinten Nationen. In: Bundesgesundheitsblatt – Gesundheitsforschung – Gesundheitsschutz (59), S. 1093-1102

Wacker, Elisabeth (2019): Von Normalitätsidealen zur inklusiven Gesellschaft. In: Quenzel, Gudrun & Hurrelmann, Klaus (Hrsg.): Bildungsverlierer. Neue Ungleichheiten. Wiesbaden: VS Verlag für Sozialwissenschaften, S. 717–742

Walker, Melanie (2008): The capability approach as a framework for reimagining education and justice. In: Otto, Hans-Uwe/ Ziegler, Holger (Hrsg.): Capabilities – Handlungsbefähigung und Verwirklichungschancen in der Erziehungswissenschaft. Wiesbaden: VS Verlag für Sozialwissenschaften, S. 116–130

Wallimann-Helmer, Ivo (2012) (Hrsg.): Chancengleichheit und ›Behinderung‹ im Bildungswesen. Gerechtigkeitstheoretische und sonderpädagogische Perspektiven. Freiburg/München: Karl Alber

Wansing, Gudrun (2019): Inklusion und Exklusion durch Erwerbsarbeit. Bedeutung (nicht nur) für Menschen mit Behinderungen. In: Politikum. Analysen | Kontroversen | Bildung (5), S. 26–32

Weiler, Hans N. (2005): Wissen und Macht in einer Welt der Konflikte. Zur Politik der Wissensproduktion. In: Gerlof, Karsten/ Ulrich, Anne (Hrsg.): Die Verfasstheit der Wissensgesellschaft. Münster: Westfälisches Dampfboot

Wells, Thomas (o. J.): Sen's Capability Approach, Im Internet unter www.iep.utm.edu/sen-cap/ [30.03.2019]

WHO – World Health Organization (2001): International Classification of Functioning, Disability and Health. ICF: Geneva. Im Internet unter http://web.agogis.ch/media/images/agogis/icf/modell.gif [30.03.2019]

Wocken, Hans (2009): Inklusion & Integration. Ein Versuch, die Integration vor der Abwertung und die Inklusion vor Träumereien zu bewahren. Tagungsbeitrag Integrationsforscher/innen-Tagung in Frankfurt/ M. Im Internet unter www.hans-wocken.de/aktuell.htm [30.03.2019]

4

Bildung und Psyche bei Kindern und Jugendlichen – ein neurowissenschaftlicher Zugang

Gerd Schulte-Körne

Vorbemerkung

Die Bedeutung von psychischen Faktoren für individuelle Bildungsverläufe und für inklusive Bildungsangebote wird nach wie vor unterschätzt. Trotz intensiver und umfangreicher Forschung der letzten 20 Jahre zur Bedeutung von genetischen, neurobiologischen Faktoren auf die psychische Entwicklung von Kindern und Jugendlichen ist der Zusammenhang von neurobiologischen Risiken und Belastungen auf der einen Seite und gefährdeten, riskanten aber auch erfolgreichen schulischen Bildungsverläufen auf der anderen Seite kaum verstanden. Das Wissen über den Zusammenhang, wie unser Gehirn das Denken, die Emotionen und das Verhalten von Kindern und Jugendlichen steuert, spielt in der Lehreraus- wie auch in der Lehrerweiterbildung noch eine zu geringe Rolle. Darüber hinaus ist das Wissen allein nur die Basis, entscheidend ist der Kompetenzerwerb in der praktischen Anwendung und Umsetzung im Schulalltag. Denn der Praxiseinsatz ergibt sich nicht intuitiv aus dem Wissenserwerb, sondern muss mit entsprechenden Lehrmethoden in der Praxis erworben und gefestigt werden.

Das Verstehen des Zusammenhangs von neurobiologischen mit psychischen Entwicklungsfaktoren und die Bedeutung dieser Interaktion für die Bildungsentwicklung und den -erfolg ist komplex, einfache Erklärungsansätze von Ursache und Wirkung greifen oft zu kurz. Multikausale Modelle, zunehmend häufiger unter Einschluss von normalen und gestörten Hirnfunktionen, sind angemessen. Jedoch darf die Entwicklungsdynamik, vor allem des Gehirns, nicht vergessen werden. Liegen zum Zeitpunkt der Geburt bei normaler Entwicklung die meisten Nervenzellen vor, so geschieht die Vernetzung über die Ausbildung von Synapsen mit einer beeindruckenden Geschwindigkeit nach der Geburt. Diese Entwicklung des Gehirns ist nicht selten beeinflusst durch Umweltfaktoren und Erfahrungen. Folglich kann, abhängig von der Intensität und Dauer der Beanspruchung des Gehirns, eine selektive Zunahme neuronaler Substanz beobachtet werden. Allerdings unterliegen diese Entwicklungen auch genetisch gesteuerten Prozessen und anderen Regelmechanismen, sodass Vorsicht angebracht ist, gestörte Entwicklungsprozesse beispielsweise nur auf einen einzelnen Faktor zurückzuführen.

4.1   Graue und weiße Substanz

Das Zentralnervensystem ist komplex und wird auf der zellulären Ebene durch zwei, aufgrund ihrer Zellstruktur verschiedenen Strukturen, der grauen und weißen Substanz, repräsentiert. Die Bezeichnung graue bzw. weiße Substanz stammt von dem Färbeverhalten der sie bildenden Zellen. Während sich in der grauen Substanz überwiegend Zellkerne und Dendriten (Zellfortsätze der Nervenzellen) befinden, werden mit der weißen Substanz die Verbindungsbahnen zwischen den Neuronen (Axone) bezeichnet. Die weiße Färbung resultiert von den Zellen, den Gliazellen, die sich wie ein Mantel um die Nervenbahnen legen und diese schützen. Den Prozess der Aussprossung der Axone, verbunden mit der Umwicklung durch die schützenden Zellen, nennt man Myelinisierung. Dieser Prozess verläuft für einzelne Gehirnregionen in einer unterschiedlichen Geschwindigkeit und ist für viele Gehirnregionen mit der Geburt nicht abgeschlossen. Das Großhirn (Cortex) wird, zusammen mit den subcortikalen Strukturen, von der grauen Substanz gebildet, die Verbindungsbahnen zwischen und zu den Gehirnregionen, die kurz und sehr lang sein können, von der weißen Substanz.

Zum Großhirn zählen vier sogenannte Lappen, die durch Spalten voneinander getrennt sind. Es sind der Frontal-, der Parietal-, Temporal- und Okzipitallappen (▶ Abb. 4.1). Unterschiedliche Funktionen sind den einzelnen Strukturen zugeordnet. Der Frontallappen spielt eine wesentliche Rolle bei der Handlungsplanung und -steuerung, im Temporallappen sind Neuronenverbände lokalisiert, die akustische und sprachliche Informationen verarbeiten. Im Parietallappen sind u. a. Funktionen der Aufmerksamkeitssteuerung, aber auch des rechnerischen Denkens lokalisiert. Die primäre Verarbeitung von den visuellen Reizen erfolgt im Okzipitallappen.

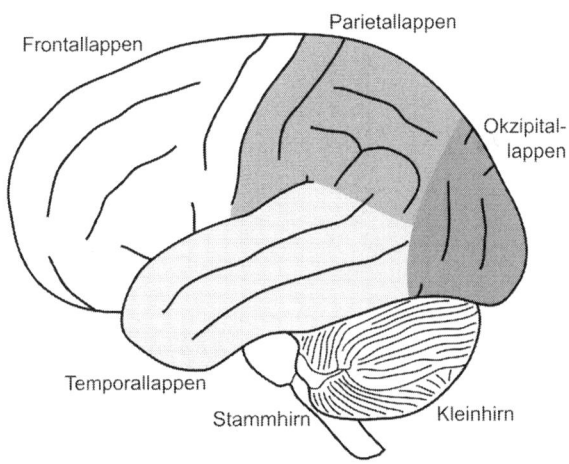

Abb. 4.1: Seitenansicht eines menschlichen Gehirns, Großhirnlappen in Graustufen hervorgehoben (Quelle: https://anthrowiki.at/Datei:Gehirn,_lateral_-_Lobi_deu.svg)

Neben dem Großhirn haben zwei weitere Strukturen eine große Bedeutung für die Reizverarbeitung und vor allem für die Emotionen. Der Thalamus gehört strukturell zum Zwischenhirn und ist sozusagen der *Gatekeeper* für die ankommenden sensorischen Reize in der Weiterleitung zum Großhirn, aber auch das Großhirn leitet seine Informationen wieder zum Thalamus zurück. Allerdings ist der Thalamus nicht autonom in seiner Funktion, sondern wird wiederum von anderen Strukturen, den Basalganglien, gesteuert. Es wird deutlich, dass viele Hirnfunktionen durch ein Wechselspiel verschiedener, miteinander verschalteter Hirnregionen zustande kommen.

Das limbische System ist letztendlich ein unscharf definierter Zusammenschluss von Hirnregionen, die wesentlich an der Emotionserkennung und -verarbeitung beteiligt sind. Zu diesem System gehört auch die Amygdala, die eine wichtige Rolle bei der Empfindung von Angst und Furcht, bei der emotionalen Bewertung von Situationen und bei der Affektverarbeitung spielt. Durch die enge Verschaltung mit dem Thalamus erreichen sensorische Reize, wie Geruch, Geschmack, Tasten, visuelle und akustische Reize die Amygdala, die diese sensorische Information bewertet und weitere Hirnregionen mit Informationen versorgt, die z. B. zu Stressreaktionen, Fluchtverhalten, entsprechenden Gesichtsveränderungen oder einer Steigerung des Aufmerksamkeitsniveaus führen.

4.2 Die Kommunikation der Nervenzellen untereinander: Die Synapsen

Neurone kommunizieren im Wesentlichen über ihre Synapsen miteinander, dies geschieht elektrisch oder chemisch. Die überwiegende Anzahl der Informationsübertragung verläuft chemisch (▶ Abb. 4.2). Am Ende des Axons findet sich die präsynaptische Endigung der Nervenzelle, in der sich kleine Bläschen (2) befinden, die Neurotransmitter enthalten. Abhängig von der Erregung der Nervenzelle wird das Bläschen geöffnet und der Neurotransmitter wird als Botenstoff in den synaptischen Spalt (4) ausgeschüttet. Um die Nachbarnervenzellen zu stimulieren, binden die Botenstoffe an den Rezeptoren der postsynaptischen Nervenzelle an (5) und lösen dort ein elektrisches Signal aus, das diese Nervenzelle entweder stimuliert oder die Erregung der Zelle herunterreguliert und damit hemmt. Die Botenstoffe lösen sich dann wieder vom Rezeptor, werden entweder abgebaut oder erneut in der präsynaptischen Endigung aufgenommen (8).

4.2 Die Kommunikation der Nervenzellen untereinander: Die Synapsen

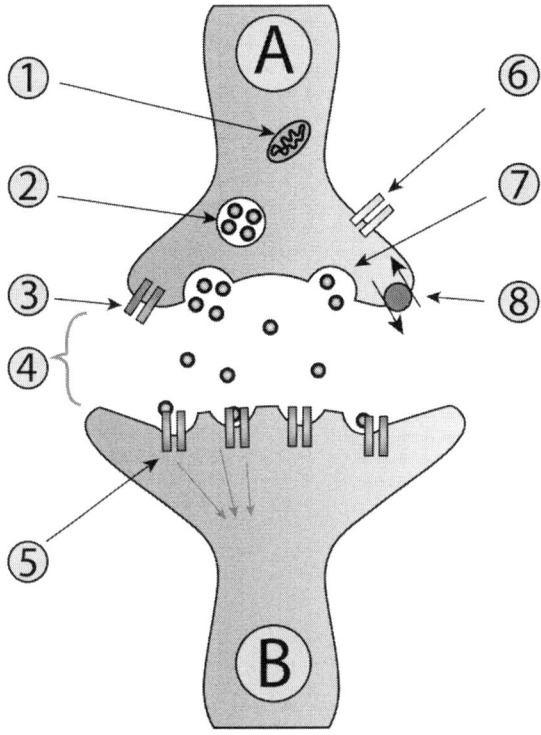

Abb. 4.2: Reizübertragung einer Synapse (chemisch) (Quelle: wikimedia.org/wikipedia/commons/thumb/4/4c/Synapse_diag1.svg/813px-Synapse_diag1.svg.png)
Legende:
A: Neuron (Präsynaptisch) B: Neuron (Postsynaptisch)
1. Mitochondrium
2. Bläschen mit Neurotransmittern
3. Autorezeptor
4. Synaptische Spalte
5. Neurotransmitter Rezeptor
6. Kalziumkanal
7. Verschmolzenes Vesikel gibt Neurotransmitter frei
8. Neurotransmitter Pumpe (zur Wiederaufnahme)

4.3 Spezifikation von Hirnfunktionen durch strukturelle Reifung

Bestand in der Vergangenheit die Auffassung, dass die Gehirnentwicklung mit der Geburt abgeschlossen sei, so wissen wir heute, dass es sowohl in der grauen wie auch in der weißen Substanz postnatal vielfältige Entwicklungen gibt. Ein Maß für die Veränderung ist die Synapsendichte. Diese kann zu- sowie abnehmen. Ein Korrelat der Spezialisierung eines Gehirnareals ist die Zunahme der Synapsen. Dies kann man im visuellen Kortex im ersten Lebensjahr beobachten: Die maximale synaptische Dichte wird dort bereits im ersten Lebensjahr erreicht. Hingegen zeigen sich im frontalen, parietalen und temporalen Cortex längere Entwicklungsphasen. Die höchste Synapsendichte wird in diesen Arealen zwischen dem 12. und 18. Lebensjahr erreicht (vgl. dazu Konrad et al. 2013).

Anschließend findet ein Prozess statt, der im Englischen mit *pruning* bezeichnet wird. Hierbei kommt es zu einer Reduktion von Synapsen, vermutlich ausgelöst durch eine geringere Aktivierung der Neuronen. Dies bedeutet, dass im Gehirn zunächst die sensorische Reifung (Wahrnehmung visueller und akustischer Reize) abgeschlossen ist, die Verarbeitung dieser Reize und die Umsetzung der Informationen in unser tägliches Handeln und Erleben aber eine längere strukturelle Reifung des Gehirns benötigt, vermutlich bedingt durch die Wechselwirkung von Gehirnstruktur und Umwelteinflüssen (vgl. dazu Konrad et al. 2013).

Aber nicht nur in der grauen Substanz finden entwicklungsabhängige Veränderungen statt, sondern auch in der weißen Substanz. Im Rahmen der Hirnreifung nach der Geburt findet eine zunehmende Myelinisierung statt, dies bedeutet eine Zunahme myelinisierter Axone und damit eine Zunahme der weißen Substanz. Die Myelinisierung beginnt in den okzipitalen Hirnarealen und schreitet dann fort bis zu den frontalen. Durch diesen Prozess werden neben der Zunahme der Vernetzung von Hirnarealen vor allem auch die Geschwindigkeit der Informationsleitung verbessert.

4.4 Struktur und Funktion des Gehirns: Der Einsatz von Untersuchungsmethoden zum Verständnis von Wahrnehmung, Informationsverarbeitung und Steuerung

Die Neurowissenschaften verfügen über ein breites Spektrum an nicht-invasiven, d. h. nicht in den Körper eindringenden Untersuchungsmethoden, die es erlauben, Schlüsse über Hirnfunktionen zu ziehen. Hierzu zählt die Magnetresonanztomographie, die es erlaubt, in Abhängigkeit von der Stärke des Magnetfeldes, Hirnstrukturen sehr genau zu erkennen. Der Einsatz in der Diagnostik von Gehirnerkrankungen, insbesondere von struktureller Veränderung, ist Standard. In der Forschung wird die funktionelle Magnetresonanztomographie eingesetzt, die aufgrund der Sauerstoffänderungen in beanspruchten Gehirnarealen in der Lage ist, Hirnfunktionen zu lokalisieren. Diese Methodik ist besonders relevant, wenn Hirnregionen identifiziert werden, die für das Verstehen von Denkprozessen, Wahrnehmung und Emotionen verantwortlich sind. Hierzu werden die Kinder im Magnetresonanztomographen (MRT) gescannt. Während die Kinder Aufgaben lösen oder nur einzelne Bilder wahrnehmen, wird die Veränderung der Aktivität der Gehirnareale, die bei diesen Verarbeitungsprozessen beteiligt sind, registriert. Durch den Vergleich der Ruhebedingung des Gehirns mit der Aktivierung während der Aufgabe kann man die an diesem Prozess beteiligten Gehirnregionen identifizieren. Das Verstehen der beteiligten neurobiologischen Prozesse des Verhaltens, des Erlebens und des Denkens ist die Basis, um die veränderten Prozesse bei Kindern und Jugendlichen mit diversen Problemen in diesen Bereichen zu entdecken. Um beispielsweise zu verstehen, warum manche Kinder sehr impulsiv reagieren, ihre motorische Reaktion nicht steuern können oder traurig sind, wenn es keinen direkten Anlass dafür gibt, vergleicht man die Gehirnaktivität der gesunden Kinder mit der Gehirnaktivität der Erkrankten. Erst dieser Vergleich macht sichtbar, welches Gehirnareal anders, meist weniger oder verstärkt aktiviert ist. Ein solcher Aktivitätsunterschied allein erklärt das veränderte Verhalten nicht, zeigt aber auf, welche neuronalen Prozesse beteiligt sind.

In Ergänzung zu den bildgebenden Verfahren mit einer hohen räumlichen Auflösung ermöglicht das Elektroenzephalogramm (EEG), mit Hilfe von auf der Kopfoberfläche platzierten Elektroden, zeitliche Prozesse des Gehirns genauer zu untersuchen. Hierzu werden den Kindern meist Kappen aufgesetzt, in die bis zu 128 Elektroden eingesetzt sind, die über einen mit Wasser getränkten Watteschwamm auf der Kopfoberfläche aufliegen).

Die Elektroden sind über den gesamten Kopf verteilt, sodass die Aktivität der Neuronen des Großhirns erfasst wird. Im Unterschied zu der MRT-Technik werden durch diese Technik Gehirnprozesse im Bereich von Millisekunden abgebildet. Diese hohe zeitliche Auflösung ist besonders relevant, wenn es um schnelle Prozesse, wie zum Beispiel der auditiven und visuellen Wahrnehmung, geht. Dazu werden einzelne Reize den Kindern entweder auf einem Bildschirm oder über Kopfhörer präsentiert. Unmittelbar nach der Präsentation werden die Aktivitätsunterschiede in spezifischen Gehirnregionen untersucht. Die Annahme ist, dass durch die Präsentation eines spezifischen Reizes, z. B. eines bekannten Wortes, Objektes oder Sprachlauts dieser Reiz vom Gehirn als bekannt registriert wird oder nicht und entsprechend elektrische Entladungen in den Neuronenverbänden erfolgen. Diese Entladungen werden mit den Elektroden registriert und ausgewertet. Die graphische Darstellung erfolgt in einem Koordinatensystem mit einer x- und y-Achse. Auf der x-Achse wird die zeitliche Reaktion des Gehirns in Millisekunden dargestellt, auf der y-Achse die Stärke der Aktivierung in Form der Höhe der Amplitude in Mikrovolt. Werden beispielsweise Kindern Wörter gezeigt, die sie kennen und die Reaktion des Gehirns darauf mit der Reaktion auf unbekannte Wörter untersucht und verglichen, so finden sich deutliche Aktivierungsunterschiede in den die Wörter verarbeitenden Gehirnregionen. Bekannte Wörter lösen eine stärkere Aktivierung aus als unbekannte. Diese Gedächtnisrepräsentation lässt sich zum Beispiel gut verwenden, um bei Kindern mit einer Lesestörung zu verstehen, auf welcher Wortverarbeitungsebene die konkreten neurobiologischen Probleme bestehen.

Ein anderes Anwendungsgebiet ist die Diagnostik beim Anfallsleiden, bei dem neuronale Entladungen in wenigen Millisekunden mit einem Krankheitsgeschehen einhergehen. Aber nicht nur für die klinische Diagnostik ist das EEG von großem Nutzen, sondern auch für die Untersuchung von zeitabhängigen Gehirnprozessen, die im Bereich Lernen oft sehr bedeutsam sind.

Unter einer entwicklungsdynamischen Perspektive zeigt sich auch im EEG eine Veränderung von der Geburt bis in die Adoleszenz. Parallel zu den Veränderungen der grauen und weißen Substanz findet sich auch eine Zunahme der Genauigkeit der Synchronisation von neuronaler Aktivität. Während in den ersten Lebensjahren die langsamen Wellen als Korrelat neuronaler Aktivität vorherrschen, nehmen diese mit der Hirnreifung zu Gunsten der schnelleren Wellen, die in einem Bereich von 8–12Hz, Alphawellen) und in dem Bereich (18–30Hz, Betawellen) liegen, zu. Aufmerksamkeitsphasen gehen einher mit einem hohen Anteil von Alphawellen, eine starke Konzentration mit der Zunahme von schnellen Betawellen.

An einzelnen Beispielen psychischer Erkrankungen im Kindes- und Jugendalter wird nachfolgend dargestellt, wie Gehirnfunktionen, Psyche und Entwicklung zusammenhängen und welche Bedeutung das Verständnis dieser komplexen Wechselwirkung für inklusive Bildungsangebote für Kinder und Jugendliche hat.

4.5 Aufmerksamkeitsdefizit-Hyperaktivitätsstörungen bei Kindern und Jugendlichen: Neurowissenschaftliche Befunde zur Verhaltenssteuerung und Handlungsplanung

Bereits im Vorschulalter fallen Kinder, bei denen eine Hyperkinetische Störung bzw. eine Aufmerksamkeitsdefizit-Hyperaktivitätsstörung (ADHS) diagnostiziert wird, durch ihr impulsives Verhalten, ihre motorische Unruhe und ihre geringere Konzentrationsfähigkeit auf. Sie erfordern von ihrem Umfeld viel Aufmerksamkeit, Toleranz, Zuwendung, aber auch eine klare Struktur und Konstanz im Erziehungsverhalten der Eltern. Die Hirnforschung hat sich bereits früh mit den verschiedenen Verhaltensauffälligkeiten der Menschen mit einer ADHS beschäftigt und nach Korrelaten für die verschiedenen veränderten Verhaltens- und Erlebnisdimensionen im Gehirn gesucht. Im Fokus steht das Aufmerksamkeitssystem, das System der Handlungsplanung und -kontrolle sowie Systeme der Reizwahrnehmung und -verarbeitung. Diese Systeme beeinflussen sich gegenseitig und sind über Verbindungsbahnen der weißen Substanz miteinander verbunden (Stanford & Tannock 2012).

Um die verschiedenen Alltagsherausforderungen genauer zu untersuchen, werden in Studien Bedingungen geschaffen, die z.B. möglichst den schulischen Anforderungen an das Verhalten der Kinder mit ADHS ähnlich sind. Eine tägliche Aufgabe, die den Kindern mit einer ADHS meist schlecht gelingt, ist zu warten, bis man an der Reihe ist. Dies zeigt sich beim Spiel mit anderen Kindern, zum Beispiel beim Würfeln, oder in der Klasse, wenn das Kind mit ADHS mit seiner Antwort nicht warten kann, obwohl es noch nicht aufgerufen wurde. Um die biologische Basis solchen Verhaltens zu verstehen, bekommen Kinder mit einer ADHS, während sie in einem Scanner liegen, die Aufgabe, nur dann die Taste zu drücken, wenn sie vorher ein Signal gesehen haben, das ihnen anzeigt, auf den Zielreiz zu reagieren. Diese Go-Reize werden in dem Experiment mit No-Go-Reizen kombiniert, bei denen die Kinder nicht die Taste drücken sollen. Ziel des Experimentes ist es, die neurophysiologischen Regelkreise, die für diese Verhaltenssteuerung verantwortlich sind, zu untersuchen. Hierzu gehören Bereiche des fronto-striatalen Systems. Das Striatum stellt als eine Gehirnregion, die Informationen vom motorischen Cortex bekommt und diese verarbeitet und weiterleitet, einen wichtigen Regulator für willkürliche, also geplante, absichtliche Bewegungen da. Neben dem Striatum spielen weitere Gehirnregionen, wie das supplementär motorische Areal, das vordere Cingulum und der rechte Thalamus eine Rolle für komplexe motorische Handlungsplanungen und -ausführungen, die für das tägliche Handeln und Lernen von Kindern und Jugendlichen sehr wichtig sind.

Eine Aktivitätszunahme in diesem System hängt mit einer verbesserten Handlungssteuerung zusammen. Liegt ein hoher Aktivierungsgrad vor, können die Kinder den Impuls, sofort zu reagieren, besser steuern, abhängig davon, ob es in der Situation sinnvoll bzw. erlaubt ist oder nicht. Bei Kindern und Erwachsenen mit einer ADHS fand man wiederholt eine Unteraktivierung bei Aufgaben, die Handlungssteuerung erfordern, nämlich nur dann auf einen Reiz zu reagieren, wenn es gefordert wird.

Anhand dieser beschriebenen Befunde ist ein neurowissenschaftliches Verständnis der Verhaltensprobleme möglich, jedoch die Frage nach der Ursache dafür bleibt unbeantwortet. Die Untersuchung der Gehirnstruktur weist auf strukturelle Veränderungen hin, die bereits in der frühen Gehirnentwicklung entstanden sind. Ob diese Veränderungen dadurch entstanden sind, dass genetische Informationen für die Entwicklung von neuronalen Strukturen verändert sind oder ob Umwelteinflüsse (z. B. schädliche Stoffe wie Alkohol) die Hirnentwicklung beeinflusst haben, ist größtenteils ungeklärt.

Die strukturellen Veränderungen, z. B. in Form einer geringeren Anzahl von Neuronen oder veränderter Vernetzungsstrukturen von Neuronen, zeigen sich in einem geringeren Gehirnvolumen, das mit bildgebenden Verfahren dargestellt wird. Untersuchungen mittels des MRT zum Volumen von Regionen des Striatum zeigen, dass das Volumen der Insel und des Putamen bei Menschen mit einer ADHS verkleinert ist. Dieses Ergebnis könnte im Zusammenhang mit veränderter striatalen Funktion bei der ADHS, wie bereits beschrieben, stehen.

Diese neurobiologischen Befunde helfen uns, das beobachtete Verhalten der Kinder mit einer ADHS durch die Lehrkräfte besser zu verstehen und entsprechend darauf zu reagieren. Die komplexen, dargestellten neurophysiologischen Regelkreise, die bei Kindern mit einer ADHS verändert sind, zeigen, dass die Handlungssteuerung dieser Kinder primär nicht ihrer Motivation und ihrer willentlichen Steuerung unterliegt, sondern veränderter Neurotransmitterfunktion und der beteiligten Hirnstrukturen. Allerdings ist die ADHS eine komplexe Störung, und nicht bei jedem Kind liegt die gleiche neurobiologische Funktionsstörung vor. Daher bedarf es der genauen und vor allem der spezifischen Diagnostik, um aufzuzeigen, in welchen Verhaltensbereichen Kinder mit einer ADHS die Hauptprobleme haben. Liegt es eher in der Impulsivität, liegt die Hauptstörung eher in frontalen Gehirnregionen, liegt sie in der Aufmerksamkeitsfokussierung oder in dem striatalen Regelkreis? Daher ist es für gelingende inklusive Bildungsangebote wichtig, basierend auf dem individuellen Störungsprofil sowohl die strukturellen als auch die inhaltlichen Rahmen genau zu planen. Kinder mit einer ADHS benötigen einen strukturierten, klar verständlichen Tagesplan, die Anforderungen an sie sollten direkt und spezifisch formuliert werden. Da die Daueraufmerksamkeit häufig gering ist, sollten Anforderungen zunächst zeitlich begrenzt und erst im weiteren Verlauf gesteigert werden. Auch die Schaffung der Möglichkeit zur kompensatorischen Bewegung schafft eine Entlastung für die betroffenen Kinder. Da die ADHS häufig auch mit emotionalen Problemen, wie z. B. Ängsten oder depressiven Symptomen einhergeht, benötigen die Kinder eine unmittelbare, konsequente Verstärkung, um erreichte Fortschritte zu verfestigen (Döpfner et al. 2012).

4.6 Stimmungsschwankungen, Stressreaktion, Antriebsmangel – die Bedeutung von Neurotransmittern für die Depression bei Kindern und Jugendlichen

Depressionen bei Kindern und Jugendlichen werden zunehmend häufiger erkannt, auch wenn immer noch viele medizinische und psychologische Fachkräfte vorsichtig und zurückhaltend sind, die Diagnose bei Kindern zu stellen. Dies ist nicht zuletzt dadurch begründet, dass man Angst hat, eine

»so schwere Diagnose« bei Kindern und Jugendlichen zu stellen. Die Entwicklungsverläufe depressiver Erkrankungen bei Kindern und Jugendlichen zeigen aber, dass bereits 1–2% der Kinder im Vor- und Grundschulalter an Depressionen erkranken (Mehler-Wex 2008). Wird die Erkrankung nicht fachgerecht behandelt, so leiden die Kinder und ihre Familie darunter sehr. Außerdem besteht ein sehr hohes Risiko, nach einer Ersterkrankung innerhalb der folgenden fünf Jahre wieder zu erkranken.

Depression hat viele Facetten, zu den zentralen Symptomen gehören die anhaltende gedrückte Stimmung, der psychosoziale Rückzug verbunden mit Verlust von Freude und der fehlende Antrieb. Erkrankte Jugendliche berichten oft, dass es ihnen am Morgen sehr schwerfällt, aufzustehen, sich anzuziehen und zur Schule zu gehen. Die Freude, sich mit Mitschülerinnen und Mitschülern nach der Schule zu treffen, Sport zu machen oder zuvor als angenehm empfundene Dinge zu tun, nimmt kontinuierlich ab. Überhaupt erleben die Jugendlichen weniger Freude, Ereignisse und Erleben, die früher Freude ausgelöst haben, werden nicht mehr so erlebt. Selbst ein Sonnentag ist grau und lockt nicht mehr, den Tag im Freien zu genießen. Im Unterricht fallen depressive Symptome erst spät auf, da die Schülerinnen und Schüler sich eher still und nach innen gekehrt verhalten. Die langsame Veränderung der Stimmung und des Antriebs fällt eher den Mitschülerinnen und Mitschülern auf. Im Lernverhalten steht die nachlassende Leistung der erkrankten Schülerinnen und Schüler im Vordergrund. Aufgaben, die zuvor vergleichsweise leicht bewältigt wurden, fallen schwerer, das Interesse an Unterrichtsthemen lässt nach, die Motivation und der Antrieb, sich am Unterricht zu beteiligen, nehmen ab. Dieses meist als unkonzentriert und unmotiviert erscheinende Verhalten wird bei Jugendlichen auf Veränderungen im Rahmen der pubertären Entwicklungen zurückgeführt, bei jüngeren Kindern häufig auf familiäre Belastungen. Auch wenn die Einordnung der Verhaltensänderungen schwierig ist, sollte eine fachliche Klärung und Einschätzung unbedingt erfolgen. Diese ist umso wichtiger, da – ohne angemessene schulische Entlastung und Unterstützung – die depressiven Jugendlichen in ihrer Symptomatik sogar verstärkt werden können. Depressive Jugendliche haben viele Selbstzweifel und fühlen sich oft schuldig, so zum Beispiel auch, wenn es Probleme in der Klasse gibt, auch wenn sie überhaupt nicht an der Auslösung der Probleme beteiligt sind. Die sich verändernden Lernleistungen erleben depressive Jugendliche als persönliches Versagen, die motivierende Aufforderung von Lehrkräften, sich doch mehr zu konzentrieren und anzustrengen, so gut gemeint wie sie auch sein mag, kann jedoch die depressive Stimmung und die Selbstzweifel des betroffenen Schülers verstärken. Der Grund dafür ist nicht, dass bei den Schülerinnen und Schüler die Konzentrationsstörung aufgrund der Beschäftigung mit anderen Gedanken im Rahmen der Pubertätsentwicklung vorliegt, sondern eine depressive Episode. In diesem Fall sind eher die entlastende Unterstützung sowie die professionelle Hilfe die notwendige Unterstützung.

Ein wesentlicher Faktor, der das Risiko, an einer Depression zu erkranken, erhöht, ist häufig erlebter Stress und Belastungen, z. B. in der Schule, die sich auf neurobiologische Regelkreisläufe auswirken. Das Diathese-Stress-Modell der Depression postuliert, dass durch eine Wechselwirkung zwischen belastenden Lebensereignissen (Stress) und Krankheitsveranlagung (Diathese) das Risiko für eine Depression erhöht wird. Zu den krankheitsverstärkenden biologischen Faktoren gehören genetische und neurophysiologische Faktoren.

In diesen neurophysiologischen Regelkreisen spielen Neurotransmitter eine wichtige Rolle. Sie sind Botenstoffe, die Information von einer Nervenzelle zur nächsten chemisch übertragen. Die Verbindungsstellen sind Synapsen, im Durchschnitt hat eine Nervenzellen 1000 Synapsen. Erfolgt ein elektrisches Signal der Nervenzelle, wird an dem präsynaptischen Nervenende (▶ Abb. 4.2, A) der Neurotransmitter freigesetzt. Dieser bewegt sich durch den synaptischen Spalt zu der postsynaptischen, mit Neurorezeptoren (▶ Abb. 4.2, B) ausgestatteten, angrenzenden Nervenzelle. Dort wird die Information wieder in ein elektrisches Signal umgewandelt und die Nervenzellen erregt oder gehemmt.

Ein wichtiger Botenstoff ist das Serotonin. Dieser Botenstoff bzw. die Neurone, bei denen Serotonin die Information von einer Nerven- auf die benachbarte Nervenzelle überträgt, kommt in spezifischen Hirnregionen besonders häufig vor, zum Beispiel im Hypothalamus und der Amygdala. Dies sind ebenfalls Gehirnregionen, die bei der Emotionserkennung und -verarbeitung (Amygdala) eine wichtige Rolle spielen. Allerdings spielt Serotonin nicht nur eine Rolle in der Verarbeitung des Affektes, sondern auch bei der Regulation des Schlaf-Wach-Rhythmus und der Nahrungsaufnahme.

Da wiederholt sowohl bei Erwachsenen als auch bei Jugendlichen mit einer depressiven Störung geringere Konzentrationen von Serotonin im Liquor gefunden wurden, ist eine naheliegende Hypothese, dass ein Serotoninmangel in einem Zusammenhang mit der depressiven Störung steht. Dieser Serotoninmangel hat unterschiedliche Gründe, z. T. ist er dadurch bedingt, dass das Serotonin durch einen spezifischen Serotonin-Transporter zu viel aus dem synaptischen Spalt aufgenommen wird und somit für die Signalübertragung nicht mehr ausreichend zur Verfügung steht. Interessanterweise gibt es einen Zusammenhang zwischen dem Serotonintransporter und traumatischen Lebensereignissen in Bezug auf das Erkrankungsrisiko für eine Depression. Der Serotonintransporter wird durch ein Gen gesteuert, das Serotonintransporter-Gen, dessen Funktionalität durch die spezifische Form dieses Gens beeinflusst wird. Der Transporter ist stärker wirksam, wenn von diesem Gen die lange Variante (l/l) vorliegt, im Vergleich zu den kurzen Varianten (s/l) und (s/s). Stärkere Aktivität geht mit einer höheren Aufnahme des Serotonins einher und führt somit zu einer geringeren Signalübertragung und dadurch zu einer depressiven Symptomatik. Einen verstärkenden Effekt auf die Symptomatik durch das Erleben von Traumata fand man bei depressiven Menschen überwiegend dann, wenn eine oder beide s/s Varianten vorlagen. Dies bedeutet, dass ein Zusammenhang zwischen erlebten Umweltbelastungen, der individuellen genetischen Ausstattung und dem Risiko, depressiv zu erkranken, besteht. Allerdings ist das Serotonin bzw. das serotonerge System nicht das einzige System, das für die Emotionsverarbeitung eine Rolle spielt.

Zu den Umwelt-Risikofaktoren gehören auch schulische Faktoren (ausführlich dazu Schulte-Körne 2016). Hierzu zählen insbesondere die Beziehungsgestaltung der Lehrkraft zu den betroffenen Schülerinnen und Schülern, die durch eine aufmerksame, wertschätzende Haltung charakterisiert sein sollte. Aber auch das Klassenklima oder die Interaktionen in der Peergroup können belastende Risikofaktoren sein. Zum Beispiel gehört Mobbing in der Schule, das nicht erkannt oder mit dem nicht professionell umgegangen wird, zu den häufigen Risikofaktoren für eine depressive Symptomatik. Für inklusive Bildungsangebote ist es daher eine zentrale Herausforderung, die individuellen schulischen Belastungen der Schülerinnen und Schüler zu erkennen und professionell zu handeln. Dieses Handeln setzt auch den Austausch mit dem Gesundheitssystem voraus. So kann zum Beispiel in der Zusammenarbeit mit der Kinder- und Jugendpsychiatrie sowie der kinder- und jugendlichen Psychotherapie Wissen und Erfahrungen in dem Umgang mit der Schülerin und dem Schüler ausgetauscht, gemeinsam auch die Unterstützungsmaßnahmen abgestimmt werden und dadurch ein Verlaufsmonitoring unter den schulischen, familiären und psychotherapeutischen Aspekten stattfinden (Dolle & Schulte-Körne 2013).

4.7 Warum das Lesen so schwer fällt? Neurowissenschaftliche Ergebnisse zu einem komplexen Lernprozess

Fast 5 % der deutschen Schulkinder leiden unter einer Lesestörung. Dies bedeutet, dass es ihnen sehr schwerfällt, einzelne Wörter zu entschlüsseln und den Inhalt des Gelesenen zu verstehen, trotz angemessener Unterrichtung und schulischer Förderung. Unter einer Lesestörung zu leiden ist meist ein lebenslanges Problem, da die Geschwindigkeit der Leseprozesse bei den Betroffenen so verlangsamt ist, dass Lesen eine tägliche Qual ist (Schulte-Körne 2010). Für die Beantwortung der Frage, warum diese Prozesse bei manchen Menschen so mühsam sind, hilft erneut die neurobiologische Forschung. Mit Hilfe von elektrophysiologischen Untersuchungen kann man einzelne Prozesse des Leselernens genauer untersuchen. Eine wichtige Voraussetzung für den basalen Leseprozess, nämlich die Zuordnung des Schriftzeichens (Graphem) zu einem Laut (Phonem), ist die Lautunterscheidung. Bei diesem Prozess geht es darum, einzelne Laute, wie z. B. das /b/ vom /d/ zu unterscheiden. Im Gehirn ist diese Funktion überwiegend in den sprachverarbeitenden Gehirnarealen, den beiden temporalen Gehirnarealen der linken und rechten Hemisphäre, lokalisiert.

Aufbauend auf einer sicheren Lautpräsentation im Gehirn erfordert das Lesen von Wörtern die Zuordnung des Graphems zum Phonem. Dieser Prozess findet zwar auch im temporalen Cortex statt, jedoch in einer anderen Region (Blau et al. 2010). Dies bedeutet, dass die Lautunterscheidung und die Buchstaben-Lautzuordnung in benachbarten, aber unterschiedlichen Gehirnregionen stattfinden. Bei Kindern mit einer Lesestörung ist der Zuordnungsprozess gestört. Die Hirnforschung zeigt, dass sie hierfür deutlich mehr Zeit benötigen, und trotz Übung ist der Prozess ungenauer und fehlerhafter. Dies führt dazu, dass die Kinder einzelne Wörter nicht entschlüsseln können, das Lesen stockend, z. T. fehlerhaft ist und der Wortleseprozess gestört ist.

Zusätzlich zu diesem basalen Leseprozess wird das Gehirn durch das Sehen und Lesen von Wörtern fast täglich trainiert, häufige Buchstabenkombinationen der Schriftsprache abzuspeichern. Bei geübten Leserinnen und Lesern gelingt es, durch diese schnelle Worterkennungsstrategie, Wörter rasch zu entschlüsseln und die Bedeutung den Wörtern zu zuordnen. Die Gehirnregion, die mit dem Erkennen der häufigen Wörtermuster maßgeblich verbunden ist, ist der Gyrus fusiforme im unteren Temporallappen in der linken Hemisphäre (▶ Abb. 4.1). Diese Region ist bei verschiedenen Prozessen des visuellen Wiederkennens, so auch von Objekten und Gesichtern, aktiviert. Jedoch sind die Wiedererkennungsleistungen von Wörtern, Gesichtern und Objekten in benachbarten, aber verschiedenen, mit der Entwicklung dafür spezialisierten Regionen des Gyrus fusiforme, abgebildet. Diese Gehirnregion wird durch das häufige Worterkennen trainiert, sodass die Neuronenverbände in dieser Region beim Wiedererkennen eines »bekannten« und bereits häufig verarbeiteten Wortes schnell und stark aktiviert werden. Diese zeitliche Aktivierung findet im Gehirn bereits um 200 Millisekunden nach der Einblendung des Wortes statt. Kinder mit einer Lesestörung haben im Vergleich zu Kindern ohne eine Lesestörung sowohl über der linken (LH OT) als auch über der rechten Gehirnhälfte (RH OT) eine geringere Aktivierung der Neuronenverbände im Gyrus fusiforme. Diese Aktivierungsunterschiede stellen ein neurophysiologisches Korrelat der gestörten Wortverarbeitung bei der Lesestörung dar. Die sprachliche Verarbeitung findet hingegen in der sprachdominanten Gehirnhälfte im Schläfenlappenlappen (gyrus temporalis) statt.

Um die sprachliche mit der visuellen Information zu verbinden, wird auf der nächst höheren Verarbeitungsstufe des Leseprozesses, der Graphem-Phonem-Zuordnung, eine Gehirnregion im Übergang von dem temporalen zum parietalen Cortex aktiviert, die auch Gyrus angularis genannt wird. In dieser Region werden die akustische (hier phonematische) und visuelle (Buchstaben bzw. orthographische Muster) Information zusammengeführt und spezifische Gedächtniseinträge für die Wortbedeutung angelegt. Dieser Prozess ist zeitlich nach ca. 600 msc aktiviert und zeigt sich in einer deutlichen Zunahme von neuronaler Aktivität.

Was bedeuten diese Befunde für inklusive Bildungsangebote? Zunächst zeigen sie auf, dass der Leseaneignungsprozess sehr differenziert in Stufen im Gehirn abläuft. Dieser Prozess ist enorm schnell und setzt eine gute Aufmerksamkeitsfokussierung voraus. Haben Schülerinnen und Schüler erhebliche Schwierigkeiten bei diesen Prozessen, so liegt eine Entwicklungsstörung vor, die auf einer neurobiologischen Basis beruht. Was der ursächliche Grund für die veränderten Gehirnfunktionen sind, ist noch nicht vollends aufgeklärt. Aktuelle Untersuchungen unterstützen die Hypothese, dass sich eine Reihe von genetischen Veränderungen auf die Entwicklung des Gehirns in den leserelevanten Gehirnbereichen so auswirken, dass die Nervenzellen sich nicht ausbilden bzw. die Verbindung zwischen den Zellen erheblich gestört ist. Auf dieser Grundlage wird deutlich, warum Kinder mit einer Lesestörung andauernd Probleme haben und warum die Förderung auch so lange braucht, bis sie erste Effekte zeigt. Ein weiterer Aspekt ist, dass Kinder nicht zu faul sind zum Lernen oder dass es ihnen prinzipiell an Übung oder Unterstützung beim Üben fehlt. Denn wenn die neurobiologischen Voraussetzungen für das Lesen gestört sind, dann brauchen diese Kinder auch eine spezifische Förderung, die diese Störung im Fokus hat. Für die Unterrichtung heißt dies, dass spezielles Lehr- und Lernmaterial erstellt werden muss, das den Leselernprozess unterstützt und dass die Kinder bei allen Prozessen mehr Zeit bekommen müssen. Deutlich wird auch, dass alle Unterstützungsmaßnahmen länger andauernd angeboten werden müssen, denn eine neurobiologische Störung lässt sich nicht in wenigen Monaten beheben, wenn dies überhaupt möglich ist. Da Kinder mit einer schulischen Entwicklungsstörung, zu der neben der Lese- auch die Rechtschreibstörung gehört, massiv unter ihren Problemen leiden, bedarf es einer annehmenden und wertschätzenden Unterrichtssituation, vor allem für die betroffenen Schülerinnen und Schüler. Erst eine emotional entlastende Atmosphäre schafft die Voraussetzung für einen Lernfortschritt.

4.8 Wenn die Orientierung verloren geht: Schizophrenie bei Kindern und Jugendlichen

Die Psychosen gehören zu den psychischen Erkrankungen, die aufgrund der Komplexität der Symptomatik, des Verlaufs und der Schwere besondere Anforderungen an inklusive Bildungsangebote stellen. Zu den Bereichen, die im Rahmen einer psychotischen Erkrankung verändert sein können, gehören das Denken, die Emotionen und die Wahrnehmung. Bereits vor der Pubertät können Psychosen auftreten, die oft schleichend beginnen, aber manchmal auch akut mit einer für die Angehörigen fulminant verlaufenden Symptomatik einhergehen (Remschmidt und Theissen 2011). Im Vordergrund des eher langsamen Beginns, der sich über Jahre hinziehen kann, stehen Aufmerksamkeitsprobleme, die sich im Unterricht durch Unaufmerksamkeit und Leistungsabfall bemerkbar machen.

Zu den häufigen Psychosen gehört die Schizophrenie, die sich durch eine Kernsymptomatik, bestehend aus inhaltlichen Denkstörungen, Wahrnehmungsstörungen, Affektstörungen und der Problematik, dass sich die Grenzen zwischen dem Ich und der Umwelt auflösen, auszeichnet. Für viele Menschen ist diese Erkrankung schwer einzuschätzen, beunruhigend und belastend. Für die erkrankten Kinder und Jugendlichen ist es wichtig, dass es nach einer intensiven Behandlungsphase gelingt, dass sie wieder in die Gesellschaft integriert werden. Hierzu gehört neben einem regelmäßigen Schulbesuch oder einer Ausbildung die Integration in die Familie und in die Peergroup. Um diese komplexe Erkrankung besser zu verstehen, sollen nachfolgend die einzelnen Bereiche näher betrachtet werden, in denen Beeinträchtigungen vorliegen.

Die inhaltlichen Denkstörungen werden von jugendlichen Erkrankten als besonders quälend beschrieben, da es sich um Gedanken handelt, die sich immer wieder aufdrängen und kaum unterdrückt werden können. Die Inhalte sind oft belastend und können Handlungen auslösen, die zu einer erheblichen Bedrohung des Umfeldes werden können. Das Zentrale eines Wahngedankens ist, dass die Erkrankten von der Wahrhaftigkeit des Inhaltes überzeugt sind und Versuche, sie durch Realitätsbeweise vom Gegenteil zu überzeugen, scheitern. Häufige Inhalte sind Verfolgungsgedanken und/oder Beobachtungsgedanken. Die Erkrankten fühlen sich ständig beobachtet, von Menschen, aber auch von Kameras, Drohnen, auch wenn die sie beobachtenden Menschen oder Dinge nachweislich nicht vorhanden sind. Das Beobachtungsgefühl kann aber auch in ein Bedrohungsgefühl oder eine Bedrohungswahrnehmung übergehen, sodass die Erkrankten Angehörige oder auch Menschen, von denen sie sich bedroht fühlen, z. B. Lehrkräfte, zu ihrer Verteidigung bedrohen oder verletzen.

Hören die Erkrankten Stimmen, ohne dass jemand spricht, oder nehmen sie etwas wahr, z. B. einen Menschen, ohne dass dieser physisch anwesend ist, spricht man von Halluzinationen. Diese Halluzinationen können alle Sinnesbereiche betreffen und wirken für Unbeteiligte meist sehr befremdlich. Wenn junge Menschen sich unterhalten, obwohl kein Gegenüber vorhanden ist, wenn Erkrankte von Stimmen sprechen, die ihnen befehlen, gewisse Dinge zu tun, kann dies sehr belastend sein.

Jugendliche mit Psychosen berichten häufiger von dem Gefühl, dass sich Teile des Körpers plötzlich fremd, als nicht dazugehörig, anfühlen, oder dass ihnen die Umwelt so verändert und andersartig erscheint. Diese beiden Symptombereiche, die Depersonalisation und Derealisation, finden sich sowohl bei der Schizophrenie als auch z. B. bei – durch Drogen induzierten – psychotischen Zuständen.

Gelingt es nicht mehr, Freude zu empfinden, mitzulachen, wenn andere einen Witz erzählen, oder Gefühle gegenüber anderen zu entwickeln, liegt eine Affektstörung vor, die bei Kindern und Jugendlichen mit einer Psychose weniger häufig als im Erwachsenenalter auftritt. Hingegen sind die sogenannten kognitiven Störungen, mit einem verlangsamten Denken, Gedankenabreißen oder einer Gedankenleere, häufig.

_ 4.8 Wenn die Orientierung verloren geht: Schizophrenie bei Kindern und Jugendlichen

Neben diesen Kernsymptomen finden sich eine Reihe von neuropsychologischen Auffälligkeiten, die für inklusive Bildungsangebote zusätzlich hoch relevant sind und für die neurobiologische Korrelate gehäuft beschrieben wurden. Zu den sprachlichen Auffälligkeiten gehören Schwierigkeiten im Sprachverständnis und der Wortverarbeitung, in der Entwicklungsgeschichte wird neben einem verzögerten Sprechbeginn auch ein geringeres Textgedächtnis beschrieben. Insgesamt erscheinen die verbalen Gedächtnisfähigkeiten beeinträchtigt. Zusätzlich treten Beeinträchtigungen in der Handlungsplanung und -steuerung (exekutive Funktion) und der selektiven Aufmerksamkeit sowie der Daueraufmerksamkeit auf.

Mittels ereigniskorrelierter Potenziale wurden sowohl die sensorische auditive und visuelle Informationsverarbeitung als auch die Aufmerksamkeitsausrichtung und -aufrechterhaltung bei an Schizophrenie Erkrankten untersucht. Diese elektrophysiologischen Untersuchungen zeigten eine Reihe von Auffälligkeiten, die für Funktionsstörungen in verschiedenen Hirnarealen sprechen. Im Ablauf der Reizverarbeitung findet bereits sehr früh eine Art Filterfunktion im Cortex statt, die dafür sorgt, dass selektiv relevante Reize in den jeweiligen Hirnarealen verarbeitet werden. Diese Funktion ereignet sich bereits innerhalb weniger Millisekunden nach dem der Reiz wahrgenommen wurde. Ist die Filterfunktion gestört, wird der Cortex infolge quasi von einer Vielzahl relevanter und irrelevanter Reize überflutet, was mit dem von den Patientinnen und Patienten häufig berichteten Erleben korrespondiert, dass sie sich gegenüber den vielen, auf sie einströmenden Reizen, nicht wehren können.

Eine weitere neurophysiologisch abbildbare Funktion, die Fokussierung der Aufmerksamkeit auf relevante Aspekte, ist ebenfalls häufig bei Jugendlichen mit einer Schizophrenie beeinträchtigt. Um diese Funktion zu untersuchen, erhalten die Jugendlichen eine auditive Aufgabe, bei der ihnen eine Folge von akustischen Reizen (Tönen) vorgespielt wird. Bei manchen Reizen, die vorher durch ein Signal als relevant angekündigt werden, sollen sie eine Taste drücken als Zeichen, dass sie den Reiz wahrgenommen haben. Im Gehirn werden bei dieser Art von Aufgaben im parietalen Cortex (▶ Abb. 4.1) Neuronenverbände aktiviert, deren Aktivitätsmaximum bei ca. 300 Millisekunden nach der Reizeinblendung liegen. Ist die Aktivierung hoch, gelingt es den Jugendlichen, ihre Aufmerksamkeit auf einen relevanten Reiz auszurichten und in Folge die relevanten von den nicht-relevanten Reize zu unterscheiden.

Auch für die Gedächtnisstörung bei der Schizophrenie zeigt die neurobiologische Forschung Korrelate, die für die Funktionsbeeinträchtigung relevant sind. Hierzu wird den Jugendlichen eine Folge von gleichen auditiven

Reizen präsentiert, die vereinzelt durch davon gering abweichende Reize unterbrochen wird. Diese Unterschiede sind subjektiv kaum wahrnehmbar. Die häufige Wiederholung der auditiven Reize führt zu einer Gedächtnisrepräsentation im Temporallappen (auditorischer Cortex), die es den Jugendlichen ermöglicht, die häufigen von den seltenen Reizen zu unterscheiden. Bei den Jugendlichen mit einer Schizophrenie ist diese kortikale Gedächtnisrepräsentation deutlich vermindert, sodass auch auf der Verhaltensebene häufiger auditive Gedächtnisleistungen beeinträchtigt sind. Neben diesen funktionell umschriebenen neurobiologischen Veränderungen finden sich bei an Schizophrenie Erkrankten ein vermindertes Gehirnvolumen sowie vielfältige Veränderungen im Neurotransmittersystem.

Diese neurobiologischen Befunde zeigen eindrucksvoll auf, dass die einzelnen kognitiven Störungen bei Kindern und Jugendlichen mit einer Psychose auf Hirnfunktionsstörungen zurückgeführt werden können. Allerdings sind die Funktionsbeeinträchtigungen auch durch Umweltereignisse beeinflussbar. Liegt zum Beispiel Stress durch eine laute Klasse vor, kann dies die Folgen der gestörten Filterfunktion bei dem erkrankten Menschen deutlich verstärken. Für inklusive Bildungsangebote ist es daher wichtig, den notwendigen schulischen Rahmen – gekennzeichnet durch eine individuell ausgerichtete Unterrichtung – zu schaffen und die Schülerinnen und Schüler durch viel Struktur und Motivierung an die jeweiligen Lernziele heranzuführen. Das Wissen um die neurobiologische Verankerung der Erkrankung verstärkt die Notwendigkeit, inklusive Bildungsangebote interdisziplinär zu planen und umzusetzen. Da die erkrankten Schülerinnen und Schüler häufig auch Medikamente benötigen, ist das Wissen um die Wirkung dieser Behandlungsform wichtig.

Schlussbemerkung

An ausgewählten psychischen Erkrankungen im Kindes- und Jugendalter wurde aufgezeigt, dass Auffälligkeiten auf der Verhaltensebene, der Emotionen, der Wahrnehmung und der Handlungssteuerung mit Veränderungen von Hirnfunktionen einhergehen. Durch die entwicklungsdynamische Spezialisierung des Gehirns ist das Gehirn der Heranwachsenden besonderen Risiken ausgesetzt, zum Beispiel, wenn die Myelinisierung der sensorischen Funktionen schneller voranschreitet als die der neurokognitiven, vor allem wenn die Kontrolle, der durch die Reizwahrnehmung ausgelösten emotionalen Reaktionen, aufgrund verzögerter Hirnreifung, nicht ausreichend funktioniert.

Die Untersuchungsbefunde zeigen eindrucksvoll die neurobiologische Basis, nicht nur der kognitiven Funktionen, sondern auch der Emotionswahrnehmung und -verarbeitung sowie der Handlungsplanung und Aufmerksamkeit. Dies bedeutet, dass inklusive Bildungsangebote auch die biologische Basis der genannten Erlebnis- und Verhaltenswelten berücksichtigen sollte. Dabei heißt dies mitnichten, dass biologische Grundlagen gleichbedeutend mit Unveränderbarkeit sind. Im Gegenteil sehen wir, dass das Gehirn ein hochdynamisches System ist, das seine spezifische Funktionalität in der Wechselwirkung von genetisch gesteuerten biologischen Prozessen und Umwelteinwirkungen erlangt. Allerdings wirken sich Noxen, wie z. B. Alkohol, illegale Drogen, wie z. B. Cannabis und Umweltgifte, in der frühen Gehirnentwicklung schädlich auf die Funktionalität des Gehirns aus. Nicht zu vergessen sind traumatische Erlebnisse sowie sexuelle und körperliche Gewalt in der frühen Entwicklung, die sich auf das Risiko, psychisch zu erkranken, stark auswirken können.

Für die Förderung und für inklusive Bildungsangebote für junge Menschen mit psychischen Belastungen und Erkrankungen können uns die Neurowissenschaften helfen, die Komplexität und zum Teil die Schwere der Beeinträchtigung besser zu verstehen. Sie können uns auch davor schützen, zu einfache kausale Modelle der Erkrankungen zu postulieren, die zu falschen Schlussfolgerungen bezüglich inklusiver Bildungsangebote führen. Für die Förderung und Therapie können uns die Einsichten zu neurobiologischen Risiken helfen, möglicherweise gezielter und spezifischer zu handeln, weil wir besser und näher an den Mechanismen ansetzen, die die psychischen Erkrankungen und ihre Symptome bedingen.

Literatur

Blau, Vera, Reithler, Joel, van, Atteveldt, Nienke, Seitz, Jochen, Gerretsen, Patty, Goebel, Rainer & Blomert, Leo (2010): Deviant processing of letters and speech sounds as proximate cause of reading failure: a functional magnetic resonance imaging study of dyslexic children. In: Brain 133 (3), S. 868–879

Döpfner, Manfred, Föhlich, Jan & Lehmkuhl, Gerd (2012): Leitfaden Aufmerksamkeitsdefizit-/Hyperaktivitätsstörung (ADHS). Göttingen: Hogrefe

Dolle, Katrin & Schulte-Körne, Gerd (2013): Behandlung von depressiven Störungen bei Kindern und Jugendlichen. In: Deutsches Ärzteblatt 110 (50), S. 854–860

Gerlach, Manfred, Mehler-Wex, Claudia, Walitza, Susanne, Warnke, Andreas & Wewetzer, Christoph (2016) (Hrsg.): Neuro-/Psychopharmaka im Kindes- und Jugendalter: Grundlagen und Therapie. Berlin: Springer

Hasko, Sandra, Bruder, Jennifer, Bartling, Jürgen & Schulte-Körne, Gerd (2012): N300 indexes deficient integration of orthographic and phonological representations in children with dyslexia. In: Neuropsychologia (50), S. 640–654

Hasko, Sandra, Groth, Katharia, Bruder, Jennifer, Bartling, Jürgen & Schulte-Körne, Gerd (2013): The time course of reading processes in children with and without dyslexia: An ERP study. In: Frontiers in Human Neuroscience, (7), S. 570

Konrad, Kerstin, Firk, Christine & Uhlhaas, Peter (2013): Hirnentwicklung in der Adoleszenz: Neurowissenschaftliche Befunde zum Verständnis dieser Entwicklungsphase. In: Deutsches Ärzteblatt International 110 (25), S. 425–431

Mehler-Wex, Claudia (2008): Depressive Störungen. Berlin: Springer

Schulte-Körne, Gerd (2010): The prevention, diagnosis, and treatment of dyslexia. In: Deutsches Ärzteblatt Int ernational 107, S. 718–726

Schulte-Körne, Gerd (2016): Mental Health Problems in a School Setting in Children and Adolescents. In: Deutsches Ärzteblatt Int 113, S. 183–190

Remschmidt. Helmut & Theisen. Frank (2011): Schizophrenie. Manuale psychischer Störungen bei Kindern und Jugendlichen. Berlin: Springer

Stanford, Clarke & Tannock, Rosemary (2012) (Hrsg.): Behavioral Neuroscience of Attention Deficit Hyperactivity Disorder and Its Treatment. Berlin: Springer

5

Bildung als Entstigmatisierung – der sozialpsychologische Zugang. Nichts ist praktischer als eine gute Theorie – zur Erklärung und Veränderung von Stereotypen

Nadja Bürgle & Dieter Frey

Vorbemerkung

Dieses Kapitel beinhaltet, wie Bildung zu einem Abbau von Stereotypen und Vorurteilen beitragen und Inklusion fördern kann. Unsere Zukunftsvision besteht in einer inklusiven, offenen Gesellschaft, die u. a. Chancengleichheit, Mitgestaltungsrechte aller sowie gegenseitigen Respekt und Toleranz sicherstellt (vgl. dazu Heimlich 2009).

5 Bildung als Entstigmatisierung – der sozialpsychologische Zugang

Der Begriff »Inklusion« wird in Deutschland überwiegend im Zusammenhang mit Menschen mit einem diagnostizierten Förderbedarf verwendet. Unser Verständnis von Inklusion schließt dagegen alle Menschen ein, z. B. Menschen unterschiedlichen Geschlechts, unterschiedlicher Herkunft, unterschiedlicher sexueller Orientierung, mit unterschiedlichen ökonomischen Voraussetzungen oder Lernbedürfnissen. Außerdem geht unser Verständnis von Bildung über die herkömmliche Schulbildung hinaus. Wir betrachten Bildung als einen Prozess lebenslangen Lernens, in welchem Menschen sich selbst und die Welt verstehen und gestalten lernen. Hierbei entwickeln sie nicht nur ihre kognitiven und emotionalen Fähigkeiten, Wissen und Handlungskompetenzen, sondern bilden auch handlungsleitende Werte und Einstellungen im Rahmen ihrer Charakter- und Persönlichkeitsbildung aus. Diese Werte und Einstellungen dienen als stabiler Kompass auf dem Weg zu einem selbstbestimmten und verantwortungsvollen Leben in einer sich kontinuierlich verändernden Welt.

Ausgehend von einer sozialpsychologischen Perspektive behandelt dieses Kapitel zwei Themenbereiche: Im ersten Teil werden Stereotype und verwandte Konstrukte definiert, theoretische Grundlagen vermittelt sowie ihre Funktionen und Auswirkungen erklärt. Im zweiten Teil werden Maßnahmen vorgestellt, wie Stereotype abgebaut werden können. Hierbei spielt Bildung eine besondere Rolle.

5.1 Definition, Entstehung, Funktionen und Auswirkungen von Stereotypen

Definition

Ein *Stereotyp* ist eine generalisierende Zuschreibung bestimmter Eigenschaften und Merkmale auf alle Mitglieder einer Gruppe. Eigenschaften und Merkmale werden auf sämtliche Gruppenmitglieder verallgemeinert, ohne dabei die individuellen Unterschiede zwischen den Personen zu berücksichtigen (Lippmann 1922). Unterschieden wird zwischen deskriptiven und präskriptiven Stereotypen. Deskriptive Stereotype *beschreiben* die verallgemeinernden Eigenschaften der Personen einer Gruppe, z. B. »Alle Deutschen essen Weißwürste«, »Lisa, wie alle Frauen, mag die Farbe Pink«, »Menschen mit Behinderung sind anders«. Präskriptive Stereotype *schreiben vor*, wie sich die Mitglieder einer Gruppe im Allgemeinen verhalten sollten, z. B. »Frauen sollten Kinder erziehen«, »Mein Mann, wie alle Ehemänner, sollte Geld verdienen«. Stereotype sind kognitiver Natur und drücken aus, was wir über Personen einer Gruppe oder eine gesamte Gruppe *denken*. Diese subjektiven Annahmen können eine neutrale, positive oder negative Valenz haben. Ein Stereotyp geht folglich nicht zwangsläufig mit feindseligen Gefühlen oder diskriminierendem Verhalten einher (Aydin et al. 2016).

Besitzen negative Stereotype eine ausgeprägte emotionale Komponente, spricht man von Vorurteilen. Ein *Vorurteil* beschreibt eine negative Bewertung oder ablehnende Haltung gegenüber Personen, aus dem Grund, dass sie einer bestimmten Gruppe angehören (Dovidio & Gaertner 2010). Wie Stereotype können sich Vorurteile auf einzelne Gruppenmitglieder oder die gesamte Gruppe beziehen. »Deutsche sind Spießer«, »Frau Schneider, wie alle Frauen, ist eine schlechte Autofahrerin«, »Menschen mit Behinderung sind faul« sind Beispiele für Vorurteile. Oftmals entstehen Vorurteile, indem eine einzelne negative Erfahrung mit einer Person auf die gesamte Gruppe, der sie angehört, generalisiert wird. Äußern sich Vorurteile in unfairem oder abwertendem Verhalten gegenüber Personen oder Gruppen aufgrund ihrer Gruppenzugehörigkeit, spricht man von *Diskriminierung* (Dovidio et al. 2010).

Eine weitere Sonderform eines negativen Stereotyps stellt ein *Stigma* dar. Im Altgriechischen bedeutet Stigma »Zeichen« oder »Brandmal«. Ein Stigma beschreibt ein sichtbares oder unsichtbares, sozial unerwünschtes Merkmal, welches signalisiert, dass sich der Merkmalsträger in negativer Weise von anderen Menschen unterscheidet. Ein Stigma ist mit einer tiefen Diskreditierung seines Trägers verbunden. Ursachen von Stigmatisierung können beispielsweise eine körperliche Behinderung, die Zugehörigkeit zu einer bestimmten Ethnie (sichtbare Stigmata, z. B. Judenstern im Dritten Reich) oder psychische Krankheiten (unsichtbare Stigmata) sein (Aydin et al. 2016).

Theoretische Grundlagen

Die Entstehung, Aufrechterhaltung und Funktion von Stereotypen können u. a. durch die Hypothesentheorie der sozialen Wahrnehmung (Bruner 1951), sich selbst erfüllende Prophezeiungen (Merton 1948), die Theorie der kognitiven Dissonanz (Festinger 1957) und durch die Theorie der sozialen Identität (Tajfel & Turner 1986) erklärt werden.

5 Bildung als Entstigmatisierung – der sozialpsychologische Zugang

Hypothesentheorie der sozialen Wahrnehmung

Die Hypothesentheorie der sozialen Wahrnehmung (Bruner 1951) nimmt an, dass Wahrnehmung nicht objektiv, sondern hypothesengeleitet ist. *Hypothesen* sind Annahmen und Erwartungen beispielsweise darüber, mit welcher Wahrscheinlichkeit eine Person ein bestimmtes Verhalten zeigt oder ein bestimmter Sachverhalt eintritt (z. B. »Menschen mit Behinderung sind anders«, »Der Börsenkurs wird bald abstürzen«). Hypothesen beeinflussen den Wahrnehmungsvorgang in ihre Richtung. Zum Beispiel wird die Aufmerksamkeit selektiv auf Informationen gelenkt, die die Hypothesen bestätigen. Das Ausmaß, in dem der Aufmerksamkeitsfokus und die Informationsaufnahme beeinflusst werden, ist abhängig von der *Hypothesenstärke*. Je stärker eine Hypothese ist, desto weniger Informationen werden zu ihrer Bestätigung und desto mehr Informationen zu ihrer Falsifizierung benötigt. Eine starke Hypothese kann beispielsweise durch ein einziges, unterstützendes Ereignis bestätigt werden. Dagegen sind mehrere widersprechende Ereignisse notwendig, um sie zu falsifizieren. Eine Hypothese ist umso stärker,

- je fester sie im kognitiven System einer Person verankert ist,
- je häufiger sie in der Vergangenheit bestätigt worden ist,
- je weniger alternative Hypothesen vorhanden sind,
- je stärker die motivationale Unterstützung und
- je höher die soziale Unterstützung für sie ist.

Ist eine Hypothese so stark, dass sie keine Alternativen zulässt und immer bestätigt wird, spricht man von einer »Monopolhypothese«. Sind mehrere schwächere Hypothesen verfügbar (z. B. »Menschen unterscheiden sich voneinander, egal, ob mit oder ohne Behinderung«, »Der Börsenkurs unterliegt regelmäßigen Schwankungen«), kann ein Wahrnehmungsvorgang zu unterschiedlichen Ergebnissen führen. Zum Beispiel kann die Hypothese bestätigt, falsifiziert, verstärkt oder abgeschwächt werden. Bei mehreren verfügbaren Hypothesen nimmt die Wahrnehmungssicherheit ab und die benötigte Wahrnehmungszeit zu. Eine Veränderung oder ein Wechsel der Hypothesen wird wahrscheinlicher.

Die Hypothesentheorie der sozialen Wahrnehmung zeigt, dass Menschen sich selbst, andere und die Welt durch eine individuelle Brille betrachten. Diese kann negativ, positiv oder neutral gefärbt sein. Stereotype und Vorurteile können als *Erwartungshypothesen* interpretiert werden. Sie beeinflussen, wie ein Beobachter eine Person oder Gruppe wahrnimmt. Stereotype und Vorurteile steuern den Aufmerksamkeitsfokus und die Informationsaufnahme so, dass sie bestätigt werden. Hat der Beobachter beispielsweise die Monopolhypothese »Menschen mit Behinderung sind anders«, filtert er die Unterschiede zwischen Menschen mit und ohne Behinderung heraus und blendet Gemeinsamkeiten aus. Den Stereotypen und Vorurteilen widersprechende Ereignisse werden beispielsweise mit der Begründung »Ausnahmen bestätigen die Regel« erklärt. Werden Stereotype und Vorurteile zusätzlich durch das soziale Umfeld unterstützt, steigt die Überzeugung über ihren Wahrheitsgehalt. Folglich sind Stereotype und Vorurteile sehr änderungsresistent. Forschung im Bereich der impliziten Persönlichkeitstheorien zeigt, dass Menschen grundlegende, implizite Einstellungen gegenüber Gruppen, Schichten oder Kulturen und den dazugehörigen Persönlichkeits- und Verhaltensmerkmalen haben (vgl. dazu Bruner & Tagiuri 1954). Bei starken Hypothesen sind minimale Anhaltspunkte ausreichend, um Menschen in eine relativ stabile Kategorie zu stecken, die nicht der Realität entsprechen muss (vgl. dazu Frey & Draschil 2015).

Sich selbst erfüllende Prophezeiung

In Verbindung mit der Hypothesentheorie der sozialen Wahrnehmung steht die Forschung zu sich selbst erfüllenden Prophezeiungen (Merton 1948). Sie zeigte, dass zwischenmenschliche Annahmen und Erwartungen (= Hypothesen) die Interaktion so beeinflussen, dass sich diese Annahmen und Erwartungen in der Realität erfüllen. Je stärker die Erwartung bzw. der Wunsch, dass ein bestimmtes Verhalten oder ein bestimmter Sachverhalt eintritt, desto stärker wird die Interaktion unbewusst in diese Richtung gesteuert. In einem Experiment wurde zum Beispiel Lehrkräfte mitgeteilt, dass bestimmte Schülerinnen und Schüler mehr oder weniger Potenzial hätten. Diese Informationen standen in keinerlei Zusammenhang mit der tatsächlichen Leistung der Schülerinnen und Schüler. Jedoch bestätigten sich die Annahmen der Lehrer tatsächlich in den späteren Leistungen der Schülerinnen und Schüler (»Pygmalion-Effekt«; Rosenthal & Jacobson 1968). Außerdem widmeten Lehrkräfte Schülerinnen und Schülern aus gehobenem Elternhaus mehr Aufmerksamkeit als Schülerinnen und Schülern mit geringerem Status, da sie annahmen, dass erstere bessere Leistungen erbrächten. Weiterhin zeigte die Forschung, dass das Stigma »Behinderung« zu inakkuraten Leistungseinschätzungen von Schülerinnen und Schülern durch Lehrer führen kann (vgl. dazu Jussim & Harber 2005). Die stigmatisierten Schülerinnen und Schüler hatten außerdem geringere Erwartungen an sich selbst, die wiederum zum Teil auf die geringeren Erwartungen der Lehrkräfte zurückzuführen waren (Shifrer 2013). Studien ergaben außerdem, dass Schwarze in Intelligenztests dann schlechter abschnitten als Weiße, wenn zuvor das Vorurteil »Schwarze sind weniger intelligent als Weiße« salient gemacht wurde (Steele & Aronson 1995). Übertragen auf Stereotype und Vorurteile erklären diese Befunde, wie sich Stereotype, Vorurteile und Stigmata selbst bestätigen. Die urteilenden Personen behandeln Betroffene so, dass sich ihre Annahmen und Erwartungen erfüllen. Zusätzlich passen stigmatisierte Personen oder Gruppen ihr Selbstbild und sogar ihr Verhalten an die vorhandenen Stereotype und Vorurteile an.

Theorie der kognitiven Dissonanz

In ihrem Anwendungsbereich »Urteile und Entscheidungen« beschreibt die Theorie der kognitiven Dissonanz (Festinger 1957) ähnliche Informationsverarbeitungsprozesse wie die Hypothesentheorie der sozialen Wahrnehmung: selektive Wahrnehmung und Informationsverzerrungen. Studien zeigten beispielsweise, dass Menschen nach Entscheidungen die gewählte Entscheidungsalternative auf- und die nicht gewählten Alternativen abwerteten. Außerdem wurden Informationen bevorzugt, die die getroffenen Entscheidungen unterstützten (Festinger 1964). Die Theorie der kognitiven Dissonanz nutzt allerdings einen anderen Erklärungsansatz als die Hypothesentheorie: Die Grundannahme der Theorie der kognitiven Dissonanz besteht darin, dass Menschen ein Gleichgewicht ihres kognitiven Systems anstreben. Elemente des kognitiven Systems sind u. a. Gedanken, Einstellungen, Entscheidungen, Stereotype und Vorurteile. Kognitionen können in einer konsonanten Beziehung stehen, d. h. miteinander vereinbar sein (z. B. »Menschen mit Behinderung sind anders« und »Menschen mit und ohne Behinderung sollten auf unterschiedliche Schulen gehen«). Widersprechen sich Kognitionen dagegen, z. B. da das Verhalten in Widerspruch mit dem eigenen Wertesystem oder eine Entscheidung in Widerspruch mit dem Urteil eines als wichtig erachteten Menschen steht, entsteht der als unangenehm wahrgenommene Zustand der kognitiven Dissonanz (z. B. »Alle Menschen sollten gleich behandelt werden« und »Menschen mit und ohne Behinderung sollten auf unterschiedliche Schulen gehen«). Menschen streben danach, kognitive Dissonanz zu vermeiden bzw. zu reduzieren und ihr kognitives Gleichgewicht aufrechtzuerhalten bzw. wiederherzustellen. Hierzu dienen unterschiedliche Strategien wie z. B. Rechtfertigungen des eigenen Verhaltens, Verdrängung, Umdeutung oder Abwertung von widersprüchlichen Kognitionen oder die Suche nach Gleichgesinnten (z. B. »Es wäre gar nicht möglich, dass Menschen mit und ohne Behinderung auf dieselbe Schule gehen«; Vogrincic-Haselbacher et al. 2016).

Übertragen auf Stereotype und Vorurteile erklärt die Theorie der kognitiven Dissonanz, ähnlich wie die Hypothesentheorie, weshalb Stereotype, Vorurteile und Stigmata (z. B. »Menschen mit Behinderung sind anders«) schwierig zu verändern sind. Stereotype steuern die selektive Suche nach und die Aufnahme von konsonanten Informationen (z. B. Fokus auf Unterschiede zwischen Menschen mit und ohne Behinderung). Dagegen werden dissonante Informationen, die den Stereotypen widersprechen, ignoriert oder verzerrt (z. B. Verdrängung oder Umdeutung von Gemeinsamkeiten von Menschen mit und ohne Behinderung). Darüber hinaus erklärt die Theorie der kognitiven Dissonanz, weshalb Personen, die andere diskriminieren, meist wenig Unrechtsbewusstsein oder schlechtes Gewissen haben: Dissonante Informationen, die ein Unrechtsbewusstsein oder schlechtes Gewissen hervorrufen könnten, werden selektiv ausgeblendet. Hierdurch werden die kognitive Konsonanz und die eigene Integrität gewahrt. Nach der Theorie der kognitiven Dissonanz ist es also aufgrund verschiedener Abwehrstrategien möglich, andere Menschen zu diskriminieren, ohne sich dabei schlecht zu fühlen. Menschen sind folglich keine rationalen, sondern rationalisierende Wesen (Frey & Gaska 1993).

Theorie der sozialen Identität

Das Selbstkonzept einer Person umfasst zum einen Merkmale, die die Person einzigartig und von anderen unterscheidbar machen (personale Identität, »Das bin ich«). Neben dieser personalen Identität wird das Selbstkonzept zum anderen von der sozialen Identität beeinflusst (»Mit welchen Gruppen identifiziere ich mich, sodass sie ein Teil meines Selbst werden?«, z. B. »Ich bin FC Bayern-Fan, Klavierspieler, etc.«). Im Allgemeinen ordnen Personen sich selbst und andere Menschen in soziale Gruppen oder Kategorien ein (z. B. Deutsche vs. Nicht-Deutsche, FC Bayern- vs. 1860-Fans, Menschen mit vs. Menschen ohne Behinderung). Der Prozess der sozialen Kategorisierung läuft schnell und nahezu automatisch ab. Die soziale Identität beinhaltet Merkmale, die eine Person mit den Mitgliedern einer Gruppe, der sie selbst angehört, teilt. Dabei werden die Ähnlichkeiten der Mitglieder innerhalb der Gruppe sowie die Unterschiede zu Mitgliedern anderer Gruppen überbetont. Das übergeordnete Ziel besteht darin, eine möglichst positive soziale Identität herzustellen. Diese wird erreicht, indem die eigene Gruppe (Ingroup) abgegrenzt und aufgewertet wird und die anderen Gruppen (Outgroups) abgewertet werden (z. B. »Wir sind anders und besser als die anderen«). Eine positive soziale Identität kann eine schwache personale Identität (z. B. Gefühl der Minderwertigkeit) kompensieren (Tajfel & Turner 1986). Interessant ist, dass bereits eine rein zufällige Zuteilung von Personen zu zwei unterschiedlichen Gruppen dazu führen kann, dass ein diskriminierendes Verhalten gegenüber der jeweils anderen Gruppe gezeigt wird. Dieser Effekt tritt selbst dann ein, wenn sich die Gruppenmitglieder nie begegnet sind und keinerlei Gemeinsamkeiten teilen (Minimalgruppenparadigma; vgl. dazu Mummendey & Otten 2002).

Negative Stereotype und Vorurteile bieten einfache Möglichkeiten, sich klar von Outgroups abzugrenzen und diese abzuwerten. Somit wird die positive Distinktheit der eigenen Gruppe hergestellt und eine positive soziale Identität gewahrt.

Funktionen von Stereotypen

Warum treten Stereotype im Laufe der Geschichte immer wieder auf? Warum sind sie so weit verbreitet? Sie besitzen unterschiedliche Funktionen, schützen beispielsweise vor kognitivem Chaos und Angst, stärken die soziale Identität und den Selbstwert. Sie helfen folglich, zentrale Bedürfnisse und Sehnsüchte von Menschen zu erfüllen.

Schutz vor »kognitivem Chaos«

Stereotype schützen vor einem »kognitiven Chaos«, indem sie der Welt Ordnung und Struktur verleihen. Die Kategorisierung von Personen in Gruppen mit homogenen Merkmalen dient als Vereinfachung und soziale Orientierungshilfe (Allport 1954). Das Denken und Handeln von Mitgliedern dieser Gruppen kann anhand von Stereotypen subjektiv besser eingeschätzt und vorhergesagt werden. Die oftmals als bedrohlich und unkontrollierbar wahrgenommene Komplexität der Welt wird somit reduziert. Stereotype können insbesondere dann hilfreich sein, wenn wenige Informationen oder geringe kognitive Ressourcen vorhanden sind, wie z. B. unter hoher kognitiver Beanspruchung oder bei einem »Information Overload«. Forschung zeigte, dass die Übereinstimmung zwischen Stereotypen und der Wirklichkeit oftmals hoch ist. Für ethnische Stereotype, z. B. in Bezug auf Weiße, Schwarze oder Asiaten, ergaben sich durchschnittliche Korrelationen von $r = .70$, für Geschlechterstereotypen Korrelationen von $r = .75$ (Jussim et al. 2009). Folglich besitzen einige – nicht alle! – Stereotype eine relativ hohe Gültigkeit.

Problematisch ist allerdings, dass Menschen aufgrund ihrer Kategorisierung nicht mehr als Individuen mit einzigartigen und vielfältigen Eigenschaften, sondern v. a. durch die Brille der Stereotype und Vorurteile betrachtet werden. Diese Informationsreduktion kann zu Urteilsverzerrungen und Übergeneralisierungen führen. Diese können wiederum Nachteile und soziale Ungerechtigkeit für die Betroffenen zur Folge haben, insbesondere dann, wenn die Kategorisierung anhand negativer Stereotype und Vorurteile erfolgt.

Soziale Identität und Selbstwertschutz

U. a. anhand von Stereotypen und Vorurteilen werden Personen einer Ingroup oder Outgroup zugeordnet. Der Ingroup, der man selbst angehört, werden positive Merkmale zugeschrieben. Die Outgroup wird mit negativen Merkmalen besetzt. Durch die Abgrenzung und Aufwertung der Ingroup und die Abwertung der Outgroup entstehen eine positive soziale Identität, Möglichkeiten der Identifikation und ein Gefühl der Zughörigkeit. Die soziale Identität wird umso wichtiger, je stärker die personale Identität bedroht ist. Durch die soziale Identität und die positive Bewertung der eigenen Gruppe werden außerdem der eigene Selbstwert erhöht (vgl. dazu Tajfel & Turner 1986). Im Extremfall kann die Outgroup zum Sündenbock erklärt werden, der für eigene Unzulänglichkeiten und Frustrationen verantwortlich gemacht wird. Sündenböcke ermöglichen eine Aggressionsabfuhr in sozial gebilligter Weise und schützen den Selbstwert (Allport 1954).

Schutz vor Angst

Stereotype und Vorurteile schützen vor unterschiedlichen Ängsten. Die Angst vor Unbekanntem und Neuem wird reduziert, indem Personen und Gruppen in vereinfachte und bekannte Kategorien eingeordnet werden (Allport 1954). Auch die Angst, eigene Privilegien, Arbeit, Wohnung oder Geld zu verlieren, äußert sich oftmals in Voreingenommenheit und Vorurteilen gegenüber konkurrierenden Gruppen, die im Extremfall abgewertet, ausgegrenzt und diskriminiert werden. Dem entspricht der Befund, dass sich Vorurteile und diskriminierendes Verhalten unter hohem sozialem und ökonomischem Wettbewerb, bei ökonomischer Rezession und Arbeitslosigkeit verstärken (Brewer & Brown 1998). Ebenso kann die Angst vor dem Verlust der sozialen Identität, wie bereits erläutert, stereotypes Denken und Vorurteile begünstigen. Der Nobelpreisträger Kahneman zeigte außerdem, dass Verluste zu negativeren Gefühlen führen als Gewinne in der gleichen Höhe positive Gefühle hervorrufen. Verlustängste wiegen also schwerer und können aus der Perspektive Außenstehender irrational sein (Kahneman & Tversky 1979). Trotzdem sind sie ein wichtiger Motor menschlichen Verhaltens.

Auswirkungen von Stereotypen und Vorurteilen für die Betroffenen

Stereotype und Vorurteile stellen eine Form der sozialen Exklusion dar. Aus Gründen der sozialen Erwünschtheit werden Stereotype und Vorurteile eher selten laut ausgesprochen. Stattdessen äußern sie sich in subtiler Form im Verhalten gegenüber betroffenen Personen oder Gruppen. Betroffene sehen sich im Alltag häufig einer unfairen Behandlung, Nichtbeachtung, Mobbing oder Diskriminierung ausgesetzt (vgl. dazu Aydin et al. 2016). Beispielsweise haben offen geäußerte Vorurteile gegenüber Schwarzen in den USA abgenommen. Jedoch besteht das diskriminierende Verhalten ihnen gegenüber fort: Verglichen mit Weißen werden sie häufiger von der Polizei kontrolliert, bekommen höhere Strafen vor Gericht oder haben weniger Erfolg bei der Wohnungs- und Jobsuche (vgl. dazu Steele & Aronson 1995). Auch Menschen mit einer körperlichen oder geistigen Behinderung werden häufig Opfer von gesellschaftlicher Stigmatisierung. Sie sind ebenfalls mit Benachteiligungen u. a. in den Bereichen Bildung, Arbeitsmarkt oder Freizeitgestaltung konfrontiert (vgl. dazu Antidiskriminierungsstelle 2017). Soziale Ausgrenzung und Diskriminierung schränken die Handlungs- und Entwicklungsmöglichkeiten der Betroffenen in zahlreichen Lebensbereichen ein. Im Extremfall können Stigmata zu einer Entwertung und Entmenschlichung der Betroffenen führen. Extrembeispiele stellen Juden im Dritten Reich oder Schwarze während der Sklaverei in den USA dar. Auch heute sind Mobbing und Diskriminierung alltägliche Phänomene, z. B. in Kindergärten, Schulen, Firmen, Altersheimen usw.

Soziale Exklusion wirkt sich negativ auf das körperliche und psychische Wohlbefinden der Betroffenen aus. Studien zeigten, dass beim Erleben sozialer Ausgrenzung dieselben Gehirnareale aktiviert werden wie bei körperlichem Schmerz (Eisenberger et al. 2003). Außerdem können Betroffene aufgrund des chronischen Stresses gesundheitliche Schäden im Herz-Kreislauf-System und Hormonhaushalt davontragen. Zudem sind Schlaf-, Ess- und Verdauungsstörungen häufig. Insgesamt ist der körperliche Gesundheitszustand von sozial exkludierten Personen deutlich beeinträchtigt (vgl. dazu Bernstein & Claypool 2012). Neben der körperlichen Gesundheit wirkt sich das Erleben sozialer Ausgrenzung außerdem auf die psychische Gesundheit aus. Im Sinne einer sich selbst erfüllenden Prophezeiung eignen sich betroffene Personen die Stereotype oder Vorurteile mit der Zeit an (Steele & Aronson 1995). Hierdurch kann es zu einem geringeren Selbstwertgefühl, zu einer geringeren Selbstwirksamkeit sowie zu Rückzugsverhalten kommen. Depressionen bis hin zum Suizid können die Folge sein (vgl. dazu Leary et al. 1995). Studien zeigten, dass das Stigma »Behinderung« nicht nur zur Selbststigmatisierung der betroffenen Personen führen kann. Darüber hinaus kann es sich auf nahestehende Familienmitglieder übertragen, die ebenfalls unter emotionalem Stress und Ausgrenzung leiden (vgl. dazu Sanders & Morgan 1997).

5.2 Maßnahmen zum Abbau von Stereotypen und Vorurteilen – die besondere Rolle von Bildung

Das Ziel der Bildungsagenda 2030 der Vereinten Nationen besteht darin, eine inklusive, chancengerechte und hochwertige Bildung sowie Möglichkeiten für lebenslanges Lernen für alle Menschen zu fördern. Inklusive Bildung kann als ein zentraler Schritt in Richtung einer ganzheitlichen Inklusion verstanden werden. Zusätzlich stellt Bildung selbst eine zentrale Maßnahme für den Abbau von Stereotypen und Vorurteilen dar. Nachfolgend werden *elf Maßnahmen für eine Entstigmatisierung* vorgestellt, die aus dem theoretischen Wissen über Stereotype und Vorurteile abgeleitet wurden. Außerdem werden die besondere Verantwortung und Rolle der Bildungseinrichtungen bei der Umsetzung dieser Maßnahmen herausgestellt.

Wissensvermittlung, Reflektion und Wertevermittlung

Maßnahme 1: Die *Vermittlung von Wissen* darüber, wie Stereotype entstehen, welche Funktionen sie erfüllen und welche Auswirkungen sie haben, schärft das Bewusstsein für die Thematik und fördert Einsicht. Menschen sollten verstehen lernen, wie z. B. ihre Erwartungshypothesen oder ihr Wunsch nach kognitiver Konsonanz ihre Wahrnehmung und Interpretation von Personen und Gruppen beeinflussen. Sie sollten sich bewusst darüber werden, inwieweit sie im Sinne sich selbst erfüllender Prophezeiungen zu einer Aufrechterhaltung der Stereotype beitragen. Sie sollten wissen, aus welchen Gründen sich Stereotype entwickeln und welche Auswirkungen sie haben. Konkrete Fallbeispiele aus dem Alltag oder soziale Dilemmata, die gemeinsam besprochen werden, können hierbei nützlich sein. Bewusstmachung und Einsicht sind die ersten Schritte zu einer Veränderung (Petty & Cacioppo 1986).

Maßnahme 2: Im nächsten Schritt kann eine *individuelle und gemeinsame Reflektion* u. a. über folgende Fragen angestoßen werden (Frey 2015): In welchen Bereichen meines Lebens beeinflussen Stereotype mein eigenes Verhalten? Was tue ich bereits dafür, dass eigene und fremde Stereotype und Vorurteile abgebaut werden? Sind diese Maßnahmen wirkungsvoll? Was könnte ich außerdem tun?

Maßnahme 3: Grundlegend für ein gemeinsames Zusammenleben, wobei allen Menschen die gleichen Rechte und Chancen zuteilwerden, ist die *Vermittlung einer gemeinsamen Wertebasis* geprägt durch gegenseitige Toleranz und Wertschätzung.

Verantwortung der Bildungseinrichtungen: Neben politischen Einrichtungen sollten Schulen und Universitäten die Aufgabe übernehmen, Aufklärung über Stereotype zu leisten. Auch eine Selbst- und Gruppenreflektion kann von Bildungseinrichtungen angeregt und professionell begleitet werden. Weiterhin besitzen Bildungseinrichtungen die Verantwortung, demokratische und humanistische Werte, wie z. B. gegenseitigen Respekt und Toleranz, zu transportieren und vorzuleben.

Auflösung oder Veränderung der sozialen Kategorien

Maßnahme 4: Anhand von Stereotypen werden Menschen in soziale Kategorien eingeordnet. Eine *Auflösung der Kategorien (Dekategorisierung)* soll dazu führen, dass Menschen nicht mehr als austauschbare, gleichförmige Gruppenmitglieder, sondern als Individuen mit vielfältigen und einzigartigen Eigenschaften betrachtet werden. Ein erster Schritt kann darin bestehen, den vormaligen Fokus vom trennenden Unterscheidungsmerkmal der Gruppen auf neutrale Merkmale zu legen, sodass neue Kategorisierungen möglich werden. War das trennende Merkmal vormals beispielsweise »Behinderung vs. keine Behinderung«, können die Merkmale »Hobbies« oder »Lieblingsfächer« zu neuen Kategorisierungen führen. Somit wird die ursprüngliche Kategorie aufgeweicht und die Homogenität der Gruppen durch die neuen, unterschiedlichen Kategorisierungsmöglichkeiten verringert. Im nächsten Schritt können detaillierte Informationen über die Unterschiedlichkeit der Individuen innerhalb einer Gruppe vermittelt wer-

5.2 Maßnahmen zum Abbau von Stereotypen und Vorurteilen

den. Hierdurch soll die Wahrnehmung von der Gruppenebene auf die Individualebene gelenkt werden. Dies kann beispielsweise mithilfe von persönlichen Geschichten, Rollenspielen oder im direkten Kontakt erreicht werden. Das Erzählen persönlicher Lebensgeschichten oder Rollenspiele ermöglichen es, sich in andere hineinzuversetzen und sie besser zu verstehen. Ebenso kann eine direkte Kontaktaufnahme zu stigmatisierten Personen oder Gruppen erfolgreich sein, wenn die Atmosphäre kooperativ und die Statusgleichheit der Gruppen gewährleistet ist. Indem sich Personen aus unterschiedlichen Gruppen besser kennenlernen, können negative Stereotype und Vorurteile widerlegt werden. Weiterhin werden Perspektivenübernahme und Empathie gefördert (vgl. dazu Mummendey & Otten 2002).

Maßnahme 5: Nachdem die vormals starren Kategorien aufgeweicht oder aufgelöst wurden, kann eine *neue Kategorienbildung (Rekategorisierung)* auf der nächsthöheren Inklusionsebene angestoßen werden. Das Ziel besteht darin, eine neue, gemeinsame Ingroup zu schaffen. Aus »Wir« und »Die anderen« soll ein »Wir alle« werden. Die vormaligen Kategorien »Kinder mit Behinderung« und »Kinder ohne Behinderung« könnten beispielsweise durch die übergeordnete Kategorie »Schülerinnen und Schüler der Klasse 2A« ersetzt werden.

Maßnahme 6: Maßnahmen der De- und Rekategorisierung beinhalten, dass die vormals bestehende soziale Identität verändert oder ergänzt wird. Diese Motivation ist jedoch nicht immer vorhanden. Eine alternative Maßnahme, bei welcher die soziale Identität gewahrt werden kann, besteht darin, die Gruppen anhand jeweils unterschiedlicher, spezifischer Merkmale und Eigenschaften zu vergleichen (*wechselseitige Differenzierung*) und dabei ihre jeweilige Einzigartigkeit herauszustellen. Somit bleibt ihre positive Distinktheit erhalten, ohne die anderen Gruppen zu diesem Zweck abzuwerten. Zum Beispiel kann das Unterscheidungsmerkmal »mit vs. ohne Behinderung« durch »Talente« ersetzt werden und die Gruppen »Kreativlinge«, »Problemlöser«, »Teambuilder« oder »Organisatoren« gebildet werden. Wichtig ist, die individuellen Potentiale, Talente und Fähigkeiten der Schülerinnen und Schüler, Studierenden usw. zu erkennen und diese gewinnbringend zu nutzen. Jede Person kann und sollte sich einbringen. Dabei sollte stets das übergeordnete Ziel, Wohlbefinden und Lebensfreude zu fördern (siehe z. B. das Wirken des Ministerialrats Erich Weigl im Kultusministerium Bayern), im Fokus stehen. Den unterschiedlichen Gruppen können dann sich ergänzende Rollen für die gemeinsame Erarbeitung von Lösungen oder die Bewältigung von Konflikten zugeordnet werden. Hierdurch wird der soziale Wettbewerb verringert und für ein gemeinsames

Ziel gearbeitet. Jede Gruppe leistet dabei ihren einzigartigen und unersetzlichen Beitrag (vgl. dazu Mummendey & Otten 2002).

Verantwortung von Bildungseinrichtungen: Das übergeordnete Ziel für die Auflösung oder Veränderung sozialer Kategorien sollte darin bestehen, das Selbstverständnis im Umgang mit vormals stigmatisierten Menschen zu verändern. Behinderung sollte als eine normale und wertneutrale Facette einer Person verstanden werden, wodurch einer gesellschaftlichen Etikettierung mit »behindert« und »nicht-behindert« entgegengewirkt wird. Bildungseinrichtungen sollten es sich zur Aufgabe machen, ein Verständnis von Menschenwürde, dem unersetzlichen Wert und der Einzigartigkeit eines jeden Individuums zu transportieren. Fähigkeiten zu einer differenzierten Wahrnehmung und Urteilsbildung sollten gefördert und eingeübt werden, um soziale Kategorisierungen zu verringern. Weiterhin bietet inklusive Bildung zahlreiche Möglichkeiten, soziale Kategorien aufzuweichen und abzubauen. Inklusive Schulen und Universitäten können als Plattformen für Kontakt und Austausch dienen, die ein gegenseitiges Kennenlernen und gemeinsames Miteinander fördern. Kooperation und gemeinsame Problemlösungen als integraler Bestandteil von Aus- und Fortbildungen können in einem natürlichen Setting entwickelt werden. Zudem sind natürliche Formen der Supervision sowie die Möglichkeit, Prozesse zu steuern, gegeben.

Überzeugende Argumentation und Vermittlung von Handlungskompetenzen

Maßnahme 7: Stereotype, Vorurteile und Stigmata können mithilfe einer *überzeugenden Argumentation gegen Stigmatisierung* abgebaut werden. Entsprechend des Elaboration-Likelihood-Modells (Petty & Cacioppo 1986), des bedeutsamsten theoretischen Modells zur Einstellungsänderung, ist eine Argumentation dann erfolgreich, wenn der Empfänger fähig und motiviert ist, sie zu verstehen. Es gilt, eine Dialogkultur zu etablieren, in der die Sehnsüchte und Voraussetzungen der Empfänger berücksichtigt werden. Hierzu zählen u. a. ein respektvoller und verständnisvoller Umgang auf Augenhöhe. Oftmals ist die Motivation zur Veränderung von Stereotypen, Vorurteilen und Stigmata gering, da diese eine bestimmte Funktion erfüllen und negative Emotionen verspürt werden. Hierbei kann es wiederum hilfreich sein, erneut über die Funktion von Stereotypen zu reflektieren. Bedürfnisse nach Komplexitätsreduktion, Selbstwerterhöhung und sozialer Identität sollten berücksichtigt und alternative Möglichkeiten für deren Erfüllung aufgezeigt werden. Beispielsweise bietet sich der Eintritt in einen

Sport- oder Musikverein an, um eine neue, positive Ingroup herzustellen. Die Motivation, Stereotype, Vorurteile und Stigmata abzubauen, kann anhand einer Reflektion über die negativen Folgen von Stigmatisierung unterstützt werden. Von Hexenverbrennungen bis hin zur Judenverfolgung während der Nazi-Zeit – Stigmatisierung kann drastische Konsequenzen haben und darf daher nicht toleriert werden. Perspektivenübernahme und Empathie können negative Emotionen verringern.

Maßnahme 8: Außerdem sollten Ängste ernst genommen, Verständnis hierfür gezeigt und alternative Möglichkeiten zur Angstreduktion exploriert werden. Sinnvoll kann eine *Vermittlung von Handlungskompetenzen* sein, dank derer Herausforderungen und Probleme eigenständig bewältigt werden können. Hierdurch werden ein positiver Selbstwert und die Selbstwirksamkeit gefördert.

Verantwortung der Bildungseinrichtungen: Bildungseinrichtungen sollten Schülerinnen und Schüler und Studierende darin ausbilden, überzeugend gegen Stigmatisierung sowie gegen jede weitere Form von Werte- oder Normverletzungen zu argumentieren. Es sollten respektvolle Dialogkulturen in Schulen und Universitäten etabliert werden, die als Vorbilder für die Gesellschaft dienen. Gleichzeitig ist es wichtig, Handlungskompetenzen zu vermitteln, die eine gesicherte Existenz und ein selbstbestimmtes Leben ermöglichen. Hierdurch wird der Nährboden für Vorurteile und Stigmata verkleinert. Weiterhin sollten Schulen und Universitäten den Umgang mit Komplexität frühzeitig lehren und vermitteln, dass es nur sehr selten einfache Lösungen für komplexe Probleme gibt. Stattdessen sollte eine differenzierte Ursachenanalyse und Lösungssuche gefördert werden.

Soziale Einflüsse

Maßnahme 9: Berücksichtigt werden sollte außerdem die *Rolle sozialer Einflüsse* auf Stereotype. Insbesondere Medien besitzen eine große Verantwortung, Stereotype nicht zu befeuern. Eine ausgewogene Berichterstattung anstatt einer Fokussierung auf Negativbeispiele ist hier zentral (vgl. dazu Frey & Winkler 2002). Auch Repräsentanten aus Politik, Wirtschaft und Sport sollten sichtbare Signale gegen eine Stigmatisierung von Personen und Gruppen setzen. Hierfür eignen sich v. a. Personen, die selbst einen Bezug zu stigmatisierten Gruppen haben und somit eine hohe Akzeptanz und Glaubwürdigkeit besitzen. Vorbildlich sind z. B. die Initiativen verschiedener Fußballverbände, die sich aktiv für Gleichheit, Fair Play und gegenseitigen Respekt einsetzen.

Verantwortung von Bildungseinrichtungen: In Bildungseinrichtungen sollten Lehrpersonen eine Vorbildfunktion einnehmen und Inklusion vorleben. Hierzu zählt beispielsweise auch, über den Effekt sich selbst erfüllender Prophezeiungen zu reflektieren und eigene Hypothesen über die Lernenden regelmäßig zu überprüfen.

Förderung von Zivilcourage

Maßnahme 10: Um Stereotype in der Gesellschaft abzubauen, sollte die *Zivilcourage* der Bürger gestärkt werden. Zivilcourage ist eine Form sozial verantwortlichen Handelns, das sich in Situationen zeigt, in denen zentrale Werte und Normen, wie z. B. Menschenwürde, Menschenrechte oder Gerechtigkeit, verletzt werden. Zivilcouragierte Personen treten trotz möglicher eigener Nachteile zur Verteidigung moralischer und ethischer Werte und Normen ein. Anstatt wegzusehen, sollte dort widersprochen werden, wo sich Stereotype in diskriminierendem Verhalten äußern. Umgekehrt kann Schweigen Zustimmung suggerieren (Niesta-Kayser et al. 2016). Forschung zu Zivilcourage zeigt, dass Appelle, zivilcouragiert zu handeln, wenig effektiv sind. Jedoch können Wissen, Handlungskompetenzen und Werte in Zivilcourage-Trainings transportiert werden. Eine Erweiterung des Wissens und der Handlungskompetenzen in Trainings erhöhte die wahrgenommene Kompetenz und Handlungssicherheit in Notsituationen. Die Trainingsteilnehmer zeigten außerdem eine höhere Bereitschaft, in Notsituationen selbst einzuschreiten und Opfern zu helfen (vgl. dazu Brandstätter et al. 2006). Zivilcourage ist folglich erlernbar. Je mehr Menschen zivilcouragiert handeln, desto weniger Helden braucht eine Gesellschaft.

Verantwortung der Bildungseinrichtungen: Zivilcourage-Vereine, wie z. B. der Münchner Verein Zivilcourage für ALLE e. V., bieten Möglichkeiten, Zivilcourage-Trainings kostenlos zu besuchen und Zivilcourage zu erlernen. Derartige Vereine und Trainings sollten von Bildungseinrichtungen, z. B. durch Werbung, unterstützt werden (vgl. dazu Frey et al. 2007).

Ethikorientierte Führung

Maßnahme 11: Entstigmatisierung geht mit einer Kulturveränderung einher. Eine *Kulturveränderung* kann durch effektive Führung erreicht werden. Führung bedeutet u. a. Orientierung geben, gemeinsam Ziele erreichen und Menschen dabei mitnehmen. Für das Erreichen der Vision einer offenen, inklusiven Gesellschaft ist Führung folglich essentiell. Das Ziel von Führung sollte darin bestehen, drei Kulturen zu schaffen: (1) eine Kultur von Qualität, Leistung und Exzellenz, (2) eine Kultur von Wertschätzung und Menschlichkeit sowie (3) eine Kultur der Ethikorientierung, geprägt von den so genannten »vier Vs«: Vorbild, Verantwortung, Verpflichtung, Vertrauen. Alle drei Kulturen haben dieselbe Wertigkeit. Das heißt, wo Exzellenz gefordert und gefördert wird, darf die menschliche Komponente keinesfalls fehlen. Führung sollte Rahmenbedingungen schaffen, die die intrinsische Motivation aller Beteiligten fördert. Hierdurch können Potenziale und Talente verwirklicht werden (Frey 2015).

Verantwortung der Bildungseinrichtungen: Bildungseinrichtungen sollten Leistung mit Menschlichkeit verbinden. Im Sinne der vier Vs sollten sie außerdem die **V**erantwortung übernehmen und sich der Mission **v**erpflichten, eine inklusive Gesellschaft zu fördern, deren Werte im Sinne ihrer **V**orbildfunktion selbst vorleben sowie sich selbst und anderen Menschen **V**ertrauen bei der Umsetzung dieser Vision entgegenbringen.

Die besondere Rolle von Bildung und die Wichtigkeit einer hohen Bildungsqualität

Zusammenfassend bietet Bildung als Vermittlung von Wissen und Handlungskompetenzen die Grundlage für den Abbau von Stereotypen, Vorurteilen und Stigmata. Inklusive Bildung stellt nicht nur einen wichtigen Schritt zu einer ganzheitlichen Inklusion dar. Sie bietet zusätzlich eine Plattform für die Umsetzung weitreichender Maßnahmen für eine Entstigmatisierung (vgl. dazu Heimlich 2011).

Wie eingangs erläutert geht unser Verständnis von Bildung über die Vermittlung von Wissen und Handlungskompetenzen hinaus. Bildung sollte ebenso die Vermittlung von Werten und die Entwicklung einer integren, sozial verantwortlichen Persönlichkeit umfassen. Hierdurch wird ein selbstbestimmtes und verantwortungsvolles Leben erst möglich. Frühpädagogische Fachkräfte, Lehrkräfte, Dozierende und Professorinnen und Professoren bereiten Kinder, Jugendliche und junge Erwachsene auf das Leben von morgen vor. Hierbei sind sie vor eine Vielzahl von Anforderungen gestellt: Jedem Kind sollten die gleichen Chancen für Lernen und Entwicklung zuteilwerden. Es sollte u. a. ein Bewusstsein für Geschichte, ein grundlegendes Verständnis für die Natur- und Geisteswissenschaften, Gesundheitserziehung und den Umgang mit neuen Medien vermittelt werden. Psychische Ausgeglichenheit, ein positiver Selbstwert und Lebensfreude sollten gefördert werden, indem u.a. die Entfaltung individueller Interessen und Talente unterstützt wird. Eine konstruktive Bewältigung von Konflikten, Spielregeln des Umgangs und zwischenmenschliche Fähigkeiten sollten u.a. spielerisch und im Rahmen von Gruppenarbeiten erlernt werden. In einer Welt mit zahlreichen konkurrierenden Weltanschauungen, vielfältigen Lebensentwürfen, Fakten und Fakes sollte eine gemeinsame Grundlage für das Zusammenleben geschaffen werden, u.a. indem Gemeinsamkeiten anstatt Unterschiede herausgestellt werden. Ein Bewusstsein für unsere Demokratie, die Inhalte unseres Grundgesetzes, die Rechte und Pflichten von Menschen und eine Wertschätzung für unsere Werte und Privilegien sollte erreicht werden. Lehrpersonen sind folglich wichtige Akteure des gesellschaftlichen Wandels, ähnlich wie Jacques Delors zu seiner Zeit als Präsident der Europäischen Kommission betonte. Sie geben moralische und ethische Orientierung und prägen unsere Gesellschaft. Ob sie diese Anforderungen erfüllen können, hängt nicht nur von Klassengrößen, Lehrplänen oder Unterrichtsmaterialien ab. Den bedeutsamsten Einfluss haben die Lehrpersonen selbst – durch ihr Verständnis von Bildung und ihres Bildungsauftrags. Folglich ist die Auswahl, Ausbildung und Weiterentwicklung von Lehrpersonen essentiell (vgl. dazu Helsper & Tippelt 2011).

Auf den ersten Blick können diese Forderungen abstrakt wirken. Konkreter werden sie, wenn sich Lehrpersonen überlegen, was diese Forderungen für ihre Schülerinnen und Schüler, Studierenden usw. im Alltag bedeuten. Beispielsweise können Lehrpersonen auf alternative Möglichkeiten des Denkens und Handelns hinweisen, diese selbst vorleben, Diskriminierung und Gewalt sanktionieren. Didaktisch sind vielfältige Methoden, von der Besprechung konkreter Dilemmata bis hin zur Elternaufklärung, denkbar (vgl. dazu Heimlich 2003; 2011).

Praxisbeispiel

Als Positivbeispiel kann uns z.B. das finnische Bildungssystem dienen, das gemeinhin als eines der Besten der Welt gilt (Finnish Ministry of Education and Culture 2018). Der finnische Bildungsexperte und Harvard-Professor Pasi Sahlberg nennt einige Erfolgsfaktoren der finnischen Schulen (vgl. dazu Otto 2013): Das oberste Gebot einer finnischen Lehrkraft besteht darin, die individuellen Stärken und Talente der einzelnen Schülerinnen und Schüler zu entdecken und zu fördern. Zu diesem Zweck wird Lehrkräften ein hohes Maß an Autonomie bei der Umsetzung des staatlichen Lehrplans zuteil. Allerdings wird erwartet, dass Lehrkräfte ihre Entscheidungen über Lehrinhalte, Didaktik, Unterrichtsmaterialien usw. auf Basis neuester wissenschaftlicher Erkenntnisse treffen. Deshalb wird im Studium die Forschungskompetenz der Lehramtsstudierenden explizit gefördert. Die hohe Autonomie und das große Vertrauen in die finnischen Lehrer werden u. a. aufgrund einer mehrstufigen, sorgfältigen Auswahl der Studienbewerber möglich. Neben einem exzellenten Abitur und einem sehr guten Ergebnis in einem standardisierten, landesweiten Auswahltest wird großer Wert auf die persönliche Eignung, das Berufsverständnis und die angestrebte Lehrphilosophie der Abiturientinnen und Abiturienten gelegt. Eine detaillierte Auseinandersetzung mit dem Lehrerberuf vor dem Studium ist deshalb zwingend notwendig. Generell genießen Lehrkräfte in Finnland eine hohe gesellschaftliche Wertschätzung und Anerkennung.

Literatur

Allport, Gordon W. (1954): The nature of prejudice. Reading: Addison-Wesley
Antidiskriminierungsstelle (2013): *Behinderung und chronische Krankheiten*. Im Internet unter http://www.antidiskriminierungsstelle.de/DE/ThemenUndForschung/Behinderung_und_chronische_Krankheiten/Themenjahr_2013/fragen_antworten/faq_node.html [10.08.2018]
Aydin, Nilüfer, Pfundmair, Michaela, Agthe, Maria, Lermer, Eva & Frey, Dieter (2016): Stigma, Stigmatisierung und Ausgrenzung. In: Bierhoff, Hans-Werner & Frey, Dieter (Hrsg.): Enzyklopädie der Psychologie: Sozialpsychologie, Bd 2: Soziale Motive und Soziale Einstellungen. Göttingen: Hogrefe, S. 675–696
Bernstein, Michael J. & Claypool, Heather M. (2012): Social exclusion and pain sensitivity: Why exclusion sometimes hurts and sometimes numbs. In: Personality and Social Psychology Bulletin (38), S. 185–196
Brandstätter, Veronika, Frey, Dieter & Schneider, Gina (2006): Zivilcourage in Theorie und Training als Beitrag zu Werteverwirklichung und Demokratieverständnis. In: Beiträge zur Demokratiepädagogik im Rahmen des Programms »Demokratie lernen und leben« der Bund-Länder-Kommission. Im Internet unter www.blk-demokratie.de/materialien [10.08.2018]
Brewer, Marilynn B. & Brown, Rupert J. (1998): Intergroup Relations. In: Gilbert, Daniel T., Fiske, Susan T. & Lindzey, Gardner (Eds.): The handbook of social psychology, Vol. 2. New York: McGraw-Hill, S. 554–594
Bruner, Jerome S. (1951): Personality dynamics and the process of perceiving. In: Blake, Robert R. & Ramsey, Glenn V. (Eds.): Perception, an approach to personality. New York: The Ronald Press, S. 121–147
Bruner, Jerome S. & Tagiuri, Renato (1954): Person Perception. In: Lindzey, Gardner (Ed.): Handbook of social psychology, Vol. 2. Reading, MA: Addison-Wesley, S. 634–654

Dovidio, John F. & Gaertner, Samuel L. (2010): Intergroup bias. In: Fiske, Susan T., Gilbert, Daniel T. & Lindzey, Gardner (Eds.): The handbook of social psychology, 5th Ed., Vol. 2. Hoboken: Wiley & Sons, S. 1084-1124

Dovidio, John F., Hewstone, Miles, Glick, Peter & Esses, Victoria M. (2010): Prejudice, stereotyping and discrimination: Theoretical and empirical overview. In: Dovidio, John F., Hewstone, Miles, Glick, Peter & Esses, Veronica M. (Eds.): The Sage handbook of prejudice, stereotyping and discrimination. London: Sage, S. 3-28

Eisenberger, Naomi I., Liebermann, Matthew D. & Williams, Kipling D. (2003): Does rejection hurt? An fMRI study of social exclusion. In: Science (302), S. 290-292

Festinger, Leon (1957): A theory of cognitive dissonance. Stanford, CA: Stanford University Press

Festinger, Leon (1964): Conflict, decision, and dissonance, Vol. 3. Stanford, CA: Stanford University Press

Finnish Ministry of Education and Culture (2015): The results of PISA 2015. Im Internet unter https://minedu.fi/en/pisa-2015-en [10.08.2018]

Frey, Dieter (2015): Ethische Grundlagen guter Führung. Warum gute Führung einfach und schwierig zugleich ist. München: Roman-Herzog-Institut

Frey, Dieter & Draschil, Stephanie (2015): Hypothesentheorie der sozialen Wahrnehmung. In: Galliker, Mark & Wolfradt, Uwe (Hrsg.): Kompendium psychologischer Theorien. Berlin: Suhrkamp, S. 197-200

Frey, Dieter & Gaska, Anne (1993): Die Theorie der kognitiven Dissonanz. In: Frey, Dieter & Irle, Martin (Hrsg.): Theorien der Sozialpsychologie, Band 1: Kognitive Theorien. Bern: Huber, S. 275-326

Frey, Dieter & Schmalzried, Lisa (2013): Philosophie in der Führung – Gute Führung lernen von Kant, Aristoteles, Popper & Co. Berlin: Springer

Frey, Dieter & Winkler, Martin (2002): Stereotype, Vorurteile und die Medien. In: Sonderdruck Bayerischer Rundfunk: Was bieten die Medien? Was braucht die Gesellschaft? München: Bayerischer Rundfunk, S. 65-70

Frey, Dieter, Winkler, Martin, Fischer, Peter, Bruckmeier, Norbert, Glöckner, Patrizia, König, Walter, Mutz, Dieter & Spies, Robert (2007): »zammgrauft« – Ein Training von Anti-Gewalt bis Zivilcourage für Kinder und Jugendliche. In: Jonas, Kai J., Boos, Margarete & Brandstätter, Veronika (Hrsg.): Zivilcourage trainieren! Theorie und Praxis. Göttingen: Hogrefe, S. 139-203

Heimlich, Ulrich (2003): Integrative Pädagogik. Stuttgart: Kohlhammer

Heimlich, Ulrich (2011): Inklusion und Sonderpädagogik. In: Zeitschrift für Heilpädagogik (2), S. 44-54.

Helsper, Werner & Tippelt, Rudolf (2011): Pädagogische Professionalität. Weinheim: Beltz

Jonas, Hans (1984): Das Prinzip Verantwortung. Versuch einer Ethik für die technologische Zivilisation. Berlin: Suhrkamp

Jussim, Lee, Cain, Thomas R., Crawford, Jarret T., Harber, Kent & Cohen, Florette (2009): The unbearable accuracy of stereotypes. In: Nelson, Todd D. (Ed.): Handbook of prejudice, stereotyping, and discrimination. New York: Psychology Press, S. 199-227

Jussim, Lee & Harber, Kent (2005): Teacher expectations and self-fulfilling prophecies: Knowns and unknowns, resolved and unresolved controversies. In: Personality and social psychology review (9), S. 131-155

Kahneman, Daniel & Tversky, Amos (1979): Prospect theory: an analysis of decision under risk. In: Econometrica (47), S. 263–291

Leary, Mark R., Tambor, Ellen S., Terdal, Sonja K. & Downs, Deborah L. (1995): Self-esteem as an interpersonal monitor: The sociometer hypothesis. In: Journal of Personality and Social Psychology, (68), S. 518–530

Lippmann, Walter (1922): Public opinion. New York: Harcourt Brace

Merton, Robert K. (1948): The self-fulfilling prophecy. In: Antioch Review (8), S. 193–210

Mummendey, Amélie & Otten, Sabine (2002): Theorien intergruppalen Verhaltens. In: Frey, Dieter & Irle, Martin (Hrsg.): Theorien der Sozialpsychologie, Band 2, Gruppen-, Interaktions- und Lerntheorien. Bern: Huber, S. 95–119

Niesta-Kayser, Daniela, Frey, Dieter, Kirsch, Fabian & Brandstätter, Veronika (2016): Zivilcourage. In: Bierhoff, Hans-Werner & Frey, Dieter (Hrsg.): Enzyklopädie der Psychologie, Sozialpsychologie, Band 2, Soziale Motive und Soziale Einstellungen. Göttingen: Hogrefe, S. 255–275

Otto, Jeannette (2013): »Wir vertrauen ihnen«. Im Internet unter https://www.zeit.de/2013/37/lehrer-eignung-auswahl-finnland [09.08.2018]

Petty, Richard E. & Cacioppo, John T. (1986): The Elaboration Likelihood Model Of Persuasion. In: Berkowitz, Leonard (Ed.): Advances in experimental social psychology. New York: Academic Press, S. 123–205

Rosenthal, Robert & Jacobson, Lenore (1968): Pygmalion in the classroom. New York: Holt, Rinehart & Winston

Sanders, John L. & Morgan, Sam B. (1997): Family Stress and Adjustment as Perceived by Parents of Children with Autism or Down Syndrome: Implications for Intervention. In: Child & Family Behavior Therapy (19), S. 15–32

Shifrer, Dara (2013): Stigma of a label: Educational expectations for high school students labeled with learning disabilities. In: Journal of health and social behavior (54), S. 462–480

Steele, Claude M. & Aronson, Joshua A. (1995): Stereotype threat and the intellectual test performance of African Americans. In: Journal of Personality and Social Psychology (69), S. 797–811

Tajfel, Henri & Turner, John C. (1986): The social identity theory of intergroup behavior. In Worchel, Stephen/ Austin, William G. (Eds.): Psychology of intergroup relations. Chicago: Nelson-Hall Publishers, S. 7–24

Tippelt, Rudolf (2018): Lebenslanges Lernen als Kompetenzentwicklung. In: Hof, Christiane & Rosenberg, Hannah (Hrsg.): Lernen im Lebenslauf. Wiesbaden: Springer, S. 105–120

Vogrincic-Haselbacher, Claudia, Asal, Kathrin, Fischer, Peter & Frey, Dieter (2016): Theorie der kognitiven Dissonanz. In: Bierhoff, Hans-Werner & Frey, Dieter (Hrsg.): Enzyklopädie der Psychologie, Sozialpsychologie, Bd 2, Soziale Motive und Soziale Einstellungen. Göttingen: Hogrefe, S. 469–490

6

Bildung und Entwicklung – der entwicklungspsychologische Zugang

Fabienne Becker-Stoll & Monika Wertfein

Vorbemerkung

Ausgehend von einem Inklusionsbegriff, der die individuellen Unterschiede der Menschen als Normalität betrachtet und daher keine Unterteilung in Gruppen vornimmt und der Inklusion als das Recht jedes Kindes versteht, – unabhängig von individuellen Stärken und Schwächen – gemeinsam mit anderen zu leben und zu lernen, und der über die Integration von Kindern mit und ohne Behinderung hinaus alle Dimensionen von Heterogenität umfasst, bietet der entwicklungspsychologische Zugang wichtige theoretische und empirische Konzepte, die dazu beitragen können, das Bildungssystem so zu verändern, dass Barrieren abgeschafft werden, um das Recht aller Kinder auf bestmögliche Bildung und auf Teilhabe und damit auf Inklusion umzusetzen (vgl. dazu Albers 2009; Booth 2009; UNESCO 2009).

Die Entwicklungspsychologie als Teilgebiet der Psychologie befasst sich mit der Beschreibung, Erklärung, Vorhersage und der Beeinflussung der menschlichen Entwicklung, genauer gesagt mit der Entwicklung der Wahrnehmung, des Fühlens, Denkens und Handelns, und kann damit einen wichtigen Beitrag zum Verständnis und zur Umsetzung von Inklusion beitragen (Schwarzer et al. 2011, S. 24ff./S. 37). Die Verbindung der Teildisziplinen Entwicklungspsychologie und klinische Psychologie zur klinischen Entwicklungspsychologie in den 1990er Jahren bietet einen noch präziseren Zugang – sowohl theoretisch als auch empirisch –, um den Fragen und Herausforderungen, die das Themenfeld »Inklusion in der Bildung« mit sich bringt, zu begegnen. Die (klinische) Entwicklungspsychologie als wissenschaftliche Disziplin bietet damit für das Thema »Inklusion« eine Vielzahl von Zugängen, die Auskunft darüber geben,

- wie Entwicklung über den Lebenslauf verstanden und wissenschaftlich beschrieben werden kann,
- durch welche Faktoren Entwicklung in welchen Bereichen wie beeinflusst wird und was Schutzfaktoren oder Risikofaktoren für die Entwicklung sind,
- wie vorhergehende Entwicklung die zukünftige Entwicklung beeinflusst und welche Entwicklungsverläufe es gibt,
- was als Abweichung der normativen Entwicklung in welchen Entwicklungsbereichen und Entwicklungsphasen verstanden wird und wie von der Norm abweichende Entwicklung festgestellt werden kann,
- welche Formen von Interventionen bei abweichenden Entwicklungen wie wirksam sind.

Diese entwicklungspsychologischen Zugänge ermöglichen einen systemischen und integrativen Blick auf das Thema »Inklusive Bildung«. Sie gestatten es, den Blick vom Kind, das ein spezifisches Entwicklungsdefizit aufweist, auf die gesamte Entwicklungssituation des Kindes zu wenden, die bisherige Entwicklung zu verstehen und ökologisch valide und nachweislich wirksame Interventionsansätze sowohl am Kind (z. B. Weiterentwicklung von Kompetenzen) als auch an den verschiedenen Ebenen seines Entwicklungssystems (Familie, Schule, Sozialraum) anzusetzen. Durch den entwicklungspsychologischen Zugang werden Diagnose und Intervention durch eine mehrdimensionale Betrachtungsweise und durch die Ermittlung von Entwicklungspfaden ergänzt. Somit wird aus Diagnose Entwicklungsdiagnose und aus Intervention entwicklungsorientierte, empirisch überprüfbare Intervention (Oerter 1999).

6.1 Das systemisch-integrative Verständnis von Entwicklung

Die Vorstellung darüber, was Entwicklung ist, hat sich in der gut hundertjährigen Geschichte der Entwicklungspsychologie deutlich verändert. Nach der Definition vieler Lehrbücher besteht Entwicklung aus altersbezogenen Veränderungen psychischer Funktionen, die von vorübergehenden oder rein zufälligen Veränderungen abgegrenzt werden (vgl. dazu Flammer 2009 oder Ahnert 2014). Was diese Veränderungen antreibt, also woher Entwicklung kommt, hat lange Zeit das Lager der Entwicklungstheoretiker in zwei Richtungen gespalten: Die einen waren der Ansicht, dass Entwicklung sich nur aufgrund von Anlage vollzieht, die anderen waren davon überzeugt, dass nur die Umwelteinflüsse für Entwicklung verantwortlich sind. In den letzten Jahrzehnten hat sich ein interaktives und interdisziplinäres Verständnis von Entwicklung herausgebildet, das nicht nur die Interaktion zwischen Anlage und Umwelt, sondern auch den Einfluss des aktiven Individuums mitberücksichtigt. Zunehmend werden in entwicklungspsychologischen Studien epigenetische Forschungsansätze verfolgt – was auch die hohe Interdisziplinarität der Entwicklungspsychologie verdeutlicht.

Das bioökologische Modell der menschlichen Entwicklung von Urie Bronfenbrenner bietet mit der Unterscheidung von vier systemisch miteinander verbundenen Entwicklungskontexten ein Konzept, um alle möglichen Sozialisations- und Erziehungseinflüsse zu erfassen, mit denen sich eine Person auseinander zu setzen hat (Bronfenbrenner zit. nach Schneewind 2008, S. 118). »Systemisch« heißt, dass alle Bestandteile des Systems miteinander verbunden sind, dass sich also Veränderungen eines Bestandteiles auf das ganze System auswirken.

Die vier Entwicklungskontexte sind

- das *Mikrosystem* (z. B. die Familie als mittelbarer Lebensraum, als unmittelbarer Lebens- und Erfahrungskontext eines Kindes),
- das *Mesosystem*, das aus der Verknüpfung von wenigstens zwei Mikrosystemen besteht (z. B. Familie und Kindergarten als zwei miteinander verbundene Erfahrungskontexte eines Kindes),

- das *Exosystem*, das über indirekte Einflüsse wirksam wird (z. B. Auswirkungen des Vaters an seinem Arbeitsplatz auf die Beziehung zu seinem Kind),
- das *Makrosystem* (z. B. die kulturellen, ökonomischen, religiösen oder rechtlichen Grundlagen einer Gesellschaft).

Bronfenbrenner forderte, dass die entwicklungspsychologischen Untersuchungen und Aussagen ökologisch valide sein sollten. Er meinte, dass Entwicklung nur verstanden werden kann, wenn sie in ihrem Umweltkontext gesehen wird. Entwicklung ist demnach umweltspezifisch, kulturspezifisch, schichtspezifisch usw. Bronfenbrenner schlägt vor, Entwicklungskontexte als konzentrische Kreise zu differenzieren und die Interaktion des Individuums mit diesen Entwicklungskontexten ebenso wie die Interaktionen der vier Entwicklungskontexte in ihrer zeitlichen Veränderung und Wechselwirkung zu verstehen (Bronfenbrenner & Morris 2006 zit. nach Ahnert & Haßelbeck 2014, S. 39). Diese systemische Sichtweise hat in der klinischen Entwicklungspsychologie (bzw. Entwicklungspsychopathologie) zu dem Verständnis geführt, dass der Mensch ein sich selbstorganisierendes System ist, das sich im günstigen Falle fortlaufend ausdifferenziert und die entstehende Komplexität hierarchisch integriert. Mit diesem Verständnis von Entwicklung lassen sich sowohl gesunde wie pathologische Entwicklungen, die Genese von Störungen wie die Prozesse der Heilung am besten als Selbstorganisation von Systemen verstehen. Störungen und pathologische Entwicklungen lassen sich damit oft als mangelnde Integration bei fortschreitender Differenzierung kennzeichnen. Teilsysteme wie auch das Gesamtsystem Mensch können sich aufgrund innerer oder äußerer Einflüsse in Richtung von Fehlentwicklungen oder Störungen bewegen. Dieses Verständnis von geordneter und sich integrierender Entwicklung lässt sich auch auf größere Systeme wie dyadische Beziehungen, Familiensysteme, Schulen oder Sozialräume übertragen. Dieses systematische Verständnis von Entwicklung erweist sich sowohl in der Entwicklungsdiagnostik und -prognostik als auch bei der Intervention und beim Verständnis von gesund und krank als fruchtbar (Oerter 1999, S. 1ff.).

6.2 Das Zusammenwirken von Schutz- und Risikofaktoren in der Entwicklung

Die Analyse der Entwicklung von Systemen führt zur Suche nach inneren und äußeren Faktoren, die stabilisierend oder destabilisierend wirken. Stabilisierende Faktoren sind Schutzfaktoren, destabilisierende Bedingungen sind Risikofaktoren der Entwicklung. Unter Risikofaktoren fasst man sehr heterogene Variablen zusammen, wie distale Rahmenbedingungen (z. B. Armut), Beziehungen und Eigenschaften von Bezugspersonen (z. B. Gewalt in Familien, mütterliche Depressivität), aber auch internale Bedingungen, wie z. B. Temperament oder Bewältigungsstrategien. Die Schutzfaktoren lassen sich analog dazu in distale Randbedingungen, proximale Beziehungseinflüsse und internale Schutzfaktoren, wie z. B. Intelligenz, aufschlüsseln. Das Zusammenwirken von Schutz- und Risikofaktoren mit dem System Mensch und den ihn umgebenden Systemen ist Gegenstand der Entwicklungspsychopathologie, und die Forschung aus dieser Disziplin zeigt, dass es keine einfachen Wirkungszusammenhänge zwischen Risikofaktoren und Störung bzw. Krankheit gibt, sondern dass Risikofaktoren nicht per se das Entwicklungsergebnis bedingen, sondern eher Indikatoren für komplexere Prozesse und Mechanismen sind, die die individuelle Anpassung beeinflussen. Um Entwicklung zu verstehen, muss der Mensch als Ganzes, als System, das Schutz- und Risikofaktoren verarbeitet, gesehen werden und das je nach Konstellation in pathologische oder adaptive Zustände gerät und sich damit normativ oder abweichend entwickelt. Ein interessantes Zusammenwirken von Schutz- und Risikofaktoren wird am Phänomen der Resilienz deutlich. In Längsschnittstudien (vgl. dazu Werner 1989) zeigen Kinder trotz einer hohen Belastung durch Risikofaktoren eine günstige Entwicklung. Diese Kinder werden als »widerstandsfähig« bezeichnet, und Resilienz wird als Fähigkeit definiert, internale und externale Ressourcen erfolgreich zu nutzen, um Entwicklungsaufgaben erfolgreich zu bewältigen (Sroufe 1989). Dennoch ist Resilienz kein stabiles Persönlichkeitsmerkmal, sondern variiert über die Zeit und über verschiedene Situationen. Das Konstrukt der Resilienz bietet trotzdem ein Verständnis für das Zusammenwirken von Schutz- und Risikofaktoren und für die Integration von früheren Erfahrungen in die weitere Entwicklung an: Frühere positive Erfahrungen des Individuums mit seiner sozialen Umwelt führen zur Ausbildung mentaler Widerstandkräfte und erleichtern den Umgang mit aktuellen Belastungen.

6.2 Das Zusammenwirken von Schutz- und Risikofaktoren in der Entwicklung

Das komplizierte Zusammenwirken verschiedener Entwicklungseinflüsse lässt keine einfache Kausalkette für die Entstehung von pathologischen Phänomenen zu. Vielmehr können viele Bedingungen und Entwicklungen zum gleichen Erscheinungsbild führen, ein Sachverhalt, den man als *Äquifinalität* bezeichnet. Analog dazu können ein und derselbe Entwicklungsweg zu unterschiedlichen Krankheits- oder Störungsbildern führen, was als *Mulitifinalität* bezeichnet wird. Ein sehr aufschlussreiches Beispiel für *Multifinalität,* und für den entwicklungspsychologischen Zugang, stellt die Diagnose Down-Syndrom bei Kindern dar, die gleich nach der Geburt (oder schon pränatal) vorgenommen wird, in etwa 1–2 auf 1000 Geburten vorkommt und die häufigste einheitliche Ursache für geistige Behinderung im Kleinkindalter darstellt. Im Unterschied zur Frühgeburtlichkeit, die viele unterschiedliche Ursachen und Folgen haben kann und gehäuft in gesundheitlich und sozial belasteten Familien auftritt, ist die Trisomie 21 ein Chromosomenteilungsfehler, der in allen sozialen Schichten und in allen Kulturen auftritt, häufiger bei erhöhtem Alter der Mutter, aber auch bei jungen Müttern vorkommen kann (Rauh 1999). Die Entwicklungspsychologin Hellgard Rauh untersuchte mit ihrer Forschergruppe Gemeinsamkeiten und Unterschiede bei Entwicklungsmerkmalen und Verhaltensweisen von Kleinkindern mit Down-Syndrom und Kindern ohne Behinderung (Rauh 1999). Im Zentrum dieses Projektes steht die deskriptive Erfassung der mentalen, motorischen und verhaltensmäßigen Entwicklungsverläufe von Kleinkindern mit Down-Syndrom von den ersten Lebenswochen bis etwa zum 12. Lebensjahr, die einen detaillierten Einblick in die vielfältigen Entwicklungsverläufe dieser Kinder erlauben, sowohl anhand objektiver Tests als auch aus elterlicher Sicht. Die Verhaltensweisen der Projektkinder wurden in den Entwicklungstestuntersuchungen mit Hilfe von Verhaltensratings dokumentiert. Die Ergebnisse dieser Studien zeigen, dass sich entwicklungspsychologische Theorien und Methoden weitgehend auf Kinder mit Down-Syndrom anwenden und an ihnen überprüfen lassen. Die typischen Entwicklungsmeilensteine (z.B. »Fremdeln« und »Trotzverhalten«) fanden sich bei den Projektkindern in einem dem Lebensalter von Kindern ohne Behinderung vergleichbaren Entwicklungsalter. Projektkinder mit unterschiedlichem individuellem (mentalen) Entwicklungstempo zeigten jedoch bei vergleichbarem Entwicklungsalter auch weitere charakteristische Unterschiede in ihrem Verhalten während der Testsituationen und in ihren Verhaltensverläufen. Aus dem Verhalten der Kinder während der Tests (bei 15 bzw. 21 Lebensmonaten) ließ sich das Entwicklungsniveau mehrere Jahre später gleich gut oder sogar besser vorhersagen als aus den quantitativen Testleistungen. In den ersten fünf Lebensjahren verlief die Entwicklung von Kindern mit Down-Syndrom ähnlich der von Kindern ohne Behinderung, allerdings etwa im halben Tempo. Die geistige Entwicklung (z. B. Wachheit) ging bei den meisten Kindern mit Down-Syndrom während der ersten drei Lebensjahre schneller voran als ihre motorische (z. B. Laufen). Nach dieser Zeit holten sie im motorischen Bereich auf. Auch hier gilt es zu betonen, dass die Unterschiede zwischen den Entwicklungsverläufen der einzelnen Kinder sehr groß waren. Kinder mit Down-Syndrom brauchen mehr Zeit als Kinder ohne Behinderung, bevor sie auf angebotene Reize reagieren können. Die individuellen Unterschiede zwischen Kindern mit Down-Syndrom in den einzelnen Entwicklungsbereichen (z. B. Laufen, Sprechen) können sehr groß sein, sogar größer als bei Kindern ohne Behinderung. Kinder mit Down-Syndrom entwickeln sich also ganz unterschiedlich, obwohl die Ursache für ihre Entwicklungsprobleme ein eindeutiger Chromosomenfehler ist.

Das Verständnis von Multi- und Äquifinalität hat für Diagnose und Intervention erhebliche Konsequenzen. Ein bestimmtes Störungsbild (geistige Behinderung, Aggression, Depression) lässt sich zwar relativ gut klassifizieren, doch ist es nun eher als Oberflächensyndrom zu verstehen, hinter dem unterschiedliche Entstehungswege stehen und für das somit auch unterschiedliche Interventionswege angezeigt werden. Diagnose und Intervention müssen durch die dimensionale Betrachtungsweise und durch die Ermittlung von Entwicklungspfaden ergänzt werden. Somit wird aus Diagnose in der Entwicklungspsychologie immer Entwicklungsdiagnose und aus Intervention entwicklungsorientierte Intervention (Oerter 1999, S. 5ff.).

Eine wichtige entwicklungspsychpathologische Untersuchung ist die Mannheimer Risikokinderstudie (Laucht et al. 2002). In dieser ist die Wirkung organischer und sozialer Risikofaktoren auf die motorische, kognitive und psychosoziale Entwicklung untersucht worden. Organische Risikofaktoren betreffen vor- und nachgeburtliche Komplikationen, wie Frühgeburt und niedriges Geburtsgewicht. Soziale Risikofaktoren betreffen ungünstige familiäre Lebensverhältnisse, wie psychische Störungen oder Konflikte der Eltern oder ein niedriger sozioökonomischer Status. Die Kinder sind im Längsschnitt u. a. mit 3 Monaten, 4,5 Jahren und mit 8 und 11 Jahren mit einer jeweils an das Alter angepassten Testbatterie untersucht worden. Die Kinder, die sowohl biologische als auch soziale Risikofaktoren aufweisen, haben die ungünstigste Entwicklungsprognose. Bezüglich der kognitiven Entwicklung zeigen die in beiden Bereichen belasteten Kinder bereits mit 3 Monaten ungünstigere Entwicklungen. Die Unterschiede nehmen bis zum Alter von 4,5 Jahren geringfügig ab und nach dem Schuleintritt wieder zu. Bei der sozial-emotionalen Entwicklung weisen Kinder mit mehrfachen Belastungen ebenso durchgängig eine ungünstigere Entwicklung auf, als die unbelasteten Kinder. Besonders negativ wirken sich die psychosozialen Risikofaktoren auf die Entwicklung der Kinder aus, so dass Kinder unter dieser Belastung sich ebenso ungünstig entwickeln wie Kinder, die zusätzlich noch organische Risikofaktoren aufweisen, was den großen Einfluss der psychosozialen Umwelt auf die Entwicklung deutlich macht (Laucht et al. 2002).

6.3 Entwicklungsbereiche mit häufigen Störungen im Kindes- und Jugendalter

Die meisten epidemiologischen Studien zeigen, dass etwa 15 bis 22 % der Kinder und Jugendlichen eine psychische Störung aufweisen, davon am häufigsten Angststörungen (10,4 %), aggressiv-dissoziale Störungen (7,5 %), depressive Störungen (4,4 %) und hyperkinetische Störungen (4,4 %) (Ihle & Esser, 2002). Psychische Störungen bei Kindern und Jugendlichen treten oft gemeinsam auf. So weisen beispielsweise bis zu 80 % der Kinder und Jugendlichen mit hyperkinetischer Störungen eine weitere psychische Störung auf, am häufigsten eine aggressiv-dissoziale Störung (bis zu 50 %), da bei beiden Störungen Probleme der Verhaltenskontrolle bedeutsam sind. Betrachtet man die Entwicklung von psychischen Störungen über die Kindheit und das Jugendalter hinweg, so zeigt sich, dass im dritten und vierten Lebensjahr die Prävalenz psychischer Störungen von etwa 7 % auf 13 % ansteigt und sich um das 5. Lebensjahr bei etwa 10 % einpendelt. Die meisten Kinder, die im Kindergartenalter Verhaltensprobleme zeigen, überwinden diese Probleme später, die Persistenz emotionaler Störungen nimmt allerdings im Jugendalter zu (Ihle & Esser 2002).

Im Folgenden werden die Störungsbilder Angststörungen, Störungen des Sozialverhaltens, der Sprachentwicklung und der schulischen Fertigkeiten in Anlehnung an Schwarzer, Pinquart und Zimmermann (2011, S. 298ff.) genauer aus entwicklungspsychologischer Perspektive beleuchtet, weil diese Störungen entscheidend das Thema der Inklusion in Bildung betreffen.

Angststörungen sind die häufigsten psychischen Störungen im Kindes- und Jugendalter. Die Inhalte und Angstsymptome variieren mit dem Alter und den alterstypischen Entwicklungsaufgaben. Während Trennungsängste in der Kindheit am stärksten verbreitet sind, nehmen soziale Ängste im Jugendalter zu. Angststörungen sind über die Zeit mäßig stabil, persistieren aber nur bei wenigen Kindern und Jugendlichen bis ins Erwachsenenalter, erhöhen jedoch die Wahrscheinlichkeit für eine spätere Depression. Angststörungen treten etwa doppelt so häufig beim weiblichen Geschlecht auf und werden durch soziale Risikofaktoren, wie die Ängstlichkeit der Eltern, ein überbehütendes Elternverhalten, eine unsichere Bindung an die Eltern oder gar durch traumatische Erfahrungen von Misshandlung und Gewalt, verstärkt.

Störungen des Sozialverhaltens werden unterschieden nach Störungen des Sozialverhaltens mit oppositionellem, aufsässigem Trotzverhalten oder mit dissozialem oder aggressivem Verhalten. Erste Anzeichen von oppositionellem Trotzverhalten lassen sich schon im ersten Lebensjahr beobachten, am häufigsten jedoch zwischen dem 2. und 4. Lebensjahr, hier bei etwa 10 % der Kinder, danach sinkt es bei den meisten Kindern bis zum Jugendalter ab. Eine dissozial-aggressive Störung beginnt meist erst in der späten Kindheit oder im Jugendalter, wo sie dann weiter zunimmt. Kinder, die ihr oppositionelles Trotzverhalten nach dem 4. Lebensjahr beibehalten, entwickeln später eher eine aggressiv-dissoziale Störung. Das Auftreten aggressiven Verhaltens kann aus dem Zusammenspiel von biologischen Risikofaktoren (männliches Geschlecht, schwieriges Temperament, niedriges Geburtsgewicht) und sozialen Risikofaktoren (niedriger sozioökonomischer Status, negatives, inkonsistentes elterliches Erziehungsverhalten) erklärt werden.

Störungen der Sprachentwicklung (Artikulationsstörungen, expressive und rezeptive Sprachentwicklungsstörungen) treten bei 5 bis 8 % der Kinder auf, zwei bis dreimal häufiger bei Jungen als bei Mädchen. Damit ist die Sprachentwicklung der Fähigkeitsbereich, der in den ersten Lebensjahren am meisten von Entwicklungsstörungen betroffen ist. Artikulationsstörungen haben eine sehr gute Prognose, während bei Kindern mit expressiven Sprachstörungen in etwa 40 % der Fälle mit Sprachdefiziten bis in das Jugend- und Erwachsenenalter zu rechnen ist, bei Kindern mit rezeptiven Sprachstörungen sogar in 75 % aller Fälle. Dazu kommt, dass Sprachstörungen oft Vorläufer für Lese-Rechtschreibstörungen sind. Interessant ist, dass verhaltensgenetische Studien einen starken genetischen Einfluss von bis zu 75 % bei Sprachentwicklungsstörungen festgestellt haben. Damit sind ungünstige Umweltbedingungen nur selten alleinige Ursache für diese Störungen. Eine unzureichende Förderung der sprachlichen Entwicklung erhöht jedoch das Risiko für die Manifestation der genetischen Veranlagung, während eine sprachfördernde Umwelt dieses senkt.

Bei den *Lernstörungen* (oder Störungen schulischer Fertigkeiten) werden Lese-Rechtschreibstörungen, Legasthenie, isolierte Rechtschreibstörung, Rechenstörungen und kombinierte Störungen schulischer Fähigkeiten unterschieden. Etwa 4 bis 5 % der Grundschülerinnen und Grundschüler weisen eine Lese-Rechtschreibstörung und etwa 3 bis 7 % eine Rechenstörung auf. Jungen sind etwa doppelt so häufig von einer Lese-Rechtschreibstörung als Mädchen betroffen, während bei isolierten Rechenstörungen keine systematischen Geschlechtsunterschiede auftreten. Längsschnittstudien zeigen, dass 80 % der Erstklässlerinnen und Erstklässler mit Lese- und Rechtschreibschwäche eine gute Prognose haben, wer jedoch noch in der 6. Klasse diese Störung aufweist, behält sie auch bis zur 9. Klasse. Störungen schulischer Fertigkeiten gehen oft mit niedrigem Schulabschluss und späteren beruflichen Problemen einher. Zwillingsuntersuchungen belegen, dass etwa 50 bis 60 % der interindividuellen Unterschiede in Lese- und Rechtschreibfähigkeiten auf genetischen Faktoren beruhen. Umweltbezogene Risikofaktoren betreffen eine niedrige Sozialschicht und die Zugehörigkeit zu ethnischen Minderheiten, vor allem dann, wenn in der Familie eine andere Sprache als in der Schule gesprochen wird.

Die entwicklungspsychologische Betrachtungsweise der häufigsten Störungen des Kindes- und Jugendalters zeigt, dass diese Störungen meist nicht einem einheitlichen Entwicklungspfad folgen und es eine Vielzahl von verschiedenen Risiko- und Schutzfaktoren gibt, deren Zusammenspiel das Auftreten und den Verlauf psychischer Störungen vorhersagen. Erkenntnisse über die Entwicklung psychischer Störungen sind wichtig für die Entwicklung von Präventions- und Interventionsansätzen (Schwarzer et al. 2011, S. 310).

6.4 Das entwicklungspsychologische Interventionsverständnis

Die Integration von Entwicklungspsychologie und klinischer Psychologie erbringt für die Intervention eine Akzentverschiebung, die für das Thema Inklusion in mehrfacher Hinsicht bedeutsam ist:

1. *Stärkere Betonung der Prävention*: Die Erkenntnisse der (klinischen) Entwicklungspsychologie ermöglichen eine frühere Erkennung von Entwicklungsrisiken und damit von präventiven Maßnahmen. Abgesehen vom volkswirtschaftlichen Nutzen, bedeutet eine erfolgreiche Präven-

tion von Entwicklungsrisiken die Vermeidung von leidvollen Erfahrungen für das betroffene Kind und seine Bezugspersonen. Somit ist gezielte Prävention eine der wichtigsten Umsetzungsformen von Inklusion. Mit effektiver Prävention können abweichende Entwicklungen früh wieder in den Bereich der normativen Entwicklung gebracht werden.
2. *Erweiterung der Zielperspektive*: Die Ausweitung der Zukunftsperspektive ergibt sich bei der Frage nach den Interventionszielen. Nicht der unmittelbare Interventionserfolg ist das Hauptkriterium, sondern die längerfristige Auswirkung auf die (Kompetenz-) Entwicklung über den Lebenslauf.
3. Die Verlagerung von *Intervention in ökologisch valide Settings* folgt aus dem heutigen entwicklungspsychologischen Wissen über die Bedeutung von Settings für Entwicklung. Immer dann, wenn Beeinträchtigung noch im Setting selbst aufgefangen werden kann, ist dies einer abgesonderten klinischen Behandlung vorzuziehen. Nur so kann der Interventionserfolg auch in der Umwelt sichergestellt werden, in der er nötig ist. Folgerichtig geht es bei der Inklusion also darum, allen Kindern, auch denen, die physische oder psychische Einschränkungen aufweisen, durch Intervention die Kompetenzentwicklung zu ermöglichen, die eine Teilhabe auf allen Systemebenen gewährleisten kann. Eine Segregation in gesonderte Fördereinrichtungen ist somit das Gegenteil von Inklusion.
4. *Evaluation*: Entwicklungsdiagnose und -intervention verlangen veränderte Evaluationskriterien. Nach wie vor wird die Evaluation von Interventionen bei Risikogruppen in der Kindheit und im Jugendalter vernachlässigt. Teure Gesundheits- und Förderprogramme und vor allem Sondereinrichtungen des Elementar- und Primarbereiches werden noch viel zu selten auf ihren Nutzen hin überprüft. Bei klinischer Intervention ist die empirische, längsschnittliche Evaluation zentral (Oerter 1999, S. 8).

Das entwicklungspsychologische Verständnis von Inklusion beinhaltet, die menschliche Entwicklung zu fördern, also positive Entwicklung zu unterstützen und negative Entwicklungen zu verhindern oder abzumildern, um einen Ausschluss einzelner Individuen aufgrund von Entwicklungsdefiziten und Störungen beispielsweise aus dem gemeinsamen Bildungssystem oder aus dem Sozialraum gar nicht erst entstehen zu lassen. Entwicklungspsychologische Interventionsansätze verfolgen sowohl das Ziel, positive Entwicklung von Kindern und Jugendlichen zu fördern als auch ungünstige Entwicklungen zu verhindern oder zumindest zu korrigieren und lassen sich somit in zwei Gruppen einteilen:

6.4 Das entwicklungspsychologische Interventionsverständnis

1. in Präventionsprogramme zur Verhinderung oder Korrektur ungünstiger Entwicklungen und
2. in Programme zur Förderung der positiven Entwicklung.

Um diese Ziele zu erreichen, sollten Interventionsmaßnahmen die Qualitätskriterien der wissenschaftlich-theoretischen und empirischen Fundierung, der klaren Definition der Zielgruppe und der Zugänglichkeit für die Zielgruppe erfüllen. Im Folgenden werden entwicklungspsychologische Interventionsprogramme und -studien vorgestellt, zu denen bereits umfassende Wirkungsnachweise in Form von Metaanalysen vorliegen.

Bei *Präventionsmaßnahmen* unterscheidet man universelle Maßnahmen, die sich an alle Kinder richten, von selektiven Maßnahmen, die sich an Kinder und Familien mit bestimmten Risikofaktoren wenden, und von indizierten Maßnahmen, die dann eingesetzt werden, wenn es bereits Auffälligkeiten im Verhalten gibt. Da Entwicklungsprobleme und -störungen aus dem Zusammenspiel von Risiko- und Schutzfaktoren erklärt werden, setzen Präventionsmaßnahmen an der Verringerung von Risikofaktoren und/oder an der Stärkung von Schutzfaktoren an. Dabei werden sowohl allgemeine Lebenskompetenzen wie spezifische Kompetenzen gefördert, aber auch die Erziehungskompetenz der Eltern gestärkt oder schul- und wohnortbezogene Interventionen vorgenommen. Entwicklungspsychologische Metaanalysen (vgl. dazu Beelmann & Raabe 2009) zeigen, dass die Effekte von elternfokussierten Interventionen im Mittel am stärksten ausfallen, gefolgt von kindzentrierten Interventionen (Kompetenztrainings), am geringsten sind die Effekte von schul- oder wohnortsbezogenen Interventionen. Das liegt auch daran, dass schul- oder wohnortsbezogene Interventionen eher die situativen Risikofaktoren, also die Gelegenheiten für Problemverhalten beeinflussen, während die eltern- und kindbezogenen Präventionsmaßnahmen auf die Entwicklung von Fähigkeiten abzielen, die stärker mit dem Problemverhalten in Zusammenhang stehen.

Interventionen zur Förderung bestimmter Kompetenzen, die beim Kind ansetzen, können in verschiedenen Kontexten eingesetzt werden und zeigen im Bereich der Förderung der kognitiven Fähigkeiten mittlere Effekte, die sich erhöhen, wenn auch die Leistungsmotivation gefördert wird (Klauer & Phye 2009, zit. nach Schwarzer et al. 2011, S. 324). Interventionen der Sprachentwicklung und Lese-Rechtschreibfertigkeit zeigen ebenfalls, insofern genügend Studien vorliegen, mittlere bis hohe Effekte. Besonders haben sich Förderungen der phonologischen Bewusstheit und regelgeleitete Rechtschreibförderprogramme bewährt (Schulte-Körne & 2009; Ehri et al. 2001, zit. nach Schwarzer et al. 2011, S. 325). Metaanalysen zu sozialen

Kompetenztrainings mit Kindern und Jugendlichen zeigen meist nur kleine Effekte. Allerdings werden etwas stärkere Effekte erzielt, wenn sich die Programme auf Teilnehmenden mit bestehenden Problemen beziehen und hier speziell Problemlösefähigkeiten adressieren (Durlak & Wells 1997; zit. nach Schwarzer et al. 2011, S. 327).

Integrative Programme zur Förderung einer positiven Entwicklung von Kindern haben sich erst in den letzten Jahren durchgesetzt, als deutlich wurde, dass für eine erfolgreiche Entwicklung die Herausbildung von Kompetenzen und die Fähigkeit, soziale Ressourcen zu nutzen, wichtiger sind, als nur kein Problemverhalten zu zeigen. Interventionen zur Förderung einer positiven Entwicklung setzen an zwei Bereichen gleichzeitig an: Zum einen sollen soziale Kontexte – wie Familie, Schule und der Sozialraum – so verändert werden, dass diese möglichst optimale Bedingungen für eine positive Entwicklung bieten. Die Veränderung der Kontexte erfolgt oft im Zusammenwirken von psychologischen und frühpädagogischen, Fachkräften, Lehrkräften, Sozialarbeiterinnen und Sozialarbeitern mit anderen Berufsgruppen, unter aktiver Einbeziehung der Kinder und Jugendlichen. Zum anderen sollen Kompetenzen der Heranwachsenden gefördert werden, die wiederum nützlich für eine positive Entwicklung und den Lebens- und Bildungserfolg sind. Solch ein integratives Interventionskonzept schlagen Durlak & Wells 2007 vor. Darin werden in den Settings Schule, Familie und Sozialraum Veränderungen von sozialen Kompetenzen angestrebt, die sich auf das Mikrosystem (Familie, Klassengemeinschaft) und dessen Normen und Regeln auswirken und dadurch auf der Ebene des Mesosystems, z. B. in einer verbesserten Zusammenarbeit zwischen Familien, Schule und Sozialraum, sichtbar werden. Angestrebte Ergebnisse dieser integrativen Intervention sind die Zunahme von prosozialem Verhalten, schulischer Leistung, Akzeptanz durch Gleichaltrige und die Abnahme von Problemverhalten wie z. B. Gewalt und Ausgrenzung von Peers. Diese integrativen Programme zur Förderung positiver Entwicklung können einen wichtigen Ausgangspunkt zur Weiterentwicklung von Bildungseinrichtungen zu inklusiven Bildungseinrichtungen darstellen.

6.5 Soziale und emotionale Kompetenzen als Voraussetzung für gesunde Entwicklung und inklusive Bildung

In der Forschung zum sozial-emotionalen Lernen bündeln sich die Erkenntnisse zu integrativen Interventionsprogrammen, die auf verschiedenen Systemebenen ansetzen und dort jeweils soziale Kompetenzen aller Akteure fördern. Elias et al. (1997) definieren *sozial- emotionales Lernen (SEL)* als den Prozess, Schlüsselkompetenzen zu erwerben, Gefühle zu erkennen und regulieren zu können, sich positive Ziele zu setzen und diese zu erreichen, die Perspektive anderer wertschätzen zu können, positive Beziehungen zu anderen aufzubauen und zu erhalten, verantwortungsvolle Entscheidungen zu treffen und konstruktiv mit anderen zu interagieren.

Sozial-emotionales Lernen (SEL) bietet ein Fundament für angstfreies und positives Lernen und stärkt die Fähigkeit der Kinder und Jugendlichen, auf ihrem Bildungsweg, in ihrer beruflichen Entwicklung und in ihrem Leben nachhaltig erfolgreich zu sein (Durlak et al. 2015). Der aktuelle Forschungsstand zeigt, dass durch *SEL* die schulischen Leistungen (Kompetenzerwerb) durchschnittlich um 11 Prozentpunkte ansteigen, das prosoziale Verhalten zunimmt (z.B. Freundlichkeit, Bereitschaft zum Teilen, Mitgefühl), die Einstellung der Kinder (Schülerinnen und Schüler) gegenüber der Einrichtung (Schule) verbessert wird und Depression und Stress bei Kindern (Schülerinnen und Schülern) verringert wird. Effektive Programme zum sozial-emotionalen Lernen beinhalten entsprechende Umsetzung in den Kindergruppen (oder Schulklassen), in der gesamten Einrichtungs(Schul-)Organisation, unter Einbezug der Familien, der Kinder und des Sozialraumes (Durlak et al. 2011).

Wird *sozial-emotionales Lernen* in Bildungseinrichtungen effektiv auf allen Ebenen umgesetzt, dann können folgende zentrale Kompetenzen bei Kindern und Jugendlichen kontinuierlich gestärkt werden: Selbstwahrnehmung/Selbstachtsamkeit (*self-awareness*), Selbstregulation (*self management*), soziale Wahrnehmung/Soziale Achtsamkeit (*social awareness*), Beziehungskompetenz (*relationship skills*) und das Treffen verantwortungsvoller Entscheidungen (*responsible decision making*). Kinder und Jugendliche sind erfolgreicher in der Schule und im täglichen Leben, wenn sie sich selbst gut kennen und gut regulieren können, wenn sie die Perspektive anderer verstehen und konstruktiv mit anderen zusammenarbeiten können oder fähig sind, sinnvolle Entscheidungen bezüglich persönlicher und sozialer Ziele treffen zu können.

Soziale und emotionale Entwicklung für alle Kinder (Schülerinnen und Schüler) im pädagogischen Alltag (im Unterricht) zu fördern, heißt, soziale und emotionale Kompetenzen vorbildlich umzusetzen und aktiv zu lehren, Kindern (Schülerinnen und Schülern) Gelegenheiten zu bieten, in denen sie diese Kompetenzen einüben und vertiefen können und Kindern (Schülerinnen und Schülern) die Möglichkeit zu bieten, in vielen unterschiedlichen Situationen diese sozialen und emotionalen Kompetenzen anzuwenden. Pädagogische Fachkräfte (Lehrkräfte) können natürlich die sozialen Kompetenzen der Kinder durch ihr eigenes positives Interaktionsverhalten fördern, sowohl in der Interaktion mit einzelnen Kindern als auch mit Gruppen oder anderen Erwachsenen, während des gesamten pädagogischen Alltages. Erzieherin-Kind-(Lehrer-Schüler-) Interaktionen unterstützen das sozial-emotionale Lernen dann, wenn sie zu positiven Erzieherin-Kind-(Lehrer-Schüler-) Beziehungen führen, Fachkräften (Lehrkräften) ermöglichen, sozio-emotionale Kompetenzen vorzuleben und wenn sie damit das Engagement der (Kinder) Schülerinnen und Schüler fördern. Verhaltensweisen der Fachkräfte (Lehrkräfte), die Kindern (Schülerinnen und Schülern) emotionale Unterstützung zukommen lassen, ermöglichen es Kindern (Schülerinnen und Schülern), ihre Bedürfnisse zu äußern, Autonomie zu erfahren und sich kompetent zu erleben – was jeweils zu einem höheren Lernerfolg und Engagement bei Kindern (Schülerinnen und Schülern) führt.

Leitungen von Kindertageseinrichtungen (Schulen) spielen eine entscheidende Rolle dabei, für die gesamte Einrichtung auf verschiedenen Ebenen Entscheidungen zu treffen, die zu einem positiven (Schul-)Klima beitragen, wie z. B. kompetentes und beispielhaftes soziales und emotionales Verhalten der Erwachsenen sowohl untereinander als auch gegenüber den Kindern (Schülerinnen und Schülern). Dafür müssen gemeinsam klare Verhaltensregeln, Werte und Ziele sowohl für Kinder (Schülerinnen und Schüler) als auch für das pädagogische und nichtpädagogische Personal entwickelt werden und Teams gebildet werden, die sich für die Weiterentwicklung des Schulklimas engagieren.

Die bisherige Forschung zu den Auswirkungen früher außerfamiliärer Betreuung zeigt, dass gezielte Programme mit hoher pädagogischer Qualität sich sowohl kurz- als auch langfristig positiv auf die Entwicklung benachteiligter Kinder auswirken. Beispielsweise zeigen das *Perry-Preeschool-Project* und das *Abecedarian-Project* nicht so sehr Erfolge bezüglich der kognitiven Entwicklung der Kinder, sondern durch die Förderung der nicht-kognitiven Kompetenzen, die sich bis weit ins Erwachsenenalter positiv auswirken und damit sowohl von individuellem Nutzen als auch von volkswirtschaftlichem Nutzen sind (Heckman et al. 2013).

Schlussbemerkung

Eine empirisch abgesicherte, an den entwicklungspsychologischen Bedürfnissen von Kindern und Heranwachsenden ausgerichtete Bildungspolitik, die sowohl die Kompetenzen aller Kinder von Anfang an stärkt als auch die verantwortlichen Akteure auf allen Systemebenen einbezieht, also Erziehungs- und Bildungskompetenzen der Eltern, der pädagogisch Tätigen sowie der weiteren Akteure im Sozialraum stärkt, kann die Basis für einen Systemwechsel von der Exklusion zur Inklusion darstellen.

Literatur

Ahnert, Lieselotte & Haßelbeck, Hendrick (2014): Entwicklung und Kultur. In: Ahnert, Lieselotte (Hrsg.): Theorien der Entwicklungspsychologie, Berlin: Springer, S. 26–55

Ahnert, Lieselotte (2014): Theorien in der Entwicklungspsychologie. Berlin: Springer

Albers, Timm (2012): Mittendrin statt nur dabei. Inklusion in Krippe und Kindergarten. 2. Auflage. München: Ernst Reinhardt

Beelmann, Andreas & Raabe, Tobias (2009): The effects of Preventing antisocial behaviour and crime in childhood and adolescence. Results and implications of research reviews and meta analyses. In: European Journal of Developmental Science 3 (3), S. 260–281

Booth, Tony (2009): Der Index für Inklusion in der frühen Kindheit. In: Heimlich, Ulrich & Behr, Isabel (Hrsg.): Inklusion in der frühen Kindheit. Internationale Perspektiven. Reihe: Integrative Förderung in Forschung und Praxis, Band 4. Berlin: Lit Verlag, S. 41–55

Durlak, Joseph A., Domitrovich, Celene E., Weissberg, Roger P. & Gullotta, Thomas P. (2015): Handbook of Social and Emotional Learning. Research and Practice. New York: The Guilford Press

Durlak, Joseph A. & Wells, Anita M. (1997): Primary Prevention Mental Health Programs for Children and Adolescents: A Meta-Analytic Review. In: American Journal of Community Psychology, (25), S. 115–152

Durlak, Joseph A., Weissberg, Roger P., Dymnicki, Allison.B., Taylor, Rebecda D. & Schellinger, Kriston. B. (2011): The impact of enhancing students' social and emotional learning: A meta-analysis of school-based universal interventions. In: Child Development (82), S. 405–432

Elias, Maurice J., Zins, Joseph E., Weissberg, Roger P., Frey, Karin. S., Grenberg, Mark T., Heynes Norris M. et al. (1997): Promoting social and emotional learning: Guidelines for educators. Alexandria, VA: Associationfor Supervision and Curriculum Development.

Flammer, August (2009): Entwicklungstheorien. Psychologische Theorien der menschlichen Entwicklung. 4. Auflage. Bern: Haupt

Heckman, James, Pinto, Rodrigo & Savelyev, Peter (2013): Understanding the Mechanisms Through Which an Influential Early Childhood Program Boosted Adult Outcomes. In: American Economic Review 103 (6), S. 2052-2086

Ihle, Wolfgang & Esser, Günter (2002): Epidemiologie psychischer Störungen im Kindes- und Jugendalter: Prävalenz, Verlauf, Komorbidität und Geschlechtsunterschiede. In: Psychologische Rundschau 53 (4), S. 159-169

Laucht, Manfred, Esser, Günter & Schmidt, Martin H. (2002): Vulnerability and resilience in the development of children at risk: the role of earlymother-child interaction. In: Revista de Psiduiatria Clinica 29 (1), S. 20-27

Oerter, Rolf (1999): Klinische Entwicklungspsychologie: zur notwendigen Integration zweier Fächer. In: Oerter, Rolf, Röper, Gisela & Hagen, Cornelia von (Hrsg.): Lehrbuch der klinischen Entwicklungspsychologie. Weinheim: Psychologie Verlags Union, S. 1-10

Pinquart, Martin, Schwarzer, Gudrun & Zimmermann, Peter (2011): Entwicklungspsychologie – Kindes- und Jugendalter. Göttingen: Hogrefe

Rauh, Hellgard (1999): Entwicklungsprognose am Beispiel der Entwicklung von Kindern mit Down-Sysdrom. In: Oerter, Rolf, Röper, Gisela & Hagen, Cornelia von (Hrsg.): Lehrbuch der klinischen Entwicklungspsychologie. Weinheim: Psychologie Verlags Union, S. 195-217

Schneewind, Klaus. A. (2008): Sozialisation in der Familie. In: Hurrelmann, Klaus, Grundmann Matthias & Walpner, Sabine (Hrsg.): Handbuch der Sozialisationsforschung. Weinheim u. Basel: Beltz, S. 256-273

Schulte-Körne, Gerd & Mathwig, Frank (2001): Das Marburger Rechtschreibtraining. Bochum: Verlag Dr. Dieter Winkler

Spangler, Gottfried & Zimmermann, Peter (1999): Bindung und Anpassung im Lebenslauf: Erklärungsansätze und empirische Grundlagen für Entwicklungsprognosen. In: Oerter, Rolf, Röper, Gisela & Hagen, Cornelia von (Hrsg.): Lehrbuch der klinischen Entwicklungspsychologie. Weinheim: Psychologie Verlags Union, S. 170-190

Sroufe, L. Alan (1989): Pathways to adaptation and maladaptation: Psychopathology as develosdpmental deviation. In: Cicchetti, Dante (Ed.): The emerge of a discipline: Rochester Symposium on Developmental Psychopathology: Vol. 1. Hillsdale, NJ, US: Lawrence Erlbaum Associates, S. 13-40

UNESCO (2009) (Ed.): Policy Guidelines on Inclusion in Education. Paris: UNESCO. Im Internet unter unesdoc.unesco.org/images/0017/001778/177849e.pdf (deutsch: Deutsche UNESCO Kommission (Hrsg.). (2009): Inklusion: Leitlinien für die Bildungspolitik. Bonn: DUK. Im Internet unter www.unesco.de/fileadmin/medien/Dokumente/Bibliothek/InklusionLeitlinienBildungspolitik.pdf)

Werner, Emmy E. (1989): High risk children in young adulthood: A longitudinal study from birth to 32 years. In: American Journal of Orthopsychiatry, 59 (1), S. 72-81

7

Bildung und Förderung – der sonderpädagogische Zugang

Bernd Ahrbeck

Vorbemerkung

Ausgangspunkt der Überlegungen ist der inflationäre Gebrauch des Inklusionsbegriffs, der sich in den letzten Jahren eingestellt hat. Unterschiedlichste, mehr oder weniger elaborierte Vorstellungen stehen in oft kaum noch überschaubarer Weise nebeneinander, darunter auch solche, die ein erhebliches Spannungsfeld bilden oder gänzlich miteinander unverträglich sind. Inzwischen tritt auch immer deutlicher hervor, dass streng normativ ausgerichtete und moralisch aufgeladene Inklusionsforderungen wenig zur Klärung beitragen. Im Gegenteil: Einfache Antworten auf schwierige Fragen führen nur zu scheinbarer Eindeutigkeit. Sie dienen mehr zur Selbstvergewisserung, der Bestätigung auf dem richtigen Weg zu sein, als dass sie sich der Komplexität und Widersprüchlichkeit der anstehenden Aufgaben stellen. Dem Charme des Augenblicks mag damit gedient sein, gehaltvolle (sonder-)pädagogische Perspektiven eröffnen sich jedoch kaum.

Die Forderung nach einer »Schule für alle«, die absolut niemanden ausschließt, gehört zu diesen einfachen Antworten. Ebenso wie die Annahme, Inklusion sei in ersten Linie eine Frage der inneren Haltung (das ist sie auch, aber eben nicht nur), sonderpädagogische Förderkategorien seien weitgehend überflüssig und Bildungsstandards verzichtbar (vgl. dazu Ahrbeck 2016; 2017a). Wenn nunmehr ein demokratisches und »humanes Bildungssystem« (Sander 2008, S. 342) entstehen soll, das sich erstmalig als bildungsgerecht erweist, muss gesagt werden, wie es aussehen soll – ohne dass die gesellschaftliche Funktion der Schule untergraben wird. Wer die Schule als Vorbote einer inklusiven Gesellschaft ansieht, steht in der Pflicht zu erklären, welche konkrete Gestalt diese neue Gesellschaftsformation annehmen soll. All das bleibt bisher weitgehend im Dunkeln, auch im »Nationale(n) Aktionsplan der Bundesregierung zur Umsetzung der UN-Behindertenrechtskonvention« (betitelt: »Unser Weg in eine inklusive Gesellschaft«; Bundesministerium für Arbeit und Soziales 2011).

Dieser Beitrag will, dem Anliegen des Bandes folgend, dazu beitragen, dass der Begriff der »inklusiven Bildung« erhellt wird. Bereits der gewählte interdisziplinäre Zugang verweist auf die Schwierigkeit dieser Aufgabe, die sich hier nur punktuell und in einem begrenzten Rahmen lösen lässt. Die Erträge der einzelnen Wissenschaftsdisziplinen weiten den Reflexionshorizont, erhöhen aber auch die Spannungsbögen, in denen gedacht werden muss. So lässt sich etwa aus soziologischen Analysen zum Verhältnis von Inklusion und Exklusion entnehmen, dass einige der gängigen Denkmuster zu kurz greifen. In einer hoch entwickelten, funktional differenzierten Gesellschaft ist keine Person vollständig inkludiert, aber auch niemand total ausgeschlossen, also exkludiert (Dammer 2011).

> »Eine Gesellschaft ist kein Behälter, in dem man drin ist oder aus dem man herausfallen kann« (Nassehi 2008, S. 127).

Das gilt auch für die Schule. Der Besuch einer speziellen Einrichtung stellt keine Exklusion aus der Gesellschaft dar. Zudem sind die Verhältnisse auch innerhalb schulischer Teilsysteme komplizierter als die schlichte Gegenüberstellung von Inklusion und Exklusion erwarten lässt. Wenn keine innere und äußere Anbindung an die Schulgruppe gelingt, kommt es bei gemeinsamer Beschulung zu einer »exkludierenden Inklusion«, die Stichweh (2013, S. 6) der »inkludierende[n] Exklusion der Sonderschulen« gegenüberstellt. Bei der Annäherung an die Frage, was »inklusive Bildung« sein kann, ist das keine unwesentliche Feststellung.

Zunächst: Bildung ist eine zentrale Kategorie der UN-Behindertenrechtskonvention, das Bildungsrecht soll für alle Kinder realisiert werden. In vielen Ländern ist das nicht der Fall, in Deutschland aber zweifelsfrei garantiert (Tenorth 2013a). Bildung trägt dazu bei, dass sich die Lebensbedingungen verbessern lassen und eine Teilhabe in Bereichen möglich wird, die zuvor verschlossen blieben. Bildung erweitert und vertieft den Blick auf die Welt, sie kann persönliche Spielräume erhöhen, neue soziale Bezüge setzen und Vorurteile gegenüber Menschen mit Behinderung reduzieren. Bildung ist auch eine wichtige Voraussetzung dafür, dass ein stärkeres Maß an sozialer Gerechtigkeit entstehen kann.

Weiterhin: Wenn über Bildung und Förderung aus sonderpädagogischer Perspektive und über »inklusive Bildung« nachgedacht wird, muss definiert werden, was es mit der sonderpädagogischen Förderung auf sich hat. Jedes Kind braucht Förderung, so heißt es im Inklusionsdiskurs häufig, mehr oder weniger stark, in dem einen oder anderen Bereich (vgl. dazu Hinz 2009). Bei Schülerinnen und Schülern mit Behinderung sei dies nicht anders, das unterscheidet sie nicht von allen anderen Kindern. Behinderung soll dadurch an Besonderheit verlieren. Sie wird bewusst in eine Reihe mit zahlreichen anderen Heterogenitätsdimensionen gestellt. Unter dem Rubrum der »Anerkennung von Vielfalt« spielt demzufolge die Akzeptanz besonderer Lebens- und Seinsformen eine zentrale Rolle, persönliche Veränderungen treten dahinter zurück. Denn sie stehen an prominenter Stelle im Verdacht, den Normalitätserwartungen und Leistungsnormen der Mehrheitsgesellschaft zu dienen. Behinderte Kinder dürften nicht dem Diktat »mittelschichts-orientierte[r] Normalitätskonzepte« (Hinz 1998, S. 142) unterworfen werden. Für Wocken gilt es nicht als wesentliches Ziel, dass Kinder mit Lernbeeinträchtigungen einen Anschluss an die allgemeine Entwicklung finden. Die diesbezüglich ernüchternden Ergebnisse des Hamburger Schulversuchs, der heutigen Inklusionskriterien entsprach, kommentiert er so:

> »Wären etwa Prävention und Kompensation Auftrag und Aufgabe des Schulversuchs gewesen, dann hätte er sein Ziel verfehlt. Integration war und ist aber kein Unternehmen zur Abschaffung von Behinderungen, sondern zur Akzeptanz von Behinderungen« (Wocken 2001, S. 401).

Damit erfährt der Behinderungsbegriff eine folgenschwere Verkürzung.

Bei vielen Heterogenitätsdimensionen kommt es tatsächlich darauf an, dass sie anerkannt werden, so wie sie sind. Etwa bei religiösen Verpflichtungen, sexuellen Präferenzen, der sozialen und kulturellen Einbettung, der ethnischen Herkunft. Menschen, die eine Behinderung aufweisen, befinden sich hingegen in einer anderen Situation. Sie bedürfen einer speziellen, oft besonders intensiven Förderung, auf die andere nicht angewiesen sind. Das markiert eine deutliche, unübersehbare Differenz. Behinderung bedeutet auch eine besondere, oft elementare Lebenseinschränkung, die es zu überwinden oder in ihren Auswirkungen zu begrenzen gilt. Die Förderdimension wird deshalb in der UN-Behindertenrechtskonvention besonders herausgestellt.

Vom Behinderungsbegriff und Inklusionsverständnis hängt es ab, wie das sonderpädagogische Tätigkeitsfeld beschrieben wird. Eine Abgrenzung zur Integration wird häufig darin gesehen, dass sich der sonderpädagogische Blick nicht mehr primär auf die speziell förderungsbedürftigen Kinder richten soll (Hinz 2009). Die in vielen Bundesländern praktizierte systemische Mittelvergabe bietet den äußeren Rahmen dafür. Ein personenbezogener sonderpädagogischer Förderbedarf wird nicht mehr erhoben – mit der Begründung, er sei pädagogisch nutzlos und Etikettierungen ließen sich somit vermeiden (vgl. dazu Seitz 2008). Darüber hinaus bietet sich eine Ausweitung des sonderpädagogischen Handlungsspektrums auf Schülerinnen und Schüler an, die im Vorfeld der bisherigen Förderkategorien Probleme aufwiesen. Warum sollten sich Sonderpädagoginnen und Sonderpädagogen nicht auch um sie kümmern? Am Ende der Skala steht die Vorstellung, dass die gemeinsame Unterrichtsplanung zum wichtigsten sonderpädagogischen Anliegen wird (Hinz 1998) – im Idealfall so, dass die sonderpädagogische Kompetenz darin aufgeht.

Aus pragmatischer Sicht stellt sich die Frage, wie das sich ausweitende sonderpädagogische Tätigkeitsfeld – bei gleichbleibenden Mitteln – bedient werden soll. Realistisch ist die Annahme, dies könne flächendeckend gelingen, wohl kaum, wie Thomas Binns Film »Ich-Du-Inklusion« (2017) beispielhaft gezeigt hat. Grundlegender sind jedoch Bedenken, die sich auf den Erhalt sonderpädagogischer Kernbestände beziehen. Es spricht einiges dafür, dass sie im Rahmen der inklusiven Neuorientierung zurückgedrängt und weitgehend, wenn wohl auch nicht vollständig, aufgelöst werden (vgl. dazu Eser 2016). Der wachsende universitäre Einfluss einer oft diffus bleibenden allgemeinen »Inklusionspädagogik« spricht dafür, bei gleichzeitiger Beschneidung, teils auch Zusammenlegung der klassischen sonderpädagogischen Fachrichtungen. In den Vereinigten Staaten ist der Druck, den Vertreter einer »full inclusion« auf die Sonderpädagogik ausüben, inzwischen so hoch, dass zahlreiche Autorinnen und Autoren von einer Existenzgefährdung der Sonderpädagogik ausgehen (vgl. dazu Kauffman et al. 2017). Und die hierzulande von Hinz (2009, S. 171) aufgeworfene Frage, ob die inklusive Pädagogik ein »veränderter Orientierungsrahmen für die schulische Sonderpädagogik« sei »(o)der doch deren Ende« bedeute, hat durchaus ihre Berechtigung.

7.1 Bildungsbegriff und Behinderung

Bildung wird hier als eine umfassende individuelle Aneignung der Welt verstanden, die weit über das pragmatisch Notwendige und Nützliche hinausgeht und zur Selbstbestimmung des Einzelnen führt. Bildung setzt eine Auseinandersetzung mit den kulturellen und gesellschaftlichen Errungenschaften voraus, dem kulturhistorischen Erbe, wie es in der materialistischen Behindertenpädagogik heißt. Insofern weist sie einen genuinen sozialen Bezug auf, der mit anderen verbindet, auf sie angewiesen macht. Das Produkt einer reinen Innerlichkeit kann sie nicht sein.

>   »Der personale und der soziale Aspekt sind [...] schon im klassischen Bildungsbegriff aufeinander verwiesen« (Heimlich 2017, S. 175).

Auf die vielfältigen Schattierungen des allgemeinen Bildungsbegriffes kann hier nicht genauer eingegangen werden. Je nachdem, wie er gefasst wird, unterscheiden sich auch die Vorstellungen darüber, wie sich Bildungserträge definieren lassen. Hier wird davon ausgegangen, dass sie, wenngleich nicht in Gänze, so doch in wichtigen Segmenten einer äußeren Überprüfung zugänglich sind (vgl. dazu den Beitrag von Tippelt in diesem Band).

Der Bildungsbegriff spielt für Ackermann bei der Gestaltung inklusiver Bildungsprozesse eine zentrale Rolle. Am Anfang seiner Überlegungen stehen Menschen mit einer geistigen Behinderung und das Konzept einer »elementare[n] Bildung«, »die ›von den Anfängen‹ ausgeht« (Ackermann 2010, S. 233). Die »Tätigkeit der Symbolbildung [wird] als das zentrale Element der Bildung aufgefasst« (Ackermann 2010, S. 234). Sie bezieht sich auf einfachste Symbolformen ebenso wie auf das, was über eine elaborierte Sprache gemeinhin mit Bildungsinhalten in Verbindung gebracht wird. Bildung entsteht dort, wo persönlich signifikante Erfahrungen gemacht werden. Das Nachdenken über diese Erfahrungen gilt als Bildungsakt, nicht nur der Erwerb und die Reflexion höheren Wissens. Affektive Erfahrungen und der Bezug zur Leiblichkeit sind dabei wichtige, unbedingt zu beachtende Größen. Damit weitet sich das Feld gegenüber dem klassischen Bildungsbegriff, mit dem Ziel, auch Personen mit elementaren Entwicklungseinschränkungen in den Bildungs- und Inklusionsdiskurs einzubeziehen. Interessanterweise versteht auch Tenorth (2014, S. 16) »die je individuelle Bildung als die Form, in der Individuen an gesellschaftlicher Kommunikation in all ihren Dimensionen [...] teilhaben, bzw. als den Prozess, in dem die Kompetenzen generalisiert werden, die solche Teilhabe ermöglichen«.

Bereits der allgemeine Bildungsbegriff umfasst neben Wissenserwerb und kognitiver Schärfung die Entwicklung der Persönlichkeit, die Entfaltung des emotionalen Innenraums und eines offenen, sozial verantwortlichen mitmenschlichen Bezuges (vgl. dazu Vereinigung der Bayerischen Wirtschaft 2015). Damit einhergehende, über sie aber noch hinausreichende Bildungsaufgaben ergeben sich für Menschen mit Behinderung. Hochindividuelle behinderungsunabhängige Ausgangslagen verbinden sich mit behinderungsspezifischen Einschränkungen, oft wirkungsmächtigen äußeren Rahmenbedingungen sowie sozialen und kulturellen Einbettungen.

Bei einem Teil der Kinder, Jugendlichen und Erwachsenen mit Behinderung geht es darum, dass basale Kulturtechniken erworben oder aufrechterhalten werden. Dazu gehören diejenigen mit der Förderkategorie geistige Entwicklung. Halbwegs ordentlich lesen und schreiben zu können, ist für sie ein hoher Wert, die Fähigkeit zu selbständigen Entscheidungen und eigenständiger Lebensführung ebenfalls. Von nachschulischen Bildungsangeboten kann diese Personengruppe erheblich profitieren (Ackermann & Ditschek 2015). Auch wenn die in den Bildungsstandards enthaltenen Anforderungen regelhaft nicht erreicht werden, ist neben den individuellen Entwicklungsfortschritten auch der Bildungsertrag bedeutsam und damit der Leistungsaspekt – anhand der jeweils angemessenen Kriterien. Anzuerkennen ist dabei, dass sich diese Gruppe in keinem Teil des leistungsgemäß differenzierten allgemeinen Schulsystems als anschlussfähig erweist.

Bei Schülerinnen und Schülern mit Lernbeeinträchtigungen verhält es sich in gewisser Weise anders: Zwar erreichen sie mehrheitlich ebenfalls nicht den untersten Schulabschluss, stehen diesem Ziel aber deutlich näher. Es wäre von großem Gewinn, wenn sie sich bei gemeinsamer Beschulung leistungsmäßig stärker annähern könnten und die Abschlussquoten stiegen. Vollständig ist dies bei realistischer Betrachtung nicht zu erwarten – das legt bereits die Definition dieser Personengruppe nahe.

Andere Kinder und Jugendliche mit Behinderung haben in der intellektuellen Leistungsfähigkeit keine grundlegenden Schwierigkeiten. Sie brauchen eine spezielle Unterstützung bei der Bewältigung ihrer motorischen und sinnesspezifischen Beeinträchtigungen. Zum Teil spielen technische Hilfen und äußere Assistenzleistungen eine wichtige Rolle neben behinderungsspezifischen Unterstützungsmaßnahmen. Wer auf gebärdensprachliche Kommunikation angewiesen ist, befindet sich in einer sehr speziellen Lage. Er lernt eine vollwertige Sprache, bedarf aber fast existenziell der sehr kleinen Gruppe derer, mit der er sich auf Augenhöhe austauschen kann (oder ersatzweise ständiger besondernder Übersetzungsleistungen). Kinder mit dem Förderschwerpunkt Sprache benötigen frühzeitige, in der Regel bereits vorschulische Interventionen und speziell auf sie abgestimmte Sprachlernsituationen.

Unter Bildungsgesichtspunkten ist es zudem von zentraler Bedeutung, wie sich das Kind emotional und sozial entfalten kann, welche Möglichkeiten es erhält, sich in den einzelnen Facetten seiner Persönlichkeit weiter zu entwickeln und wie es sie für sich nutzt. Die soziale Position in der Klasse und schulische Beziehungserfahrungen sind dazu wichtige Größen. Es geht darum, wie sich jemand sozial einbringen kann, wie er aufgenommen, ob er von der Schülergruppe akzeptiert oder abgelehnt wird. Im emotionalen Bereich spielt es eine wesentliche Rolle, ob andere zu einem bedeutsamen Gegenüber werden, wie stark er sich binden möchte und sich zugehörig fühlen kann, ob ein innerlich haltendes Netz entsteht. Und auch, ob anerkannt wird, wenn er sich abgrenzen möchte und die Nähe anderer nicht sucht.

Diese kurze Zusammenstellung verweist darauf, wie vielschichtig sich die Bildungsverhältnisse und -ziele angesichts unterschiedlicher persönlicher Ausgangsbedingungen und behinderungsspezifischer Faktoren darstellen. Bildung wird hier vom Einzelnen ausgedacht, als eine Kategorie, die ihn in erster Linie persönlich betrifft. Am Ende der Schulzeit wird sich zeigen, was die Schule für ihn gebracht hat. Unterrichtung und Förderung haben sich daran zu bewähren, ob und wie es gelingt, dass Schülerinnen und Schüler die in ihnen liegenden Potenziale entfalten können.

»Bildung lässt sich [aber] nicht erzeugen« (Tenorth 2013b, S. 8). Sie kann nicht von außen hergestellt oder gar erzwungen werden: »Bildungsangebote bleiben Ermöglichungsstrukturen, denen die Möglichkeit des stellvertretenden Lernens gerade nicht offensteht« (Tenorth 2014, S. 19).

Der Verweis auf (möglichst) zu erfüllende, weit gestreute Bildungsresultate erfolgte hier deshalb, weil sich die Schule einer Rechenschaft über die zu erbringenden Leistungen nicht grundsätzlich entziehen darf – obgleich dies im Inklusionsdiskurs nahegelegt, wenn nicht gar gefordert wird (Sander 2005; Prengel 2006; Wocken 2012). Auch die gemeinsame Beschulung ist legitimationspflichtig. Sie muss Auskunft darüber geben, was sie konkret leistet und welchen Gewinn Kinder und Jugendliche davon (nicht) haben. Das gebietet die Verpflichtung dem Einzelnen gegenüber und entspricht dem unerlässlichen gesellschaftlichen Auftrag der Schule (Tenorth 2014). Das Oberverwaltungsgericht Lüneburg (2014) hat in einem bemerkenswerten Urteil ausdrücklich darauf verwiesen. Mitunter geht es um sehr elementare Dinge wie die Fähigkeit zu lesen, zu schreiben, zu rechnen. Die Ergebnisse der PISA-Studien zum Entwicklungsstand 15-Jähriger zeichnen dazu bis heute am unteren Leistungsrand kein erfreuliches Bild (vgl. dazu Reiss et al. 2016).

Eine Auseinandersetzung mit den Möglichkeiten und Grenzen einer streng empirischen Überprüfung ist allerdings unerlässlich. Der Einwand, Bildungsprozesse und -erträge ließen sich nicht auf einfache Maßzahlen reduzieren, hat zweifelsfrei seine Berechtigung. In jüngerer Zeit wurde deshalb wiederholt infrage gestellt, ob das bildungspolitische Primat der Kompetenzorientierung dem Bildungsanspruch noch entspricht oder ihn an entscheidenden Stellen unterläuft (Liessmann 2006; Klein 2016). Auch wird die sich in der Sonderpädagogik ausweitende Evidenzbasierung kritisch gesehen (Ahrbeck et al. 2016). Die heftigen sonderpädagogischen Kontroversen um die evidenzbasierte Pädagogik verweisen darauf, wie notwendig eine klärende Debatte ist.

7.2 Gemeinsame Beschulung und Inklusive Momente

Alle Bundesländer haben sich inzwischen auf den Weg zu mehr gemeinsamer Beschulung gemacht. Das Reformtempo unterscheidet sich dabei deutlich, noch wichtiger ist, dass es in den einzelnen Bundesländern unterschiedliche Zielvorstellungen gibt. Die einen, wie Sachsen und Bayern, halten grundsätzlich an einer differenzierten Struktur fest, einem dual-inklusiven Schulsystem (Speck 2016), das Wahlmöglichkeiten offenhält. Andere, allen voran Bremen, streben eine vollständige gemeinsame Beschulung mit möglichst wenigen Ausnahmen an, also fast eine »totale Inklusion«. Die jeweiligen Inklusionsquoten müssen vor diesem Hintergrund betrachtet und bewertet werden (Dworschak 2017).

Die Vorzüge der inklusiven Beschulung lassen sich allgemein so umreißen: Es stellt einen hohen Wert dar, wenn sich unterschiedliche Kinder im schulischen Raum begegnen. Schülerinnen und Schüler mit und ohne Behinderungen lernen sich kennen, dadurch entsteht weniger Fremdheit, eventuell auch gar keine, bereits vorhandene Distanzen lassen sich abbauen. Vielfältige Lern-, Verhaltens- und Erlebensweisen gehören zum pädagogischen Alltag, der begrenztere Erfahrungsraum von Sondereinrichtungen kann überwunden und Unterschiedliches stärker anerkannt werden. Das höhere kognitive Anregungsniveau und größere Leistungsanforderungen als in einem Teil der speziellen Einrichtungen werden weiterhin als ein wichtiger Vorteil angesehen. Als pädagogisches Mittel gilt eine stärkere Konzentration auf den Einzelnen, das sich Einstellen auf vielfältige individuelle Eingangsvoraussetzungen. Mit der Individualisierung des Unterrichts soll die Pädagogik auf die Höhe der Zeit gehoben werden, zugunsten der Schülerinnen und Schüler, die dadurch mehr lernen, sich persönlich besser und sozial gerechter entfalten sollen.

Die Kriterien für das Gelingen einer gemeinsamen Beschulung sind in den dargestellten Überlegungen zum Bildungsbegriff enthalten. Über die weiter zu spezifizierende kognitive, emotionale und soziale Entwicklung der Schülerinnen und Schüler mit Förderbedarf hinaus muss auch der Bildungsanspruch der anderen Kinder im Auge behalten werden. Auch sie sollen von der gemeinsamen Beschulung profitieren, und niemand darf einen gravierenden Nachteil haben. All das zu leisten, stellt für Lehrerinnen und Lehrer keine leichte Aufgabe dar. Ein Gelingen ist nicht garantiert.

Die nationale und internationale Forschungslage dazu erweist sich als wenig befriedigend. Für einige Personengruppen liegen kaum Untersuchungen vor, qualitativ hochwertige Studien fehlen häufig auch dort, wo sich die empirische Befundlage besser darstellt wie im Bereich von Lernbeeinträchtigungen. Auch wenn viele Untersuchungen die Vorteile einer gemeinsamen Beschulung bestätigen, ist die Ergebnislage insgesamt alles andere als eindeutig. Neben Befunden, die gegenläufige und widersprüchliche Ergebnisse beinhalten, finden sich auch solche, die für spezielle Einrichtungen sprechen (Ahrbeck 2016; 2017a; Ahrbeck et al. 2017; Ellinger & Stein 2012; Felder & Schneiders 2016). Die häufig aufgestellte Behauptung, die Überlegenheit der inklusiven Beschulung sei empirisch längst belegt, gibt den Forschungsstand nicht korrekt wieder. Die Verhältnisse sind offensichtlich komplexer, als sie in manchen Augen erscheinen. Nach einer eher euphorischen Aufnahme des Inklusionsgedankens kehrt in einigen europäischen Ländern inzwischen eine gewisse Reserviertheit ein, wie zum Beispiel in Großbritannien (Warnock 2005) oder Norwegen (Ogden 2012; Kokkerswold 2012).

Auch das spricht dafür, dass die gemeinsame Beschulung nicht mit überzogenen Erwartungen überfrachtet wird. Ideale Verhältnisse können und werden sich nicht einstellen – ebenso wenig wie in jeder anderen (schulischen) Organisationsform. Es kommt deshalb darauf an, dass bildungspolitisch seriös abgewogen wird zwischen den Vorteilen, die sich einstellen, und den Nachteilen, die in Kauf genommen werden müssen. Für viele Schülerinnen und Schüler wird die »inklusive Beschulung« der richtige Weg sein, für andere ist er es sicherlich nicht. Nicht alle Probleme lassen sich in einer Klasse lösen.

Bisher ist viel zu wenig über die mittel- und langzeitigen Entwicklungsverläufe einzelner Kinder bekannt und darüber, wer innerhalb der Klassen und in den jeweiligen Systemen wovon aus welchen Gründen profitiert. Damit rücken pädagogische Gesichtspunkte in den Mittelpunkt des Interesses, die durch systemvergleichende Großgruppenuntersuchungen nicht ertragreich beantwortet werden können. So ist etwa aus einer neueren amerikanischen Untersuchung bekannt, dass einige lernbeeinträchtigte Schülerinnen und Schüler beträchtlich von einer durchgängigen gemeinsamen Beschulung profitieren, die meisten anderen aber nicht, obgleich auch sie über gute Bedingungen verfügen (McLeskey & Waldron 2011). Doch was ist dafür verantwortlich? Das lenkt den Blick auf die Bildungsprozesse selbst, die im Folgenden genauer betrachtet werden sollen. Nicht über äußere Rahmendaten und numerische Kennziffern, sondern über innere Bewegungen, soziale Begebungen und ihre subjektiven Bedeutungen.

Heimlich (2017) bezieht sich zunächst auf »fruchtbare Momente« im Bildungsgeschehen. Sie zeichnen sich dadurch aus, dass über die gängigen Routinen hinaus eine überraschende Einsicht gewonnen wird, »blitzartig eine neue Erkenntnis« (Copei zit. nach Heimlich 2017, S. 173) entsteht, die affektiv stark besetzt ist. In der Psychotherapie werden ähnliche Phänomene als »Now moments« oder Gegenwartsmomente (Stern 2005) beschrieben. Entscheidend ist dabei die Eigenaktivität des Kindes und seine innere Möglichkeit, sich interessiert und fragend an die Welt zu richten, was zugleich bedeutet, dass ein solcher Prozess nicht von außen herbeigeführt werden kann. Auf einen festgelegten Zeitraum beziehen sich die »fruchtbaren Momente« nicht, sie können sehr kurzfristig sein oder auch über lange Zeit währen.

Bei den »inklusiven Momenten« verhält es sich entsprechend. Im Mittelpunkt steht wiederum eine erlebnismäßig bedeutsame Situation, in der sich die Erfahrung aktiven Beitragens an einem bestimmten Ort mit der Erfahrung des Teilhabens verknüpft. Aktives Beitragen bedeutet, dass jemand aus sich heraus handelt, in einer subjektiv bedeutsamen Perspektive, die aber nicht in sich gefangen bleibt, sondern sich auch auf andere richtet. Die Erfahrung von Teilhabe entsteht dadurch, dass andere diese Aktion aufmerksam wahrnehmen, sie wertschätzend anerkennen und für sich selbst als wichtig empfinden. Sachliche (die Handlung, die Erkenntnis) und persönliche Bezüge münden ineinander, das inklusive Moment konstituiert sich in der Begegnung von Selbst und Objekt.

»Entscheidend für das Zustandekommen von inklusiven Momenten ist demnach die Qualität der *Erfahrung* in der Begegnung von Mensch und Welt« (Heimlich 2017, S. 179).

Einer Begegnung, in der jeder Mensch auf jeden anderen treffen kann, ohne dass es einen sozialen Ausschluss gibt, und jeder einen (potentiell) wichtigen Beitrag zu leisten vermag.

Dazu müssen die Beteiligten in einen gemeinsamen pädagogischen Raum, in »inklusive Settings« eingebunden sein. Ein bloß äußeres Zusammensein in einer »inklusiven Institution« reicht nicht aus. Es soll auf gleicher Augenhöhe, in sensibler Aufmerksamkeit füreinander und in Solidarität miteinander agiert werden. »Inklusive Momente« dürfen keine seltenen und isolierten Phänomene bleiben: Sie müssen in »inklusive Prozesse« münden, also häufig vorkommen, im Bildungsprozess eine gewichtige Stellung einnehmen und so zusammenwachsen, dass sie im Erleben der (behinderten) Schülerinnen und Schüler einen bedeutenden Platz einnehmen.

Ob es sich dabei um eine realistische Perspektive für alle Kinder handelt oder um eine Utopie, die unerreichbar bleibt, wird unterschiedlich bewertet. Die Schwierigkeiten, die auf dem Weg dorthin auftreten, sind jedenfalls erheblich. Sie liegen nicht nur in den jeweiligen personellen und sachlichen Ausstattungen inklusiver Bildungsinstitutionen, sondern auch in ihrem inneren Spannungsgefüge, wenn nicht gar Widersprüchen des Anliegens selbst. Unmittelbar auf den Bildungsprozess bezogen stellt sich die Frage, wie Lehr- und Lernsituationen gestaltet werden können, wenn – oft vor systemtheoretischem Hintergrund – davon ausgegangen wird, dass sich »fruchtbare Momente« im Bildungsgeschehen und »inklusive Momente« nicht von außen steuern lassen.

Was dann bleibt und sich anbietet, ist das Bereitstellen von Möglichkeiten, die genutzt werden können – oder eben auch nicht. Das wiederum setzt Schülerinnen und Schüler voraus, die in der Lage sind, sich in erheblichem Ausmaß selbst zu strukturieren. Als eigenständige Gestalter ihrer Entwicklung, die weniger als früher auf eine Lehrkraft angewiesen sind und diese eher als Lernbegleiter benötigen. Dieses Bild des Kindes wird seit langem transportiert: Es tritt im 12. Kinder- und Jugendbericht (Bundesministerium FSFJ 2015) auf und findet sich in einer Vielzahl aktueller pädagogischer Schriften wieder (Höfer & Madelung 2006; Struck & Würtl 2010; Wocken 2012; kritisch Dammer 2013). In Plattes (2005) Schrift über die »Didaktische Fundierung inklusiver Bildungsprozesse« klingt etwas davon an.

Gezeichnet wird dort das Bild eines »naturgegebenen« Zustandes, der aufgesucht werden soll. Es gelte, »die Vielfalt im gemeinsamen Leben und Wachsen unterschiedlicher Kinder spürbar zu machen und als in der gemeinsamen Welt naturgegeben anzuerkennen, um daraus zu schöpfen und sowohl Entfaltung von Individualität als auch von Gemeinsamkeit und Verbundenheit zu entwickeln« (Platte 2005, S. 14). Das setzt voraus, dass die Beteiligten über die dazu notwendigen Kräfte verfügen, die es freizusetzen gilt.

Es sei noch einmal betont, dass »inklusive Momente« und Prozesse in persönliche Begegnungen und Gruppenprozesse eingebunden sind, die eine besondere Sensibilität und Aufmerksamkeit füreinander erfordern. Im Rahmen von Bildungsprozessen, die zum Teil unter erschwerten Bedingungen verlaufen. Vor diesem Hintergrund und der vielfach vorgebrachten Kritik an einem Selbständigkeitskonzept, das als überzogen und überfordernd beschrieben wird (Datler et al. 2002; Burchardt 2016; Türcke 2016), ist es nicht leicht vorstellbar, wie dies im erforderlich Umfang und der notwendigen Intensität gelingen soll, durchgängig an verschiedenen Orten und unter unterschiedlichsten Bedingungen.

Durch eine Individualisierung des Unterrichts soll sichergestellt werden, dass jedes Kind Lernaufgaben erhält, die seiner Entwicklungssituation entsprechen. Unterforderungen und Überforderungen, die ansonsten bei großer Unterschiedlichkeit der Schülerinnen und Schüler eintreten, können dadurch umgangen werden. Individualisierung bedeutet, dass Kinder stärker für sich allein oder in kleinen Gruppen arbeiten. Der Bezug zur Lehrkraft ändert sich, er wird punktueller, zeitlich und inhaltlich beschränkter. Der unter Bildungsgesichtsaspekten hochrelevante, Zeit und Ausdauer erfordernde Dialog zwischen Lehrkräften und Klasse verliert dadurch an Gewicht. Das gemeinsame Erkunden und Suchen, das Entwerfen, Überprüfen und Verwerfen von Gedanken, das Abwägen unterschiedlicher Standpunkte in Anwesenheit eines gebildeten, gesprächs- und lebenserfahrenen Erwachsenen wird an den Rand gedrängt. Grundlegende Bildungsmöglichkeiten drohen verloren zu gehen (Felten 2010).

Ein weiteres Problemfeld kommt hinzu. Es bezieht sich auf den inneren Zusammenhalt einer Klasse bei individualisiertem Unterricht, der im Zeitverlauf immer ausgeprägter erfolgen muss. Im Grundschulbereich liegen die Schülerinnen und Schüler in ihrer Entwicklung noch näher zusammen, ein gemeinsamer Bezug lässt sich vergleichsweise leichter herstellen. Später driften die Kinder immer weiter auseinander, umso stärker, je besser es gelingt, für jedes Kind ein optimales Lernarrangement herzustellen. Die Leistungsunterschiede werden immens, verbindende fachliche Bezüge immer seltener (Grüntgens 2017). Wenn gemeinsame schulische Inhalte kaum noch vorhanden sind, steigen auch die Schwierigkeiten, ein tragfähiges und belastbares Gemeinschaftsgefühl aufrechtzuerhalten. Eine hochgradige Individualisierung und die Möglichkeiten zur Gemeinschaftsbildung werden dann zu schwer vereinbaren Polen.

Die gemeinsame Beschulung ist ein in sich spannungsreiches Gefüge. Oder präziser formuliert: Die Polaritäten und Widersprüche, die das System Schule und die pädagogische Arbeit ohnehin durchziehen, spitzen sich dort noch zu und treten besonders deutlich in Erscheinung. Ein wichtiger Themenkomplex sei dazu noch genannt. Brodkorb (2014), der ehemalige Kultusminister des Landes Mecklenburg-Vorpommern, hat unter der Überschrift »Warum totale Inklusion unmöglich ist« auf die »schulischen Paradoxien zwischen Liebe und Leistung« verwiesen. Die Schule kann sich demnach nicht ausschließlich auf die Subjektivität des Einzelnen beziehen und sich seinen Bedürfnissen verschreiben. Sie muss, um ihrer selbst willen, auch äußeren Maßstäben folgen, Leistungen bewerten und Hierarchien aufstellen, auch wenn sie dem Einzelnen ungerecht erscheinen und für ihn kränkend sein mögen. Tut sie dies nicht, verabschiedet sie sich von einem ihrer wichtigsten Aufträge, der Allokationsfunktion. Sie schert dann aus dem gesellschaftlichen Gesamtgefüge aus.

Angesichts dieser Überlegungen ist eine gewisse Skepsis angemessen, ob die gemeinsame Beschulung wirklich in jedem Fall der richtige Weg ist, ob sie jedem Kind das geben kann, was es braucht. Überzogene Erwartungen dürften am Ende wenig hilfreich sein, wie Tenorth (2011, S. 19) konstatiert: Die »pädagogische Welt wird [auch jetzt] nicht neu erfunden und man fragt sich […], woher der frische Mut stammt, unter der Fahne der Inklusion jetzt alle Probleme bewältigen zu können, die sich nach historischer Erfahrung bei allen Reformen als resistent erwiesen haben.«

Schlussbemerkung

Das Abwägen von Möglichkeiten und Grenzen, das Tenorths Einwand erzwingt, folgt keiner resignativen Grundhaltung oder gar überzogenen »Inklusionskritik«. Es ist vielmehr von der Gewissheit getragen, dass sich hochkomplexe pädagogische Fragen einfacher Lösungen entziehen, auch auf der institutionellen Ebene. Erst wenn anerkannt wird, dass grundlegende Fragen zur »Bildung und Förderung« aus (sonder)pädagogischer Sicht

7 Bildung und Förderung – der sonderpädagogische Zugang

ungeklärt sind, lässt sich ein realitätsbezogener und unvoreingenommener Blick auf die gegenwärtige Theorie und Praxis werfen. Zudem sollte anerkannt werden, dass es auch zukünftig unlösbare Probleme geben wird. Das aber setzt voraus, dass die Widrigkeiten der Praxis, wie es derzeit häufig geschieht, nicht ausschließlich auf eine unzureichende Versorgungslage (die es wirklich gibt) zurückgeführt werden.

Der von einem fachlichen Konsens weit entfernte Inklusionsbegriff (Terfloth 2013) soll abschließend aus einer bestimmten Perspektive betrachtet werden. Als Beispiel dafür dienen Schülerinnen und Schüler, die schwere emotional-soziale Beeinträchtigungen aufweisen. Schulisch gehören sie zu der Gruppe, die bei der Integration/Inklusion die größten Probleme bereiten. »Inklusive Momente« sind dadurch definiert, dass sich eine Person aktiv und in subjektiv bedeutungsvoller Weise einbringen kann, sich dabei wahrgenommen, anerkannt und geachtet fühlt. In der Beziehung zu ganz unterschiedlichen Anderen, in einer gelebten Gemeinschaft von Vielfalt. Was ist nun aber, wenn sich solche Erfahrungen bei bestimmten Personen in der gemeinsamen Beschulung nicht einstellen? Wenn sie sich nicht einbringen und persönlich verdeutlichen können, etwa, weil ihre innere Problematik es nicht zulässt und ihnen die Motive ihres Handelns gar nicht bewusst sind? Wenn andere sie trotz intensiver pädagogischer Bemühungen ablehnen, an den Rand drängen oder gar mobben? Faktisch passiert das immer wieder: Die Annahme, Kinder mit massiven Verhaltensstörungen könnten durchgängig gemeinsam beschult werden, widerspricht der Lebenswirklichkeit und dem einschlägigen nationalen und internationalen empirischen Erkenntnisstand (Ahrbeck 2017b; Ahrbeck et al. 2017; Stein & Müller 2014).

Für einen Teil dieser Schülerinnen und Schüler bieten spezielle Einrichtungen einen geschützten Raum, einen haltenden Rahmen und intensive, verdichtete Beziehungen, die ihnen anderswo nicht zur Verfügung stehen. Dort können sie persönlich relevante, dringend benötigte Erfahrungen machen, die ihnen ansonsten verschlossen bleiben. Dazu gehören das Gefühl von Zugehörigkeit und persönlicher Wirksamkeit, die Anerkennung ihrer inneren Schwierigkeiten und ein Verständnis dafür, dass sie Beziehungskonstellationen herstellen, die schwer verständlich sind und nunmehr toleriert werden. Im Gegensatz zu früher, wie ihre Erfahrungen zur Genüge und oft in leidvoller Weise bewiesen haben. »Inklusive Momente« kann es also auch dort geben. Es sei denn, dieser Gedanke wird nicht zugelassen, weil sich das Erleben auf einen bestimmten Personenkreis in einer gesonderten Gruppe beschränkt und nicht »alle« Kinder umfasst. Das allerdings wäre ein sehr beschränktes Inklusionsverständnis angesichts des Bildungsanspruches und der Entwicklungsaufgaben, vor die diese Schülerinnen und Schüler gestellt sind.

Man muss sich vor Augen führen: Der pädagogische Auftrag für Kinder mit emotional-sozialem Förderbedarf besteht im Sinne des Kindeswohls darin, dass schwerwiegende innere Konflikte bewältigt und unzureichend entwickelte psychische Strukturen überwunden werden, sodass eine persönliche Reifung eintreten kann. Mit der Folge, dass sich auch das Verhaltensrepertoire erweitert und ein befriedigendes Leben möglich wird. Damit ist ein wichtiges, für diese Personengruppe entscheidendes Ziel angesprochen, ein Bildungsziel nämlich, und eine unerlässliche Fördernotwendigkeit benannt. »Insofern könnte man auch eine Schule für Erziehungshilfe als ›inklusiv‹ beschreiben, [...] indem sie solchen Schülern im Hinblick auf ihre gesellschaftliche Integration hilft, die im allgemeinen Schulsystem, so wie es ist, nicht haltbar sind« (Stein 2012, S. 191f.).

Literatur

Ackermann, Karl-Ernst (2010): Zum Verhältnis von geistiger Entwicklung und Bildung In: Musenberg, Oliver & Riegert, Judith (Hrsg.): Bildung und geistige Behinderung. Bildungstheoretische Reflexionen und aktuelle Fragestellungen. Oberhausen: Athena, S. 224–244

Ackermann, Karl-Ernst & Ditschek, Eduard Jan (2015): Von der separierenden zur inkludierenden Erwachsenenbildung. Rückblick, Situationsanalyse und Ausblick. In: Hessische Blätter für Volksbildung. Zeitschrift für Erwachsenenbildung in Deutschland 65, Heft 4, S. 308–316

Ahrbeck, Bernd (2016): Inklusion. Eine Kritik. 2. Auflage. Stuttgart: Kohlhammer

Ahrbeck, Bernd (2017a): Der Umgang mit Behinderung. 3., überarb. Auflage. Stuttgart: Kohlhammer

Ahrbeck, Bernd (2017): »Welchen Förderbedarf haben Kinder mit emotional-sozialen Entwicklungsstörungen?«– Expertise im Auftrag des Verbandes Bildung und Erziehung (VBE) vom 20. April 2017 (2017b). Im Internet unter http://www.ipu-berlin.de/fileadmin/downloads/allgemein/2017-04-20-expertise-ahrbeck-foerderbedarf-ese-kinder.pdf [23.08.2017]

Ahrbeck, Bernd, Ellinger, Stephan, Hechler, Oliver, Koch, Katja & Schad, Gerhard (2016): Evidenzbasierte Pädagogik? Erziehung geht anders. Stuttgart: Kohlhammer

Ahrbeck, Bernd, Badar, Jeanmarie, Felder, Marion, Kauffman, James M. & Schneiders, Katrin (2017): Full Inclusion? Totale Inklusion? Fakten und Überlegungen zur Situation in Deutschland und den USA. In: Vierteljahrsschrift für Heilpädagogik und ihre Nachbargebiete (VHN), (87) (eingereicht)

7 Bildung und Förderung – der sonderpädagogische Zugang

Binn, Thomas (2017): Ich-Du-Inklusion. Wenn Anspruch auf Wirklichkeit trifft (Film). Im Internet unter http://ich-du-inklusion.de/trailer/ [23.8.2017]

Brodkorb, Mathias (2014): Warum totale Inklusion unmöglich ist. Über schulische Paradoxien zwischen Liebe und Leistung. In: Sonderpädagogische Förderung heute 59 (4), S. 422–447

Bundesministerium für Arbeit und Soziales (2011): Unser Weg in eine inklusive Gesellschaft. Der Nationale Aktionsplan der Bundesregierung zur Umsetzung der UN-Behindertenrechtskonvention. Im Internet unter https://www.bmas.de/SharedDocs/Downloads/DE/PDF-Publikationen/a740-nationaler-aktionsplan-barrierefrei.pdf?__blob=publicationFile [07.09.2017]

Bundesministerium für Familie, Senioren, Frauen und Jugend (2015): Zwölfter Kinder- und Jugendbericht. Deutscher Bundestag 15. Wahlperiode, Drucksache 15/6014 vom 10.10.2015. Im Internet unter http://www.bmfsfj.de/blob/112224/.../12-kinder-und-jugendbericht-data.pdf [01.09.2017]

Burchardt, Matthias (2016): Selbstgesteuertes Lernen – Roboter im Klassenzimmer. In: Zierer, Klaus, Kahlert, Joachim & Burchardt, Matthias (Hrsg): Die Pädagogik der Mitte. Plädoyers für Vernunft und Augenmaß in der Bildung. Bad Heilbrunn: Klinkhardt, S. 121–133

Dammer, Karl-Heinz (2011): All inclusive? Oder: Dabei sein ist alles? Ein Versuch, die Konjunktur des Inklusionsbegriffs in der Pädagogik zu verstehen. In: Pädagogische Korrespondenz 24 (43), S. 5–30

Dammer, Karl-Heinz (2013): Mythos Neue Lernkultur. In: Pädagogische Korrespondenz 26 (48), S. 27–57

Datler, Wilfried, Eggert-Schmid Noerr, Annelinde & Winterhager-Schmid, Luise (2002) (Hrsg): Das selbständige Kind. Jahrbuch für Psychoanalytische Pädagogik 12. Gießen: Psychosozial Verlag

Dworschak, Wolfgang (2017): Bildungsstatistik und Inklusion – eine kritische Betrachtung. In: Zeitschrift für Heilpädagogik (68), S. 31–43

Eser, Karl-Heinz (2016): Warum dieses Buch – statt einer Einleitung. In: Eser, Karl-Heinz, Ziegler, Martina & Ziegler, Mechthild (Hrsg): Lernbehinderung, die Behinderung »auf den zweiten Blick«. Remseck: Lernen Fördern, S. 6–12

Ellinger, Stephan & Stein, Roland (2012): Effekte inklusiver Beschulung: Forschungsstand im Förderschwerpunkt emotionale und soziale Entwicklung. In: Empirische Sonderpädagogik (22), S. 85–109

Felder, Marion & Schneiders, Katrin (2016): Inklusion kontrovers: Herausforderungen für die Soziale Arbeit. Schwalbach: Wochenschau-Verlag

Felten, Michael (2010): Auf die Lehrer kommt es an! Für eine Rückkehr der Pädagogik in die Schule. Gütersloh: Gütersloher Verlagshaus

Grüntgens, Willi (2017): Inklusion auf dem Prüfstand. In: Sonderpädagogische Förderung in NRW-Mitteilungen 55 (3), S. 29–37

Heimlich, Ulrich (2017): Inklusive Momente im Bildungsprozess. In: Pädagogische Rundschau 71 (2), S. 171–186

Hinz, Andreas (1998): Pädagogik der Vielfalt – ein Ansatz auch für Schulen in Armutsgebieten? Überlegungen zu einer theoretischen Weiterentwicklung. In: Hildeschmidt, Anne & Schnell, Irmtraud (Hrsg.): Integrationspädagogik. Auf dem Weg zu einer Schule für alle. Weinheim: Juventa, S. 127–144

Hinz, Andreas (2009): Inklusive Pädagogik in der Schule – veränderter Orientierungsrahmen für die schulische Sonderpädagogik!? Oder doch deren Ende? In: Zeitschrift für Heilpädagogik 60 (5), S. 171–179

Höfer, Christoph & Madelung, Petra (2006): Lehren und Lernen für die Zukunft. Unterrichtsentwicklung in selbstständigen Schulen. Köln: Bildungsverlag Eins

Kauffman, James M., Anastasiou, Dimitris & Maag, John W. (2017): Special education at the crossroad: An identity crisis and the need for a scientific reconstruction. In: Exceptionality 25, S. 139–155

Klein, Hans Peter (2016): Vom Streifenhörnchen zum Nadelstreifen: Das deutsche Bildungswesen im Kompetenztaumel. Springe: zu Klampen Verlag

Kokkersvold, Erling (2012): Kinder und Jugendliche, die ernste Verhaltensprobleme zeigen – sind wir auf dem richtigen Weg? In: Bedre Skole (4), S. 28–31

Liessmann, Konrad Paul (2006): Theorie der Unbildung. Die Irrtümer der Wissensgesellschaft. Wien: Zsolnay

McLeskey, James & Waldron, Nancy L. (2011): Full inclusion programs for elementary students with learning disabilities: Can they meet student needs in an era of high stakes accountability? In: Paper presented at the Council for Exceptional Children Convention (National Harbor, MD). Im Internet unter http://education.ufl.edu/disability-policy-practice/files/2012/05/McLeskey-Waldron-2011-Full-Inclusion-LD-1.pdf [20.7.2016]

Nassehi, Armin (2008): Exklusion als soziologischer oder sozialpolitischer Begriff? In: Bude, Heinz (Hrsg.): Exklusion. Debatte über die »Überflüssigen«. Frankfurt a.M.: Suhrkamp, S. 121–130

Oberverwaltungsgericht Lüneburg (2014): Beschluss v. 07.08.2014, Az.: 2 ME 272/14 (Anspruch auf Zuweisung zur Förderschule Lernen). Im Internet unter http://www.rechtsprechung.niedersachsen.de/jportal/portal/page/bsndprod.psml?doc.id=MWRE150000144&st=null&showdoccase=1&paramfromHL=true#focuspoint [13.10.2015]

Ogden, Terje (2012): Aftersproblemer og myten om den inkluderende skolen. In: Bedre Skole (4), S. 23–27

Reiss, Kristina/ Sälzer, Christine/ Schiepe-Tiska, Anja/ Klieme, Eckhard/ Köller, Olaf (2016) (Hrsg.): PISA 2015. Eine Studie zwischen Kontinuität und Innovation. Münster: Waxmann

Platte, Andrea (2005): »Schulische Lebens- und Lernwelten gestalten – Didaktische Fundierung inklusiver Bildungsprozesse«. Münster: Monsenstein & Vannerdat

Prengel, Annedore (2006): Pädagogik der Vielfalt. Verschiedenheit und Gleichberechtigung in Interkultureller, Feministischer und Integrativer Pädagogik. Wiesbaden: VS Verlag für Sozialwissenschaften

Sander, Alfred (2005): Bildungsstandards und Bildungsbarrieren: Thesen aus Perspektive einer inklusiven Pädagogik. In: Geiling, Ute & Hinz, Andreas (Hrsg.): Integrationspädagogik im Diskurs. Auf dem Weg zu einer inklusiven Pädagogik? Bad Heilbrunn: Klinkhardt, S. 110–113

Sander, Alfred (2008): Inklusion macht Schule. Ein langer Weg zu einem humanen Bildungswesen. In: Sonderpädagogische Förderung 53 (4), S. 342–353

Seitz, Simone (2008): Leitlinien didaktischen Handelns. In: Zeitschrift für Heilpädagogik 59 (6), S. 226–233

Speck, Otto (2016): Was ist ein inklusives Schulsystem? In: Vierteljahresschrift für Heilpädagogik und ihre Nachbargebiete (VHN), 85, S. 185–195

Stein, Roland (2012): Unlösbar oder gar kein Problem ...? Die inklusive Beschulung verhaltensauffälliger Kinder und Jugendlicher. In: Breyer, Cornelius, Fohrer, Günther, Goschler, Walter, Heger, Manuela, Kießling, Christina & Ratz, Christoph (Hrsg.): Sonderpädagogik und Inklusion. Oberhausen: Athena, S. 189–198

Stein, Roland & Müller, Thomas (2014): Inklusion im Schwerpunkt emotionale und soziale Entwicklung. Stuttgart: Kohlhammer

Stern, Daniel N. (2005): »Der Gegenwartsmoment«. Veränderungsprozesse in Psychoanalyse, Psychotherapie und Alltag. Frankfurt a. M.: Brandes & Apsel

Stichweh, Rudolf (2013): Inklusion und Exklusion in der Weltgesellschaft – am Beispiel der Schule und des Erziehungssystems. In: Zeitschrift für Inklusion-online 8 (1), S. 1–9

Struck, Peter & Würtl, Ingo (2010): Lehrer der Zukunft: Vom Pauker zum Coach. Darmstadt: Primus

Tenorth, Heinz-Elmar (2011): Inklusion im Spannungsfeld von Universalisierung und Individualisierung – Bemerkungen zu einem pädagogischen Dilemma. Im Internet unter http://www.schulentwicklung.bayern.de/unterfranken/userfiles/SETag2011/Tenorth-Inklusion-Wuerzburg-2011.pdf [07.09.2017]

Tenorth, Heinz-Elmar (2013a): Inklusion – Prämissen und Problemzonen eines kontroversen Themas. In: Baumert, Jürgen, Masuhr, Volker, Möller, Jens, Riecke-Baulecke, Thomas, Tenorth, Heinz-Elmar & Werning, Rolf (Hrsg.): Inklusion. Forschungsergebnisse und Perspektiven. Schulmanagement Handbuch 146. München, S. 6–14

Tenorth, Heinz-Elmar (2013b): Viele Befunde, aber kein Handlungswissen. In: Frankfurter Allgemeine Zeitung vom 01.03.2013, Nr. 51, S. 8.

Tenorth, Heinz-Elmar (2014): Bildung – oder die Möglichkeiten selbstbestimmter Lebensführung. Im Internet unter: http://media.essen.de/media/wwwessende/aemter/bildungsbuero/Essen-Bildungskonferenz-2014-Textversion_Copy.pdf [24.08.2017]

Terfloth, Karin (2016): Exklusion. Inklusion Lexikon. Im Internet unter http://www.inklusion-lexikon.de/Exklusion_Terfloth.pdf [13.01.2015]

Türcke, Christoph (2016): Lehrerdämmerung: Was die neue Lernkultur in den Schulen anrichtet. München: Beck

Vereinigung der Bayerischen Wirtschaft e. V. (2015) (Hrsg.): Bildung. Mehr als Fachlichkeit. Münster: Waxmann

Warnock, Mary (2005): Special educational needs. A new look. London: Philosophy of Education Society of Great Britain

Wocken, Hans (2001): Ist Prävention das Ziel von Integration? Eine kritische Interpretation des Hamburger Schulversuchs Integrative Regelklasse. In: Behindertenpädagogik 40 (3), S. 390–401

Wocken, Hans (2012): Das Haus der inklusiven Schule. Baustellen – Baupläne – Bausteine. Hamburg: Feldhaus

8

Bildung und Inklusion – der pädagogische Zugang

Rudolf Tippelt

Vorbemerkung

Das herausfordernde Thema wird thesenförmig und gleichzeitig unter Berücksichtigung empirischer Evidenz bearbeitet: Zunächst wird auf allgemeine Aussagen der Menschenrechtskonvention der UN eingegangen, die auch Anlass für die verstärkte Inklusionsdebatte in Deutschland war. Die Gestaltung einer pädagogischen Anerkennungskultur ist bei der Umsetzung von Inklusion konstitutiv. Daran schließt ein knapper und selektiver Überblick über die Inklusionsprozesse in den Teilbereichen des Bildungssystems an, wobei u. a. auf aufgezeigte Trends im nationalen Bildungsbericht (Autorengruppe Bildungsberichterstattung 2014) eingegangen wird und dabei besonders die frühkindliche Bildung, die schulische Bildung, die berufliche Bildung, die Hochschule sowie die Weiterbildung berücksichtigt werden. Die Inklusionsprozesse an Hochschulen und in der Weiterbildung werden anschließend vertieft erörtert. Auf die Notwendigkeit der pädagogischen Professionalisierung bei der Förderung von Inklusionsprozessen und auf noch zu beantwortende Forschungsfragen wird abschließend eingegangen.

Der pädagogische Zugang stellt auch in der Inklusionsdebatte den Bildungsbegriff in das Zentrum der Überlegungen. Bildung ist vielleicht ein deutscher Mythos, ist politische Lösung, ist auch pädagogisches Programm und ist sicher ein viel genutzter zeitdiagnostischer Kritikbegriff, aber ganz gewiss nicht nur Ideologie des Bürgertums (Tenorth 2011). Wilhelm von Humboldt (1792) hatte in den klassischen Texten zur neuhumanistischen Bildung noch gesagt, dass es um »die höchste und proportionalisierteste Bildung aller Kräfte zu einem Ganzen« gehe, dass die Verbreitung des »Wahren, Schönen und Guten«, ja die »Höherbildung der Menschheit«, die eigentliche Vision und Mission sei. Obwohl das aus heutiger Sicht idealistisch klingt, sind doch der kritische Gebrauch der eigenen Vernunft im Sinne von Kant sowie die Erziehung zu einem handlungsfähigen Mitglied der Gesellschaft bis heute die entscheidenden Zielkategorien einer ambitionierten ganzheitlichen Bildung. Ausgangsthese der folgenden Überlegungen ist, dass hinter einer wohl verstandenen ganzheitlichen Bildung die Ideen der Menschenrechte und der Menschenwürde stehen. Die Unantastbarkeit der Menschenwürde jedes einzelnen Individuums, der Wille zur Gerechtigkeit und die Förderung der Verantwortung für das Gemeinwesen sind ethische Fundamente von Bildung in allen Bereichen, die mit dazu beitragen, unser aller Leben human zu gestalten (Deutsche UNESCO Kommission 1948/2011).

8.1 Menschenrechtspädagogik als ethische Basis

Jeder Mensch hat das Recht auf Bildung (Lenhart et al. 2006). Das Übereinkommen der Vereinten Nationen über die Rechte von Menschen mit Behinderung hat dieses Recht für alle Menschen im Artikel 24 ausdrücklich bestätigt. Nach der Ratifizierung findet seit 2009 in Deutschland eine intensive, allgemeine pädagogische, bildungspolitische und bildungstheoretische Diskussion zur Umsetzung der Inklusion in den Institutionen des Systems des Lebenslangen Lernens statt. Die Konvention der Vereinten Nationen hat einen mahnenden Charakter, erinnert an unerledigte Aufgaben und verpflichtet zur Schaffung eines inklusiven Bildungssystems auf allen Ebenen. Es geht darum, Heterogenität und Individualität für die verschiedenen Teile des Bildungssystems verbindlich zu machen.

> »The purpose of the present Convention is to promote, protect and ensure the full and equal enjoyment of all human rights and fundamental freedoms by all persons with disabilities, and to promote respect for their inherent dignity« (UN 2007, Article 1).
> »›Discrimination on the basis of disability‹ means any distinction, exclusion or restriction on the basis of disability which has the purpose or effect of impairing or nullifying the recognition, enjoyment or exercise, on an equal basis with others, of all human rights and fundamental freedoms in the political, economic, social, cultural, civil or any other field. It includes all forms of discrimination, including denial of reasonable accommodation« (ebd., Article 2).

Die Konvention der Vereinten Nationen zielt nicht nur auf den Abbau von direkter Diskriminierung, sondern wendet sich ebenso gegen indirekt diskriminierende Strukturen, die einer gleichberechtigten Teilhabe von Personen mit Behinderung im Weg stehen. Versteht man Lebenslanges Lernen als einen zentralen Zugang zur Selbstreflektion und zur gesellschaftlichen Teilhabe, so sind aus der UN-Konvention gerade für den Bereich des Lernens und der Bildung über die Lebensspanne weitreichende Anforderungen abzuleiten, wobei das deklarierte Ziel, Teilhabebarrieren abzubauen (UN 2007, Article 1), nicht nur auf den Bildungsbereich zu übertragen ist. Dabei lässt die UN-Konvention durchaus offen, auf welchem Weg und durch welche Angebote für Personen mit Behinderung deren Inklusion in der Bildung erreicht werden kann.

In der Pädagogik ist der Begriff der Inklusion breit gefasst und nicht ausschließlich auf Personen mit Behinderungen oder chronischen Krankheiten begrenzt (Autorengruppe Bildungsberichterstattung 2014; Dietschek & Meisel 2012). Ausgehend von dem von der UNESCO formulierten Inklusionsbegriff wird Inklusion »als ein Prozess verstanden, bei dem auf die verschiedenen Bedürfnisse von allen Kindern, Jugendlichen und Erwachsenen eingegangen wird« (UNESCO 2009, S. 9). Diese Berücksichtigung individueller Bedürfnisse wird mit der Forderung nach einer verstärkten Partizipation an Lernprozessen und generell an Kultur und Gemeinwesen verbunden. Inklusion in diesem breiten Verständnis kann sich dann keineswegs auf die Barrierefreiheit von Bildungsangeboten beschränken, sondern erfordert »Veränderungen in den Inhalten, Ansätzen, Strukturen und Strategien« (ebd., S. 9). Inklusion ist aus pädagogischer Perspektive an die Diskussion um die Qualität in der Bildung und die Zielgruppen-, Teilnehmer- und Lebensweltorientierung anschlussfähig, wobei die zuletzt genannten Orientierungen auch zentrale Prinzipien der Gestaltung von Bildungsangeboten sind (Tietgens et al. 1980; Siebert 2006; Tippelt & Schmidt-Hertha 2013). Wenn man von einem pädagogisch breiten Inklusionsbegriff ausgeht, rücken neben Behinderung und chronischer Krankheit auch andere Aspekte von Benachteiligung oder Exklusion in den Blick, so dass Inklusion in den pädagogischen Diskursen häufig auch Personen mit Migrationshintergrund, sozial Benachteiligte und Bildungsferne sowie Arbeitslose oder Ältere mit einbezieht (Burtscher et al. 2013).

Inklusion verändert vieles, insbesondere auch die Aufgaben der pädagogischen Rollenträger. Inklusion als Zielformulierung ist in der allgemeinen Pädagogik tatsächlich unbestritten, denn Inklusion ist aus pädagogischer Perspektive ein Ansatz, der auf der Basis von Bürgerrechten argumentiert, sich gegen jede gesellschaftliche Marginalisierung wendet und somit allen Menschen das gleiche, volle und uneingeschränkte Recht auf individuelle Entwicklung und soziale Teilhabe in der Gesellschaft zuschreibt. Unabhängig von den jeweiligen persönlichen Unterstützungsbedarfen wird ein demokratisch organsiertes wie human gestaltetes Zusammenleben und Zusammenhandeln der Menschen in modernen Gesellschaften angestrebt.

Bildungstheoretisch sind beispielsweise das humanistische Persönlichkeitskonzept des Erasmus von Rotterdam, die didaktischen Entwürfe von Comenius sowie aber auch die Selbstaufklärung durch gemeinsame Kommunikation in Auseinandersetzung mit Positionen der Aufklärung (Habermas 1999; 1999a) eine historische Mitgift der Pädagogik, die sowohl einen realistischen Bildungsbegriff stärken und dadurch auch soziale Fragen der Gerechtigkeit aufnehmen kann, als auch die Kultivierung des Umgangs miteinander im Alltag anregt. Bei Inklusion geht es nicht um die Zurichtung eines bloßen Fachmenschentums durch Bildungsmaßnahmen, sondern – orientiert an den Menschenrechten – um sinnvolle und geglückte pädagogische Interaktionen, damit sich z. B. die basalen Sprach- und Selbstregulationskompetenzen (Kulturwerkzeuge) entfalten können. Gemeint sind hier das kompetente Verfügen über die Verkehrssprache, eine basale Mathematisierungskompetenz, grundlegende fremdsprachliche Kompetenz, die Kompetenz in der Nutzung von Informationstechnologien und die Befähigung zur Selbstregulation des Wissenserwerbs – immer vor dem Hintergrund eines individuell adaptierten Anforderungsniveaus. Über diese Vermittlung und Aneignung basaler Kulturtechniken stellen insbesondere die Schule, aber eben auch die anderen Bildungseinrichtungen ein Orientierungswissen bereit (vgl. dazu Aktionsrat 2015), das zur individuell angemessenen kognitiven Modellierung der Welt befähigt, das die ästhetisch expressive Begegnung und Gestaltung von Umwelt (z. B. durch Sprache, Kunst, Literatur und

Musik) ermöglicht, das es den Lernenden erlaubt, sich normativ evaluativ mit Wirtschaft und Gesellschaft auseinanderzusetzen (durch Geschichte, Ökonomie, Politik und Gesellschaftskunde), und das schließlich auch mit Problemen konstitutiver Rationalität konfrontiert (z. B. durch Ethikunterricht, Philosophie und insbesondere Religionsunterricht). Inklusion bedeutet hierbei, dass niemand von diesen Bildungsprozessen von vornherein ausgeschlossen wird und dass neben sozialen Bezugspunkten immer auch individuelle Fähigkeiten, das individuelle Lerntempo und die individuellen Möglichkeiten berücksichtigt werden. Es ist noch der Hinweis angebracht, dass Pädagogik sowohl auf der Mikroebene das Lernen und Lehren gestaltet, dass sie aber auch auf anderen Ebenen für die Sensibilisierung und auch Orientierung der Praxis, der Politik und generell der Institutionen hilfreich sein kann.

8.2 Pädagogische Anerkennungskultur und universalistische Moral

Bei Inklusionsprozessen spielen soziale und emotionale Kompetenzen eine wichtige Rolle: Moralisches Urteilsvermögen, Perspektivenübernahme, Ambiguitätstoleranz, ein stabiler und hoher Selbstwert, Kreativität, eine starke Lernbereitschaft sowie auch die Fähigkeit zur Rollendistanz prägen das Handeln von Pädagoginnen und Pädagogen sowohl auf der Ebene der Leitenden und Führenden als auch auf der Ebene der Mitarbeiter und Mitarbeiterinnen. Entsprechende Persönlichkeitsdispositionen von Pädagoginnen und Pädagogen in Bildungseinrichtungen, aber auch in anderen Organisationen, können auch im Erwachsenenalter im Kontext der Personalentwicklung gefördert werden, sind aber ebenso schon in frühen Lebensphasen der Entwicklung angelegt (Schmidt-Huber & Tippelt 2014).

Moralisches Urteilsvermögen ist sicher der Kern ethikorientierten pädagogischen Handelns und ist Basis für die individuelle Integrität, den sozialen Zusammenhalt, aber auch die organisatorische und gesellschaftliche Kohäsion. Aber wie kann moralisches Urteilsvermögen gefördert werden? Wir wissen aus der Forschung zur Moralentwicklung (Tippelt & Alkoyak-Yildiz 2015), dass über ein konventionelles Stadium hinaus postkonventionelles Urteilsvermögen ein Entwicklungsziel sein kann. Hierzu ist die Fähigkeit zur Perspektivenübernahme ausschlaggebend. Perspektivenübernahme bedeutet, dass man sich in die Interessen und die Befindlichkeiten

Anderer hineindenken kann und dies beim eigenen Handeln berücksichtigt. Perspektivenübernahme entfaltet sich schon in frühen Lebensjahren, denn Ausgangsbasis hierfür ist die sozialkognitive und moralische Entwicklung im Kindes- und Jugendalter, die dann die entsprechenden Kompetenzen und Orientierungen auch im Erwachsenenalter prägen. Selbstverständlich kann sich die Perspektivenübernahme in außerschulischen Settings durch implizite Lerngelegenheiten stark entfalten. Die moralische Wahrnehmungs-, Reflexions- und Handlungsfähigkeit spiegelt sich auch in Vorstellungen von Gerechtigkeit wider, denn im Verständnis von Gerechtigkeit werden einerseits eigene Motive und eigene Lebenssituationen reflektiert, andererseits wird dieses individuelle Verständnis aber auch auf das gemeinsame gesellschaftliche Wohl bezogen. Der wichtigste Aspekt für die Entfaltung von moralischer Urteilsfähigkeit, die bei der Inklusion so bedeutsam ist, ist der Aufbau von Empathie.

> »Empathie kann man auch als Einfühlungsvermögen bezeichnen, das durch affektiv-emotionale Faktoren beeinflusst ist, so dass Sympathie ermöglicht wird, die es wiederum erleichtert, die Erwartungen anderer zu antizipieren« (Schmidt-Huber & Tippelt 2014, S. 26).

Die für die Praxis der Inklusion wichtige Empathie hat im Vergleich zur Rollenübernahmefähigkeit eine emotionale und mitfühlende Komponente. Die Förderung von Perspektivenübernahme und Empathie im frühen Lebensalter, schon im Spiel oder auch später durch die Teilnahme in sozial heterogenen Lernsettings – wie sie für Inklusion typisch sind –, gelten als Voraussetzung für die Entfaltung der Fähigkeiten zur Perspektivenübernahme.

Pädagoginnen und Pädagogen, die Inklusion fördern, müssen widersprüchliche Rollenerwartungen meistern, da sie mit internen und externen Rollenkonflikten umgehen können müssen. Diese Fähigkeit, Rollenkonflikte zu ertragen und zu lösen, steht in einem engen Zusammenhang zur Metakognition, also der Fähigkeit, widersprüchliche und ambivalente Erwartungen an die eigene Person zu identifizieren und damit umgehen zu lernen. Man kann sagen, dass der Umgang mit unterschiedlichen Normen und verschiedenen Verhaltenserwartungen bei der gleichzeitigen Wahrung von Ich-Identität dann begünstigt wird, wenn man sich bereits beim Aufwachsen und später in Ausbildungsprozessen in einer nicht homogenen Umwelt zurechtfindet. Pädagoginnen und Pädagogen in Inklusionsprozessen glauben an die eigene Wirksamkeit und die Erreichbarkeit der selbst formulierten Ziele. Dies geschieht durch ein authentisches Vertreten der eigenen Auffassungen.

8.2 Pädagogische Anerkennungskultur und universalistische Moral

Ein positiver Selbstwert entsteht durch soziale Vergleiche, durch Rückmeldungen von anderen Personen und positive Erfahrungen der Wirksamkeit des eigenen Handelns. Im Erwachsenenalter festigt sich typischerweise ein positiver oder auch ein negativer Selbstwert. Für Pädagoginnen und Pädagogen, die in Inklusionsprozessen wirken, ist sicher ein positiver Selbstwert notwendig. Es ist hervorzuheben, dass sich die Entwicklung und Stabilität eines positiven Selbstwertes durch die Unterstützung des Elternhauses, die Anerkennung von Gleichaltrigen und das reflektierte Feedback von pädagogischen Bezugspersonen stabilisiert. Ein positiver Selbstwert, der bei der Inklusion für alle Beteiligten ein elementares Ziel darstellt, basiert also auf eigenen Erfolgserlebnissen sowie auf stellvertretenden Erfahrungen, auf der verbalen Ermutigung durch nahestehende Personen wie auch auf dem zielführenden Umgang mit der eigenen emotionalen Erregung in verschiedenen Situationen.

Weiter ist in Inklusionsprozessen die Selbstreflexion Grundlage für das authentische und glaubwürdige Auftreten von Persönlichkeiten. Selbstreflexion gilt in diesem Zusammenhang als eine Metakompetenz und ist als ein kontinuierlicher Prozess über die Lebensspanne zu begreifen. Selbstreflexion beinhaltet u. a., dass eine Lernorientierung und die Veränderung der eigenen Persönlichkeit wichtiger sind als bloße Leistungsorientierungen. Insbesondere das Handeln in komplexen Umwelten – wie das bei der Inklusion gegeben ist – setzt hohe Lern- und Anpassungsbereitschaft voraus und fördert gleichzeitig die Selbstreflexion. Wiederum fungieren hier die Eltern und die pädagogischen Fachkräfte als Vorbilder. Die kreative Entfaltung im Spiel kann die Fantasie und Handlungsflexibilität fördern und wirkt sich positiv auf die Selbstreflexion in inklusiven Bildungsprozessen aus, so dass die spielerische Vermittlung von Lerninhalten die Entwicklung in inklusiven Lernprozessen fördert. Besonders im Spiel wird die reale Lebenswelt als veränderbar wahrgenommen.

Es war Georg H. Mead, der den Weg für eine kommunikations- und diskurstheoretisch geleitete Argumentation und für die Begründung einer universalistischen Moralphilosophie ebnete, wie diese später von Kohlberg und Habermas vertreten wurde (Kenngott 2012). Innerhalb der Stufentheorie der moralischen Entwicklung wird der Perspektivenübernahme eine zentrale Rolle zugesprochen. Die Fähigkeit zur Perspektiven- und Rollenübernahme haben in der Tradition Kants, Meads, Deweys und Piagets bis heute die Moralpsychologie und -pädagogik entscheidend geprägt (Tippelt & Alkojak-Yildiz 2015). Für die inklusive Pädagogik ist die Tatsache wichtig, dass mit einer erweiterten Rollenübernahmefähigkeit mehrere Perspektiven bei der Urteilsbildung berücksichtigt werden können. Die in der Kindheit und im Jugendalter erworbene moralische Urteilsfähigkeit reicht als Basis für die moralische Urteilsbildung im Erwachsenenalter jedoch nicht aus (Lind 2002).

Aus einer pädagogischen Perspektive zur Inklusion ist man daran interessiert, die sozial-emotionale und die sozial-kognitive Entwicklung von Menschen zu berücksichtigen. Allerdings wird die Beziehung von Bildung und Bindung bis heute noch relativ wenig reflektiert. Das liegt auch an Erfahrungen im Schulbereich, denn seit Jahren wird problematisiert, dass Lehrkräfte den Erziehungsauftrag der Schule gegenüber einem distanzierten Vermitteln von Fachinhalten vernachlässigen. Für eine inklusive Pädagogik ist die Erkenntnis wichtig, dass ohne emotionale Zuwendung pädagogisches Handeln nicht möglich ist. Zwar hat bereits 1961 Hermann Nohl unter dem Topos »Pädagogischer Bezug« die personale Beziehung in der Erziehung diskutiert und auch deren emotionale Bedeutung betont, aber die in den 1930er Jahren geprägten Formulierungen erscheinen aus heutiger Sicht fremd und sie können nicht auf eine inklusive Pädagogik übertragen werden (Gloger-Tippelt & Tippelt 2017.). Besser geeignet für eine inklusive Pädagogik ist eine ältere Tradition, wenn beispielsweise Herbart das besondere »pädagogische Verhältnis« des Erziehers zu seinem Zögling mit dem Begriff des »*pädagogischen Takts*« analysiert. Dabei stellt der pädagogische Takt, wenn man ihn modern rekonstruiert, einen situativ-zeitlich und auch sozial gedachten Gleichtakt zwischen Kindern und Jugendlichen einerseits und ihren frühpädagogischen Fachkräften und Lehrkräften andererseits dar, was dann wiederum als eine Voraussetzung für die sinnvolle und inklusive Gestaltung von Bildungs-, und insbesondere von Lehr- und Lernsituationen zu verstehen ist. Der Topos des pädagogischen Takts ist für moderne Konzepte, die die Nähe und Distanz in pädagogischen Interaktionen thematisieren, anschlussfähig. Der pädagogische Takt hebt hervor, dass in professionellen (nicht familialen) pädagogischen Kontexten die »Liebe zum Kind« einen überfordernden Anspruch beinhalten kann. Dagegen sollte professionelles, auch inklusives pädagogisches Handeln daran orientiert sein, Kompetenzen und Wissensbestände nicht in den Hintergrund zu drängen. Man muss nicht die Position der strukturfunktionalen Theorie der Sozialisation von Dreeben oder Parsons teilen, um die Notwendigkeit von affektiver Kontrolle in beruflichen pädagogischen Handlungsfeldern zu begründen. Für eine inklusive Pädagogik ist die Erkenntnis hilfreich, dass gerade der Übergang von der stark emotionalen Welt der Familie in die sachlichere Welt der frühen Phasen der Schule im Fokus des Interesses steht. Affektiv kontrollierte Haltungen dürfen nicht als Kälte und Gefühllosigkeit in pädagogischen Interaktionen missverstanden werden, da doch insbesondere in der inklusiven Pädagogik emotionale Komponenten beim Lernen von großer Bedeutung sind. Gerade in der Frühpädagogik – aber nicht nur in diesem pädagogischen Feld – ist emotionale und soziale Feinfühligkeit der Bezugspersonen und des erziehenden Personals eine Voraussetzung dafür, dass sich inklusive Lernprozesse entfalten können, worauf u. a. die Weiterbildungsinitiative frühpädagogischer Fachkräfte (WIFF) deutlich hinweisen konnte.

8.3 Inklusion in den pädagogischen Institutionen des Systems des Lebenslangen Lernens

Im Folgenden wird eine knappe Skizze zur Inklusion in den verschiedenen Teilbereichen des Bildungswesens formuliert, wobei eine enge Anbindung an die Ergebnisse des nationalen Bildungsberichts (Autorengruppe Bildungsberichterstattung 2014) und des Aktionsrats Bildung (2015) erfolgt. Vorweggenommen werden muss der Befund, dass gegenwärtig von der frühkindlichen Bildung bis zur beruflichen Bildung und zur Hochschule »mit steigendem Alter der betroffenen Personen, zunehmend weniger inklusive Angebote des Lernens vorgesehen sind« (Autorengruppe Bildungsberichterstattung 2014, S. 175).

Frühkindliche Bildung: Es lässt sich zunächst festhalten, dass in den ersten Lebensjahren die motivationale Basis für das Lebenslange Lernen und die Kompetenzentwicklung gelegt wird. Nach wie vor ist der Kinderkrippenbesuch stark abhängig von der sozioökonomischen Situation der Eltern. Dies ist bedenklich, weil Kinder u. a. bessere fachliche und überfachliche Leistungen erreichen, wenn sie die Einrichtungen der frühkindlichen Bildung besuchen. Für eine inklusive Pädagogik ist der Befund wichtig, dass es zu einem Transfer der Erfahrungen von der frühkindlichen zu den schulischen Lernprozessen kommt, da sich dies auch auf die Kompetenzentwicklung auswirkt (König et al. 2015). Von der Politik wurde dies erkannt, so dass ein bedarfsgerechter und qualitätsorientierter Ausbau der Institutionen der frühen Förderung zumindest vorangetrieben wird.

»Der Anteil der Kinder im Alter von unter drei Jahren, die eine Eingliederungshilfe in Kindertageseinrichtungen oder in einer Kindertagespflege erhalten, lag im Jahr 2013 insgesamt bei einer Quote von 0,2 % der altersgleichen Bevölkerung [...] Die jahrgangsspezifischen Quoten steigen mit dem Alter der Kinder bis zu einem Wert von zuletzt 3,6 % bei den 5-jährigen an« (Autorengruppe Bildungsberichterstattung 2014, S. 162).

Aus einer inklusiven Perspektive ist festzustellen, dass der Schlüssel für die Verbesserung der Qualität der inklusiven Prozesse in der frühkindlichen Bildung nicht allein im quantitativen Ausbau der Frühpädagogik (Autorengruppe Fachkräftebarometer 2014, S. 18) zu sehen ist – es geht auch um die Verbesserung der kontinuierlichen Fort- und Weiterbildung des pädagogischen Personals zu Fragen der inklusiven Bildung (Heimlich 2013). Teil einer gelingenden inklusiven Bildung im frühen Kindesalter sind sicher auch die Eltern und damit auch die Förderungskonzepte der Erziehungskompetenz sowie der inklusiven Feinfühligkeit von Vätern und Müttern.

Schulische Bildung: Trotz der enormen Bildungsexpansion der letzten Jahrzehnte haben die familiären Lebensverhältnisse und die soziale Herkunft nach wie vor einen massiven Einfluss auf die Teilnahme an den verschiedenen schulischen oder beruflichen Bildungsformen (Allmendinger et al. 2016). Ebenso wirkt sich die soziokulturelle Herkunft bzw. die Migration auf die Schulwahl und auf bestimmte schulische Karrieren aus. Vor dem Hintergrund eines breiten Inklusionsverständnisses ist hervorzuheben, dass Mädchen mittlerweile höhere Bildungsabschlüsse erreichen als Jungen, so dass hier gegenüber den 1970er Jahren eine starke Verbesserung inklusiver Bildungsprozesse stattgefunden hat. Für die inklusive Bildung hat der stabile Befund Bedeutung, dass der Erwerb von Kompetenzen in Mathematik, Biologie, Chemie oder Physik deutlich mit den Interessen von Schülerinnen und Schülern korreliert. Der Interessensförderung kommt im schulischen Kontext daher gerade bei inklusiven Lernprozessen für die Entfaltung von Kompetenzen ein hoher Einfluss zu (Aktionsrat Bildung 2015). Für Menschen mit Behinderungen ist eine zunehmende Orientierung auf die Prozess- und Verlaufsdiagnostik erkennbar, d. h. die Bereitstellung von flexiblen, situationsadäquaten und kurzfristig verfügbaren Unterstützungsleistungen wird wichtiger (Autorengruppe Bildungsberichterstattung 2014, S. 162). Dabei ist die einzelfallbezogene Feststellung des sonderpädagogischen Förderbedarfs dominant, wobei die Förderquote von Schülerinnen und Schülern mit sonderpädagogischem Förderbedarf insbesondere im Bereich der »emotionalen und sozialen Entwicklung« derzeit steigt (ebd., S. 163). Der Anteil exkludierender und separierender Angebote – so der tatsächliche Trend – steigt nach dem Übergang in die Schule (ebd., S. 177). Trotz der zunehmenden Integration von Schülerinnen und Schülern mit sonderpädagogischem Förderbedarf in allgemeine Schulen gibt es bislang keine Verringerung des Förderschulbesuchs. Damit setzt sich auch die soziale Diskriminierung von Förderschülerinnen und -schülern fort, da deren Eltern häufiger un- und angelernte Arbeitskräfte sind und sie vor diesem Hintergrund häufiger aus einem weniger lernförderlichen familiären Umfeld kommen (ebd., S. 180).

Berufliche Bildung: Seit 2008 ist eine Abnahme des dualen Systems und auch eine Abnahme des Übergangssystems zu beobachten, während das Schulberufssystem dagegen leicht zunimmt. Eine langsame Verlagerung von der beruflichen zur akademischen Bildung ist unverkennbar. Für die Inklusion ist der Befund relevant, dass im dualen System die Realschülerinnen und -schüler und auch die Abiturientinnen und Abiturienten überwiegen, denn immerhin haben fast ein Viertel der in das duale System einmündenden Auszubildenden eine Hochschulzugangsberechtigung. Personen ohne Schulabschluss haben eine sehr geringe Chance, in die berufliche Bildung integriert zu werden, und auch Hauptschülerinnen und Hauptschüler weisen nur noch ein Viertel der Auszubildenden bei den Neuzugängen auf (Autorengruppe Bildungsberichterstattung 2012). Im Schulberufssystem überwiegen Realschülerinnen und -schüler, und Schülerinnen und Schüler ohne Schulabschluss haben kaum eine Chance, in das Schulberufssystem einzumünden. Das Übergangssystem ist dagegen entsprechend seiner Funktion für Personen ohne Schulabschluss offen und integriert viele Hauptschülerinnen und -schüler (ebd.), was gleichzeitig heißt, dass das Übergangssystem für die inklusive Pädagogik nach wie vor ein wichtiger Teilbereich ist. Wenn man bedenkt, dass drei Viertel der Schülerinnen und Schüler die Förderschule ohne Hauptschulabschluss verlassen, wäre ohne ein Übergangssystem die Jugendarbeitslosigkeit von Menschen mit Behinderungen in Deutschland vermutlich deutlich höher. Die höchsten Ausbildungsquoten für Menschen mit Behinderungen liegen in der Hauswirtschaft und in der Landwirtschaft, aber dort sind die Vertragsauflösungen höher als bei anderen staatlich anerkannten Berufen. Sinnvoll ist daher aus einer pädagogischen Sicht der Vorschlag, die Institutionen der Ausbildung in den staatlich anerkannten Ausbildungsberufen – im Rahmen des dualen Ausbildungssystems und des Schulberufssystems sowie der spezifischen Einrichtungen der Berufsbildungswerke, die einen größeren Teil der jungen Menschen mit Behinderung derzeit qualifizieren – näher zusammenzuführen. Insbesondere sollten mehr Jugendliche mit Behinderungen ihre Berufsausbildung in der dualen oder vollzeitschulischen Ausbildung erfahren. Derzeit überwiegt hier noch die Separierung. Für eine qualitativ gute und einfühlsame inklusive Pädagogik ist darüber hinaus die Ausbildereignung von großem Interesse. Auch inklusive Pädagogik basiert auf problembasiertem Lernen und auf der Entwicklung fachlicher Kompetenzen, wie Selbstlernkompetenzen oder personalen und sozialen Kompetenzen. Problemlösekompetenz, die Entfaltung von Lernbereitschaft und Verantwortung, aber auch die Selbstlernkompetenz sind in einer inklusiven Pädagogik besonders wichtig (Aktionsrat Bildung 2015). Die Personalentwicklung der Ausbilderinnen und Ausbilder ist eine zentrale Herausforderung, um kompetenzbasiert und inklusiv ausbilden zu können.

Weiterbildung: Inklusion im Bereich der Weiter- und Erwachsenenbildung bedeutet einen uneingeschränkten Zugang und die vorbehaltlose Zugehörigkeit zu allen Weiterbildungseinrichtungen von Städten, Kommunen wie Landkreisen und die selbstverständliche Teilhabe an allen Angeboten der gesellschaftlich ausdrücklich autorisierten öffentlichen wie freien Anbieter der Erwachsenenbildung (Schmidt-Hertha & Tippelt 2013). Es geht darum, die Bildungseinrichtungen so zu gestalten, dass jeder Mensch als selbstverständliches Mitglied der Gemeinschaft anerkannt sowie von ihr wertgeschätzt wird und dass er in seinen Fähigkeiten und seinen Möglichkeiten zur Selbstbestimmung, Mitbestimmung und Solidarität gefördert wird. Festzustellen ist, dass gemeinnützige private Einrichtungen und Einrichtungen von Kirchen und Verbänden eine höhere Weiterbildungsteilnahme von Menschen mit Behinderungen verzeichnen können als wirtschaftsnahe und vor allem kommerzielle private Weiterbildungseinrichtungen (Autorengruppe Bildungsberichterstattung 2014).

Hochschulen: Rund ein Fünftel aller Studierenden ist von Behinderung und/oder chronischer Erkrankung betroffen; dabei fühlen sich die Betroffenen je nach Erkrankung unterschiedlich stark beeinträchtigt und haben auch einen stark differierenden Förderbedarf (Tippelt & Schmidt-Hertha 2013). Der Förderbedarf bezieht sich sowohl auf Lehr- und Prüfungssituationen als auch auf die Studien- und Lebensbedingungen allgemein. Die Art und der Umfang der Unterstützungsangebote sind an den Hochschulen unterschiedlich und man muss konstatieren, dass keine durchgängige Sensibilisierung für das Thema besteht. Auch gibt es zur Inklusion keinen einheitlichen Professionalisierungsansatz in der Hochschullehre oder für die anderen Arbeitsbereiche an Hochschulen; die bestehenden Qualifizierungs- und Unterstützungsangebote entsprechen jeweils sehr spezifischen Lösungen am jeweiligen Hochschulstandort. Bislang existiert ein ausschließlich zielgleiches Studium von Studierenden mit und ohne Beeinträchtigungen (Autorengruppe Bildungsberichterstattung 2014). Der Forschungsstand zum Thema ist insgesamt noch unzureichend.

8.4 Vertiefte Darstellung zur Inklusion an den Hochschulen und in der Weiterbildung

Inklusion in der Weiter- und Erwachsenenbildung zeigt sich erstens in der Bildungsbeteiligung von Menschen mit Behinderung im quartären Bereich und erweist sich zweitens in den Angebotsstrukturen, wobei sich eine Ambivalenz zwischen dem Bemühen um zielgruppenspezifische Angebote und einer Inklusion von Menschen mit Behinderung in das Spektrum von allgemeinen Weiterbildungsangeboten ergibt. Wie für alle Organisationen im System des Lebenslangen Lernens stellt sich schließlich die Frage nach der Professionalisierung des Personals in Lehre, Beratung und Administration im Hinblick auf die Gestaltung von Lehr-Lern-Arrangements für Lernende mit Beeinträchtigungen.

Zur Bildungsbeteiligung von Erwachsenen mit Behinderung und damit verbundenen Barrieren gibt es nur wenige repräsentative Untersuchungen, allerdings stehen über die Erwachsenenkohorte des Nationalen Bildungspanels (NEPS) mittlerweile Daten zum Weiterbildungsverhalten zur Verfügung, die eine Differenzierung von Personen mit und ohne Behinderung bzw. die Einordnung nach dem Grad der Behinderung zulassen.

Eine deskriptive Analyse zum Weiterbildungsverhalten ergibt, dass von Erwachsenen ohne Behinderung knapp 44 % an Weiterbildungen in den vergangenen 12 Monaten teilnahmen, der Anteil bei Personen mit anerkannter Behinderung lag dagegen bei unter 31 %. Wenn man allerdings in einer linearen Regressionsanalyse den Bildungsstand, den Erwerbsstatus sowie das Alter und das Geschlecht als Einflussfaktoren kontrolliert, verschwindet die Bedeutung des Behinderungsgrades als Prädiktor für eine Weiterbildungsteilnahme nahezu. Der subjektiv eingeschätzte Gesundheitszustand bleibt zur Vorhersage von einer möglichen Weiterbildungsteilnahme jedoch signifikant (Schmidt-Hertha & Tippelt 2013). Man kann aus diesen Befunden u.a. schließen, dass zum einen eine erhebliche Zahl von Personen mit Behinderung an Weiterbildungsangeboten teilnimmt, dass sie zum anderen nach wie vor eine Benachteiligung erfahren sowie vor allem, dass die besonderen Bedürfnisse dieser Gruppe auch im quartären Bildungssektor nachdrücklich zu berücksichtigen sind. Aus den Daten der NEPS-Erwachsenenkohorte lässt sich auch erkennen, dass eine deutliche Reduktion des Zeitbudgets für Weiterbildung nur bei Personen mit schwersten Einschränkungen (Behinderungsgrad über 80 %) festzustellen ist.

8 Bildung und Inklusion – der pädagogische Zugang

Der quartäre Bildungssektor ist durch eine sehr plurale, heterogene und auch unübersichtliche Angebotslandschaft geprägt, wobei die traditionellen Anbieter wie die Volkshochschulen ein breites Spektrum an Themen und Formaten abdecken; aber auch Selbsthilfegruppen, Vereine und Bürgerinitiativen leisten einen wesentlichen Beitrag zu eher selbstorganisierten Bildungsangeboten mit einem hohen inklusiven Potenzial (Kniel & Windisch 2005). In der Angebotsstatistik der wichtigsten Träger außerberuflicher Weiterbildung lassen sich diejenigen Angebote identifizieren, die sich speziell an Personen mit Behinderung richten, wohingegen die Teilnahme Behinderter in den anderen Angeboten nicht systematisch erfasst ist. Der Anstieg der Weiterbildungsangebote für Behinderte ist jedoch keineswegs durchgehend expansiv.

Andere Trends sind im Bereich der beruflichen Weiterbildung erkennbar: Insbesondere die nach SGB IX geförderten Maßnahmen beruflicher Rehabilitation richten sich gezielt an Personen mit Behinderung (Wuppinger & Rauch 2010). Dabei reichen die beruflichen Rehabilitationsmaßnahmen von Orientierungsangeboten, über Umschulungen bis hin zu spezifischen Fort- und Weiterbildungsmaßnahmen, wobei die Weiterbildungsteilnahme als auch der Arbeitsmarkterfolg mit der schulischen und beruflichen Erstausbildung korrelieren (ebd.).

In der beruflichen wie der außerberuflichen Weiterbildung ist davon auszugehen, dass die spezifisch für Personen mit Behinderung konzipierten Angebote nur einen Teil der gesamten Weiterbildungsaktivitäten von Personen mit Behinderung abbilden. Auch viele andere allgemeine Angebote, die sich nicht speziell an Personen mit Behinderungen und gesundheitlichen Einschränkungen richten, erreichen diese Zielgruppe. Dies ist als wesentlicher Schritt in die Richtung einer inklusiven Weiterbildung zu bewerten (Heimlich & Behr 2011). Von den im WB-Monitor (eine Befragung von 1253 Weiterbildungsanbietern) befragten Bildungseinrichtungen gaben immerhin 37 % an, auch Teilnehmerinnen und Teilnehmer mit Behinderung (wenn auch meist zu einem sehr geringen Teil) in ihre Veranstaltungen zu integrieren (Koscheck et al. 2013). Allerdings wissen wir wenig über die Schwierigkeiten von Erwachsenen mit Behinderung, tatsächlich an Weiterbildung partizipieren zu können; beispielsweise barrierefreie Zugänge zu Räumen der Weiterbildung sind bei vielen Trägern noch nicht vollständig gegeben/vorhanden. Die Ergebnisse des aktuellen WB-Monitors zeigen, dass nur bei 35 % der Anbieter vollständig barrierefreie Zugänge zu Veranstaltungs- und Sanitärräumen vorhanden sind. Insbesondere kleine und private Einrichtungen verfügen häufig über keine barrierefreien Räume. Speziell qualifiziertes Personal für die Weiterbildung von Erwachsenen mit Behinderung weisen nur 21 % der befragten Einrichtungen auf (ebd.).

An den Hochschulen hat nahezu jede/-r fünfte Studierende (19 %) eine Behinderung oder chronische Erkrankung, die auch das eigene Studium beeinträchtigt. Von den Befragten mit Allergien, Atemwegserkrankungen oder Seh- und Hörschädigung fühlen sich eher wenige (4 bis 7 %) stark beeinträchtigt, dagegen sehen Studierende mit Schädigungen des zentralen Nervensystems (24 %) oder mit psychischen Erkrankungen (37 %) ihr Studium häufig stark erschwert (DSW 2011).

Der signalisierte Bedarf an Unterstützung umfasst sowohl die Lehr-Lern-Situation als auch die organisatorischen und lebensbegleitenden Rahmenbedingungen (Abgabefristen, Nutzung der Bibliothek, Wohnen, Essen etc.). Am größten sind die Schwierigkeiten im Studium für die Studierenden, die psychisch und chronisch sowie mehrfach beeinträchtigt sind. Beratungs- und Unterstützungsangebote erhalten die Studierenden durch die über 40 Studentenwerke in Deutschland sowie durch die Behinderten-Beauftragten an den Hochschulen. Aber weder die Lehrenden noch die Verwaltungsmitarbeiterinnen und -mitarbeiter werden bislang vertieft zum Thema »Inklusion« qualifiziert.

8.5 Inklusion und Professionalisierung des pädagogischen Personals

Mit Blick auf die Professionalisierung ergeben sich Anforderungen in unterschiedlichen Bereichen. In den Institutionen des Systems des Lebenslangen Lernens ist eine jeweils entsprechende sonderpädagogische Qualifikation des pädagogischen Personals notwendig, aber auch die Abstimmung der Organisationsprozesse in pädagogischen Einrichtungen ist auf die Bedürfnisse von Lernenden mit Behinderung – als ein Bestandteil von Qualitätsstandards – einzuführen und zu evaluieren. Tatsächlich ist die Etablierung von Qualitätsmanagementsystemen im Bildungssektor (im Überblick bei Hartz & Meisel 2011; Edelmann et al. 2011) dringlich, weil sich zum einen die Kompetenzen des pädagogischen und nicht-pädagogischen Personals in Bildungseinrichtungen als wesentliches Qualitätskriterium herauskristallisieren und zum anderen die teilnehmer- und zielgruppengerechte Gestaltung von Lehr-Lern-Arrangements und die damit verbundenen organisationalen und beratenden Prozesse eingeführt werden müssen – wenn

Inklusion nicht als bloße Metapher den pädagogischen Diskurs ergänzen soll.

Die Professionalisierung des pädagogischen Personals hat als Thema in Praxis, Forschung und Politik in den verschiedenen Bildungsbereichen eine lange Tradition (Helsper & Tippelt 2011), aber die in den 1960er und 1970er Jahren noch mit dem Professionalisierungsbegriff verbundene Idee einer Vereinheitlichung der Ausbildung aller in der Bildung arbeitenden Fachkräfte wurde längst von den Realitäten einer arbeitsteiligen, segmentierten und pluralen Bildungslandschaft überholt (Nittel & Tippelt 2018), so dass aktuelle Initiativen zur Professionalisierung in den verschiedenen Tätigkeitsbereichen (Leitende in Bildungseinrichtungen, Programmverantwortliche, Lehrende, Verwaltungskräfte) vor dem Hintergrund sehr heterogener Arbeitsbedingungen realisiert werden müssen (Dobischat et al. 2010). Professionalität wird dabei als eine situativ zu erbringende berufliche Leistung verstanden, die sich nur teilweise als eine zeitlich stabile Kompetenz, jedoch häufig in einer situationsgebundenen Performanz abbildet (Nittel 2000). Die Professionalisierung pädagogischer Fachkräfte ist so vielfältig wie die Beschäftigungsformen und nur teilweise an einheitliche Standards gebunden (Nittel et al. 2014). Insofern scheint das Angebot zur Professionalisierung von Fachkräften auch im Hinblick auf Inklusion noch defizitär zu sein. Selbst der Begriff der Behinderung ist nicht eindeutig:

> »Der Begriff der Behinderung ist ebenso komplex wie uneindeutig definiert. Einerseits wird bis heute Behinderung als individuelles Merkmal einer Person verstanden; andererseits ist seit den 1970er Jahren das Bestreben erkennbar, ein individuumbezogenes Bildungsverständnis durch ein soziales abzulösen. Letzteres stellt die gesellschaftlichen Barrieren in den Mittelpunkt, die Individuen aufgrund von körperlichen wie sozialen Normabweichungen stigmatisieren und benachteiligen« (Autorengruppe Bildungsberichterstattung 2014, S. 158).

Vor dem Hintergrund eines sozialen pädagogischen Bildungsverständnisses ist zu konstatieren, dass professionelles Handeln heute stark handlungs- und gestaltungsorientiert ist, so dass dem situierten Handeln von Akteuren in Bildungseinrichtungen gerade bei inklusiven Erziehungs- und Bildungsprozessen große Bedeutung zukommt. Besonders die gesellschaftliche Rahmung von Inklusion darf nicht vernachlässigt werden. Der daraus resultierende Auftrag, Prozesse und Kontexte bei der empirischen Analyse und der Handlungsplanung genauso zu berücksichtigen wie Wirkungen (*output* und *outcome*) – weil gerade über Prozesse und Kontexte Einflussmöglichkeiten auf die Wirkungen gegeben sind – ist gleichermaßen relevant für pädagogische Professionalität wie für die Gestaltung inklusiver Bildungs- und Lernprozesse. Professionalität stützt sich dabei einerseits auf die individuelle

8.5 Inklusion und Professionalisierung des pädagogischen Personals

Regulationsfähigkeit – verstanden als Fähigkeit des Individuums, das eigene Verhalten zur Umwelt, zur eigenen Biographie und zur öffentlichen Gemeinschaft selbständig zu gestalten. Andererseits setzt Professionalität in allen Bildungsbereichen die Fähigkeit zur sozial-kognitiven Empathie voraus, um die Interessens- und Lebenslagen der jeweils sozial und ethnisch anderen zu verstehen und zu achten. Man muss sich in andere/fremde Lebenslagen und Lebenswelten hineindenken können, um bedürfnis- und wissensadäquat zu handeln (▶ Kap. 8.1). Professionalität basiert auf der informierten und intelligent planenden Konstruktion von situierten Bildungsprozessen.

Verunsicherung, die durch die Diversität von Rollenerwartungen und Interaktionspartnern entsteht, kann negative Emotionen auslösen und zu konfliktgeladenen Interaktionen führen, die beispielsweise durch Interessensantagonismen gegensätzlicher sozialer Gruppen, Prozesse sozialer Ausgrenzung, Überbetonung von Individualismus oder überzogener »Gleichmacherei« verhärtet werden (Tippelt 1986). Emotionen haben oft eine stark handlungsleitende Funktion und dürfen in ihrer Relevanz auch für inklusive Bildungsprozesse nicht bagatellisiert werden. Empathie befähigt Individuen dazu, nicht nur eigene Affekte kognitiv zu reflektieren, sondern auch Zielsetzungen, Handlungsmotivationen und die Bewertungen emotionaler Befindlichkeiten Anderer besser zu deuten. Daher ist wechselseitiges Verstehen durch das Nachvollziehen individueller Absichten als Grundvoraussetzung zur erfolgreichen Gestaltung inklusiver Lehr-Lernprozesse sowie als Grundbaustein für soziales Leben insgesamt zu sehen.

Wenn pädagogisch Handelnde die Problemlösekompetenz und Kreativität bei allen Lernenden entfalten wollen, setzt dies bei den Akteuren voraus, dass sie über geteilte Symbolsysteme der Kommunikation und Selbstregulationskompetenzen verfügen. Nur dann werden sie in der Lage sein, die individuellen Motive, das Vorwissen, die Lerninteressen, aber auch die Lernvoraussetzungen der Individuen zu verstehen, um daran anzuknüpfen. Fachwissen, fachdidaktisches Wissen, pädagogisches Wissen, Organisations- und Interaktionswissen sowie Beratungswissen bleiben unfruchtbar, wenn sie sich nicht an den jeweils anderen und ihren Lebenslagen und Lebenswelten orientieren. Inklusive Bildung bedarf daher der Fähigkeit zur Zielgruppendifferenzierung und der praktischen Teilnehmerorientierung, wenn sie Wirkung entfalten soll.

Wichtig ist hierbei die multiprofessionelle Kooperation bei inklusiven Bildungsprozessen. Beispielsweise haben sich in den Lernenden Regionen die horizontalen wie die vertikalen Kooperationsbeziehungen als wesentlicher Beitrag, gerade bei der Integration von Personengruppen mit besonderen Bedarfen, erwiesen (Tippelt et al. 2009). Unter bestimmten Voraussetzungen – insbesondere intra- bzw. interorganisationaler Kohäsion und permanenten Abstimmungen von Aktivitäten – setzt Inklusion das Zusammenwirken von Lehrenden und Administratoren, aber auch die Vernetzung der Akteure mit anderen Bildungs- und Sozialeinrichtungen, die sich mit Inklusion befassen, voraus (DSW, 2000). Inklusion kann in diesem Zusammenhang aber nicht nur bedeuten, Bedarfe aufzugreifen, die unmittelbar aus einer Behinderung oder chronischen Erkrankung resultieren, sondern auch die spezifischen Lernausgangslagen zu berücksichtigen, die durch unterschiedliche Bildungsverläufe jenseits vorgezeichneter Wege durch die Bildungsinstitutionen – beispielsweise durch das private Umfeld – entstehen. So sind z. B. Studierende mit chronischer Erkrankung oder Behinderung im Durchschnitt älter als andere Studierende (DSW 2007) und berichten häufiger von Brüchen und Unterbrechungen in ihren Bildungslaufbahnen als die meisten anderen Studierenden.

8.6 Konkreter praktischer Handlungsbedarf

Kurzfristig ist der Stand der Forschung im Bereich »Inklusion im System des Lebenslangen Lernens« zu verbessern und zu strukturieren (didaktisch, architektonisch, soziologisch, zielgruppenbezogen usw.). Sinnvoll ist es, sowohl den Ist-Stand an Fortbildungsangeboten bezogen auf Inhalte und Beteiligung als auch den Anpassungsbedarf der Studien- und Prüfungsordnungen bzw. deren flexible Auslegung in den verschiedenen Bildungs- und Erziehungsinstitutionen zu erfassen.

Mittelfristig geht es darum, inklusionsbezogene Lehr-und Lernziele in didaktische Konzepte und Curricula zu verankern und inhaltliche Module und Veranstaltungsformate für die Fortbildung und Professionalisierung des pädagogischen Personals in allen pädagogischen Institutionen und Organisationen des Systems des Lebenslangen Lernens zu implementieren. Eine verbindlichere Verankerung von didaktischen Inhalten in pädagogischen Laufbahnen wäre notwendig. Die empirische Forschung zur »inklusiven Professionalität« ist je nach Bildungsbereich, Fachrichtung, Position und Lebensalter/Berufserfahrung zu intensivieren. Allerdings erfährt das Thema »Inklusion« im Rahmen des Themenkomplexes »Diversity/Diversität/Heterogenität« zunehmend Aufmerksamkeit in pädagogischen Einrichtungen, insbesondere an den Hochschulen. Die große Ausdifferenzierung der pädagogischen Institutionen und Berufe (Nittel et al. 2014; Nittel & Tippelt 2018) und auch die dezentralen Strukturen in einigen Einrichtungen – wie den Hochschulen, den Weiterbildungseinrichtungen, aber auch den Institutionen der frühkindlichen Bildung – erschweren ein einheitliches Weiterbildungskonzept für die Lehrenden und dessen Umsetzung. Das bedeutet, dass bereichsbezogene und zielgruppenorientierte Konzepte auch im Inklusionsbereich bei den Professionalisierungs- und Fortbildungsinitiativen zu berücksichtigen sind.

8.7 Forschungsperspektiven zur Professionalisierung inklusiver Bildung

Unumgänglich scheint die weitere Klärung grundlagentheoretischer Positionen und der Professionsverständnisse zwischen pädagogischen Teilbereichen, denn einerseits gibt es – wie erwähnt – zahlreiche Hinweise darauf, dass Teildisziplinen ein verschiedenes Verständnis von Inklusion aufweisen; andererseits dürfte es aber auch wechselseitig anschlussfähige Positionen und Gemeinsamkeiten geben, die für eine offene professionstheoretische Diskussion förderlich sind (Tillmann 2011; Terhart 2011). Die Richtung des Suchens nach Gemeinsamkeiten führt zu den Erkenntnissen über die Bildungsprozesse in der Lebensspanne und die Analyse des Inklusionsverständnisses verschiedener, eingehend damit befasster Disziplinen – insbesondere in den Teilbereichen der Erziehungswissenschaft/Pädagogik, Psychologie und Bildungsforschung. Die Expertise der Sonderpädagogik ist dabei unabdingbar. Welche Übereinstimmungen und Differenzen zum Verständnis von Inklusion zwischen den pädagogischen Segmenten – von der frühkindlichen Bildung bis zur Weiterbildung – sind tatsächlich festzustellen? Es muss empirisch genauer der Frage nachgegangen werden, ob sich in den diversifizierten und hybriden pädagogischen Handlungsfeldern Gemeinsamkeiten des Eingehens auf inklusive Problemfelder bestimmen lassen.

In den pädagogischen Planungs- und Handlungsprozessen in pädagogischen Institutionen und Organisationen muss sich das pädagogische Personal zunehmend mit »unsicheren« Ausgangsbedingungen auseinandersetzen, die sich auch auf die Realisierung von inklusiver Bildung auswirken: Unsicherheit über die weitere ökonomische Entwicklung, Unsicherheit über den technisch und arbeitsorganisatorisch bestimmten weiteren Bedarf an Bildung und Erziehung von Seiten des Beschäftigungssystems, demographisch bedingte Unsicherheit über die soziale Nachfrage (*social demand*), Unsicherheit über die künftigen Prioritäten innerhalb des Bildungssystems sowie Unsicherheit über die dominanten sozialen Rollen sind Aspekte, auf die vorbereitet werden soll (Tippelt 1990). Dieses hohe Maß an Ungewissheit hat für die Professionalität in einem inklusiven Handlungskontext Konsequenzen, denn gerade bei der inklusiven Bildung sind zwar Visionen und langfristige Ziele notwendig, aber weder der »große« normative Bildungsentwurf, noch die immer wieder neue, kurzfristige Reaktion auf jeweils auftauchende Probleme sind angemessene Strategien. Ohne das Wissen über zurückliegende Entwicklungen im Erziehungs- und Bildungsbereich bleibt pädagogisches Handeln unverstanden. Zudem sollte die pädagogische Perspektive stark zum Ausdruck bringen, dass der im Bildungs- und Erziehungsbereich tätige Professionelle nicht mit einer tabula rasa konfrontiert ist, »auf der er errichten kann, was er möchte, sondern mit existierenden Realitäten, die er nicht schaffen, noch zerstören, noch beliebig transformieren kann« (Durkheim 1972, S. 25).

Bereits John Dewey (1916) hat in seiner pragmatistischen Erziehungstheorie aufzeigen können – und später konnten dies empirische Analysen der Bildungsforschung darlegen –, dass nicht alle Einflussfaktoren auf Bildungs- und Erziehungsprozesse ungewiss sind. Bildungs- und Erziehungsforschungen, die weit davon entfernt sind, sichere Prognosen und präzise Handlungsanleitungen zu liefern, können zumindest den Einfluss einiger Faktoren in einer turbulenten Umwelt genauer herausarbeiten (Albert 1976). Die Kenntnis über inklusive pädagogische Forschung ist daher eine notwendige Basis für das professionelle pädagogische Handeln in einem inklusiven Bildungskonzept.

Konkrete, empirisch zu beantwortende Fragen zur Inklusion, die derzeit nicht hinreichend beantwortet werden können, sind etwa folgende:

- Ist das Konzept inklusiver Bildung in den pädagogischen Organisationen des Systems des Lebenslangen Lernens bekannt und akzeptiert?
- Werden Module für die einzelnen Berufsgruppen angeboten, um ein Bewusstsein für inklusive Bildung zu schaffen?
- Gibt es hinreichende kooperative Beziehungen und Vernetzungen zwischen den pädagogischen Institutionen, die mit Inklusion befasst sind?
- Wird inklusive Bildung als ein wichtiger Faktor für die gesellschaftliche Entwicklung verstanden?
- Wird die Expertise von Sonderprädagoginnen und Sonderpädagogen ausreichend in die Ausbildung von Lerhkräften und außerschulisch wirkenden Pädagoginnen und Pädagogen eingebunden?

- Werden pädagogische Mitarbeiter, insbesondere Lehrkräfte, auf die besonderen Erfordernisse inklusiver Bildung, beispielsweise durch besondere methodische und didaktische Schulungen, vorbereitet? Welche konkreten Projekte existieren zur Förderung dieser Kompetenzen?
- Gibt es Angebote in der wissenschaftlichen Weiterbildung für Pädagoginnen und Pädagogen, um die Anforderungen inklusiver Bildung angemessen zu reflektieren?
- Wird das Konzept der inklusiven Bildung von den einzelnen pädagogischen Organisationen und Institutionen beispielsweise in ihren Zielen und Visionen gestützt? Ist inklusive Bildung ein Qualitätskriterium?
- Werden Ältere (mit und ohne Behinderung) angemessen durch die Angebote eines Seniorenstudiums bzw. einer Generationenakademie angesprochen?
- Werden Kurse durch die Nutzung digitaler Medien auch den Menschen mit Behinderung leichter zugänglich gemacht?
- Inwieweit werden zentrale Beratungs- und Fortbildungsangebote zum Thema Inklusion von den pädagogischen Organisationen im System des Lebenslangen Lernens in Anspruch genommen?
- Welche Wirkungen auf die lernenden Individuen und die pädagogischen Organisationen hat die Realisierung von inklusiven Bildungskonzepten?

Pädagogische Professionalität kann nicht ethisch entkernt sein, besonders wenn man die Inklusion einbezieht. Analytisch notwendig ist daher ein breites universalistisches Bildungsverständnis, das auch Empathie und die Fähigkeit zur sozialen Rollenübernahme hervorhebt. Man muss sich in andere Lebenslagen und Lebenswelten hineindenken können, um bedürfnis- und wissensadäquat zu handeln – gerade in einem Konzept inklusiver Bildung. Professionalität basiert auf der durch Rollenübernahmefähigkeit erweiterten und intelligent planenden Konstruktion von Bildungs- und Erziehungsprozessen. Inklusive Bildung ist durch eine Kultur der Verantwortung geprägt, wobei insbesondere auch die Führungskräfte Achtsamkeit und soziales Engagement in der eigenen Organisation vorleben und die entsprechenden Haltungen der Mitarbeiter und Mitarbeiterinnen fördern sollten.

Literatur

Aktionsrat Bildung (2015): Bildung: Mehr als Fachlichkeit. Münster: Waxmann Verlag
Albert, Hans (1976): Aufklärung und Steuerung: Aufsätze zur Sozialphilosophie und zur Wissenschaftslehre der Sozialwissenschaften. Hamburg: Hoffmann und Campe Verlag
Allmendinger, Jutta, Nikolai, Rita & Ebner, Christian (2018): Soziologische Bildungsforschung. In: Tippelt, Rudolf & Schmidt-Hertha, Bernhard (Hrsg.): Handbuch Bildungsforschung. 4.Auflage. Wiesbaden: VS Verlag für Sozialwissenschaften, S. 47–71
Autorengruppe Bildungsberichterstattung (2012): Bildung in Deutschland 2012: Ein indikatorengestützter Bericht mit einer Analyse zur kulturellen Bildung im Lebenslauf. Bielefeld: W. Bertelsmann Verlag
Autorengruppe Bildungsberichterstattung (2014): Bildung in Deutschland 2014: Ein indikatorengestützter Bericht mit einer Analyse zur Bildung von Menschen mit Behinderungen. Bielefeld: W. Bertelsmann Verlag
Autorengruppe Fachkräftebarometer (2014): Fachkräftebarometer Frühe Bildung 2014: Weiterbildungsinitiative Frühpädagogische Fachkräfte. München: Deutsches Jugendinstitut e. V.
Burtscher, Reinhard, Ditschek, Eduard Jan, Ackermann, Karl-Ernst, Kil, Monika & Kronauer, Martin (Hrsg.) (2013): Zugänge zu Inklusion: Erwachsenenbildung, Behindertenpädagogik und Soziologie im Dialog. Theorie und Praxis der Erwachsenenbildung. Bielefeld: W. Bertelsmann Verlag
Deutsches Studentenwerk (DSW) (2000): »Leitfaden für Beauftragte für Behindertenbefragen bei Hochschulen und Studentenwerken«. Bonn: DSW
Deutsches Studentenwerk (DSW) (2007): Die wirtschaftliche und soziale Lage der Studierenden in der Bundesrepublik Deutschland 2006. 18 Sozialerhebung des Deutschen Studentenwerks. Berlin: DSW
Deutsches Studentenwerk (DSW) (2011): Beeinträchtigt Studieren. Datenerhebung zur Situation Studierender mit Behinderung und chronischer Krankheit 2011. Berlin: DSW
Deutsche UNESCO-Kommission (Hrsg.) (1948): Allgemeine Erklärung der Menschenrechte. Resolution 217 A (III) der Generalversammlung vom 10. Dezember 1948. Im Internet unter: http://www.unesco.de/erklaerung_menschenrechte.html [20.10.2011]
Deutsche UNESCO-Kommission (Hrsg.) (2009): Inklusion: Leitlinien für die Bildungspolitik. Bonn: Deutsche UNESCO-Kommission
Dewey, John (1916): Demokratie und Erziehung. Eine Einleitung in die philosophische Pädagogik. Braunschweig: Westermann
Dietschek, Eduard Jan & Meisel, Klaus (2012): Inklusion als Herausforderung für die Organisation: Auf dem Weg zur inklusiven Erwachsenenbildung, Teil I. In: DIE Zeitschrift für Erwachsenenbildung (2), S. 30–33
Dobischat, Rolf, Fischell, Marcel & Rosendahl, Anna (2010): Professionalität bei prekärer Beschäftigung? Weiterbildung als Beruf im Spannungsfeld von professionellem Anspruch und Destabilisierung im Erwerbsverlauf. In: Bolder, Axel, Epping, Rudolf, Klein, Rosemarie, Reutter, Gerhard & Seiverth, Andreas (Hrsg.): Neue Lebenslaufregi-

mes – neue Konzepte der Bildung Erwachsener? Wiesbaden: VS Verlag für Sozialwissenschaften, S. 163–182

Durkheim, Emil (1972): Erziehung und Soziologie: Schule in der Gesellschaft. Düsseldorf: Schwann Verlag

Edelmann, Doris, Schmidt, Joel & Tippelt, Rudolf (2011): Einführung in die Bildungsforschung (Grundriss der Pädagogik/Erziehungswissenschaft). Stuttgart: Kohlhammer

Gloger-Tippelt, Gabriele & Tippelt, Rudolf (2017): Frühkindliche Bildung und Bindung aus der Lebenslaufperspektive. In: Pädagogische Rundschau Heft 3/4, S. 261–274

Hartz, Stefanie & Meisel, Klaus (2011): Qualitätsmanagement. DIE Leibniz-Zentrum für Lebenslanges Lernen: Studientexte für Erwachsene. Bielefeld: W. Bertelsmann Verlag

Heimlich, Ulrich (2013): Ausbildung und Professionalisierung von Fachkräften für inklusive Bildung im Bereich der frühkindlichen Bildung, Betreuung und Erziehung. In: Döbert, Hans & Weishaupt, Horst (Hrsg.): Inklusive Bildung professionell gestalten: Situationsanalyse und Handlungsempfehlungen. Münster/New York/München/Berlin: Waxmann Verlag, S. 11–32

Heimlich, Ulrich & Behr, Isabel (2011): Inklusion von Menschen mit Behinderung in der Erwachsenenbildung/Weiterbildung. In: Tippelt, Rudolf & von Hippel, Aiga (Hrsg.): Handbuch Erwachsenenbildung/Weiterbildung. 5. Auflage. Wiesbaden: VS Verlag für Sozialwissenschaften, S. 813–826

Helsper, Werner & Tippelt, Rudolf (2011): Ende der Profession und Professionalisierung ohne Ende? Zwischenbilanz einer unabgeschlossenen Diskussion. In: Tippelt, Rudolf & Helsper, Werner (Hrsg.): Pädagogische Professionalität In: Zeitschrift für Pädagogik. Weinheim: Beltz Verlag, S. 268–288

Habermas, Jürgen (1999): Die Einbeziehung des Anderen: Studien zur politischen Theorie. Frankfurt a. M.: Suhrkamp

Habermas, Jürgen (1999a): Der interkulturelle Diskurs über Menschenrechte. In: Brunkhorst, Hauke, Köhler, Wolfang & Lutz-Bachmann, Matthias (Hrsg.): Recht auf Menschenrechte: Menschenrechte, Demokratie und internationale Politik. Frankfurt a. M.: Fischer Verlag, S. 216–227

Humboldt, Wilhelm v. (1980): Ideen zu einem Versuch, die Grenzen der Wirksamkeit des Staates zu bestimmen [1792]. In: Flitner, Andreas & Giel, Klaus (Hrsg.): Humboldt: Werke in fünf Bänden: Band I. 3. Auflage. Darmstadt: Wissenschaftliche Buchgesellschaft, S. 56–233

Kenngott, Eva-Maria (2012): Perspektivenübernahme: Zwischen Moralphilosophie und Moralpädagogik. Wiesbaden: Verlag für Sozialwissenschaften

Kniel, Adrian & Windisch, Matthias (2005): People first: Selbsthilfegruppen von und für Menschen mit geistiger Behinderung. München: Ernst Reinhardt Verlag

Koschek, Stefan, Weiland, Meike & Ditschek Eduard Jan (2013): Wbmonitor Umfrage 2012: Klima und Strukturen der Weiterbildungslandschaft: Zentrale Ergebnisse im Überblick. Im Internet unter https:// www.wbmonitor.de/downloads/Ergebnisse_20 130227.pdf [20.02.2018]

König, Julia, Schmid, Sabine, Löser, Eva, Neumann, Olaf, Buchholz, Stefan & Kästner, Ralph (2016): Interplay of demographic variables, birth experience, and initial reactions in the prediction of symptoms of posttraumatic stress one year after giving birth. In: European Journal of Psychotraumatology, 7 (1). Im Internet unter http:// edoc.ku-eichstaett.de/19153/ [20.02.2018]

Lenhart, Volker, Druba, Volker & Batarilo, Katarina (2006): Pädagogik der Menschenrechte 2. Auflage. Wiesbaden: VS Verlag für Sozialwissenschaften

Lind, Georg (2002): Ist Moral lehrbar? Ergebnisse der modernen moralpsychologischen Forschung. Berlin: Logos Verlag

Nittel, Dieter, Schütz, Julia & Tippelt, Rudolf (2014): Pädagogische Arbeit im System des lebenslangen Lernens. Ergebnisse komparativer Berufsgruppenforschung. Weinheim: Beltz & Juventa

Nittel, Dieter & Tippelt, Rudolf (Hrsg.) (2018): Pädagogische Institutionen und Organisationen im System des lebenslangen Lernens. Frankfurt: Boeckler (i.Dr.)

Nittel, Dieter (2000): Von der Mission zur Profession? Stand der Perspektiven der Verberuflichung in der Erwachsenenbildung. Bielefeld: W. Bertelsmann Verlag

Schmidt-Hertha, Bernhard & Tippelt, Rudolf (2013): Inklusion in der Weiterbildung. In: Döbert, Hans & Weishaupt, Horst (Hrsg.): Inklusive Bildung professionell gestalten: Situationsanalyse und Handlungsempfehlungen. Münster/New York/München/Berlin: Waxmann Verlag, S. 241–262

Schmidt-Huber, Marion & Tippelt, Rudolf (2014): Born to be a leader? Auf der Suche nach den Wurzeln guter Führung. Roman-Herzog-Institut. Nr. 15. München. Im Internet unter www.romanherzoginstitut.de [20.02.2018]

Siebert, Horst (2006): Lerninformation und Bildungsbeteiligung. DIE Leibniz-Zentrum für Lebenslanges Lernen: Studientexte für Erwachsene. Bielefeld: W. Bertelsmann Verlag

Tenorth, Heinz-Elmar (2011): »Bildung« – ein Thema im Dissens der Disziplinen.« In: Zeitschrift für Erziehungswissenschaft (3), S. 351–367

Terhart, Ewald (2011): Lehrerberuf und Professionalität: gewandeltes Begriffsverständnis – neue Herausforderungen. In: Helsper, Werner & Tippelt, Rudolf (Hrsg.): Pädagogische Professionalität. Weinheim/Basel: Beltz Verlag, S. 202–224

Tillmann, Jürgen (2011): Konzepte der Forschung zum Lehrerberuf. In: Terhart, Ewald, Bennewitz, Hedda & Rothland, Martin (Hrsg.): Handbuch der Forschung zum Lehrerberuf. Münster: Waxmann Verlag, S. 232–243

Tippelt, Rudolf (1986): Bildungsarbeit und Rollenübernahme in der Demokratie aus Sicht des Symbolischen Interaktionismus. In: Arnold, Rolf & Kaltschmidt, Jochen (Hrsg.): Erwachsenensozialisation und Erwachsenenbildung. Frankfurt a.M.: Diesterweg Verlag, S. 48–73

Tippelt, Rudolf (1990): Bildung und sozialer Wandel. Eine modernisierungstheoretische Analyse des Bildungssystems in Deutschland seit 1950. Weinheim: Studienverlag

Tippelt, Rudolf, Reupold, Andrea, Strobel, Claudia & Kuwan, Helmut (2009): Lernende Regionen – Netzwerke gestalten. Bielefeld: W. Bertelsmann Verlag

Tippelt, Rudolf & Alkoyak-Yildiz, Meltem (2013): Interaktion, Rollenübernahmefähigkeit und Empathie von Pädagogen im Kontext differenzierter Gesellschaftstheorien. München: unv. Manuskript

Tippelt, Rudolf & Alkoyak-Yildiz, Meltem (2015): Moralische Bildung im Lebenslauf. In: Sautermeister, Jochen (Hrsg.): Ethik im Diskurs: Moralpsychologie: Transdisziplinäre Perspektiven. Stuttgart: Kohlhammer, S. 144–161

Tippelt, Rudolf & Schmidt-Hertha, Bernhard (2013): Inklusion im Hochschulbereich. In: Döbert, Hans & Weishaupt, Horst (Hrsg.): Inklusive Bildung professionell gestalten:

Situationsanalyse und Handlungsempfehlungen. Münster/New York/München/Berlin: Waxmann Verlag, S. 203–230

United Nations (2007): Convention on the rights of persons with disabilities. Im Internet unter http://www.un.org/disabilities/documents/convention/convoptprot-e.pdf [21.02.2018]

Wuppinger, Johanna & Rauch, Angela (2010): Wiedereingliederung in den Arbeitsmarkt im Rahmen beruflicher Rehabilitation: Maßnahmeteilhabe, Beschäftigungschancen und Arbeitslosigkeitsrisiko. Institut für Arbeitsmarkt und Berufsforschung. IAB-Forschungsbericht 1/2010. Im Internet unter http://www.iab.de/967/section.aspx/Publikation/k100113n01 [20.02.2018]

9

Bildung und Heterogenität – eine disziplinübergreifende Perspektive

Annedore Prengel

Vorbemerkung

Heterogenität in sozialen Verhältnissen ist umstritten, wird hervorgehoben und wertgeschätzt, aber auch für hinderlich gehalten und abgelehnt. Konflikte um Heterogenes werden in allen gesellschaftlichen Bereichen und in sozialwissenschaftlichen Debatten ausgetragen. Im Bildungsbereich finden sie besonders heftig statt, wenn es um Inklusion geht. Der folgende einführende Beitrag soll im Horizont interdisziplinärer Perspektiven anhand von fünf Fragen zur Klärung der um Heterogenität geführten Debatten beitragen: Was bedeutet Heterogenität? Lassen sich historische Spuren zu Heterogenität finden? Wie wird Heterogenität gegenwärtig sichtbar? Warum hat Heterogenität Konjunktur? Hat Heterogenität »Schuld« an den aktuellen Erfolgen menschenfeindlicher Denkweisen? Abschließend wird ein Fazit im Hinblick auf die Fragestellung »Was hält die Gesellschaft zusammen?« unter besonderer Berücksichtigung des Bildungsbereichs gezogen.

9.1 Was bedeutet Heterogenität?

Wenn wir den Begriff der Heterogenität verwenden, wird eine Perspektive auf soziale Situationen eröffnet, in der Verschiedenheit von Einzelnen oder Gruppierungen thematisiert wird. Mit Heterogenität kommt eine komplexe und folgenreiche Art des Unterscheidens ins Spiel, so dass dieser Begriff einem »Theorem«, also einem Theoriebaustein entspricht: Mit Heterogenität geht ein Verständnis sozialer Verhältnisse einher, in dem Verschiedenes als gleichberechtigt definiert wird. Diese egalitäre Vorstellung geht schon auf die griechische Antike zurück. Heterogenes wird nach Aristoteles verstanden als *verschiedenes, das einander nicht untergeordnet ist*. Dieser Kerngedanke der nichthierarchischen Relationen ist bestimmend für das Theorem der Heterogenität. Kritisiert wird, dass der Begriff teilweise auch oberflächlich genutzt wird, ohne seine Bedeutung explizit zu klären[1].

Das gehaltvolle Theorem der *Egalität von Vielfältigem* scheint auf in einer Fülle völlig unterschiedlicher Disziplinen mit ihren je eigenen Sprachspielen:

- in idealistisch-philosophischer »Mannigfaltigkeit«,
- in juristischer »Gleichberechtigung«,
- in politischer »Pluralität«,
- in amerikanisch-bürgerrechtlicher »Diversity« und weltweiter Kämpfe um Anerkennung verschiedenster Gruppierungen sowie fachspezifischer Anwendungen wie z. B. Diversity-Mangement oder Diversity-Medicine oder Diversity-Education,
- in französisch-postmodernen Konzepten wie »Differenz«, »Différance«, le »Differend«, »Polylogue« oder »Rhizom«,
- im »Nichtidentischen« der Kritischen Theorie,
- in sozialphilosophischer »Vielstimmigkeit« bei Hannah Arendt und in den spannenden Debatten darum bei Habermas, Young und Benhabib,

---

1 Vgl. zur Begriffsklärung Prengel (2014) mit zahlreichen Literaturangaben.

- im karibisch-afrikanischen »Archipelischen Denken« nach Édouard Glissant,
- in ökologischer »Biodiversität«,
- in pädagogischer Vielfalt,
- in globaler »Weltbürgerlichkeit«, z. B. nach dem afrikanisch-französischen Theoretiker Achille Mbembe, dem afrikanisch-angloamerikanischen Philosphen Kwame Anthony Appiah, der schweizerischen Erziehungswissenschaftlerin Christina Allemann-Ghionda, der US-amerikanischen Philosophin Sheyla Benhabib oder dem deutschen Schriftsteller Stefan Weidner,[2]
- in den Künsten, z. B. in musikalischer Polyphonie sowie in aus heterogenen Elementen kombinierten Mosaiken, Collagen, Patchworks oder Assemblagen – also in ästhetischen Artefakten, deren Bestandteile nicht hierarchisch über- und untergeordnet werden.

Alle in dieser unvollständigen Aufzählung erwähnten Konzepte enthalten – der Definition des Heterogenen entsprechend – einen gemeinsamen Aspekt: den Grundgedanken der nicht hierarchisierten Diversität, das heißt, einer egalitären Differenz[3] oder gleichberechtigten Vielfalt, die als wünschens- und schützenswert angesehen wird.

Die lange Liste belegt, dass man diesen Kerngedanken in unterschiedlichsten gesellschaftlichen Bereichen, kulturellen Kontexten und wissenschaftlichen Aussagesystemen aufspüren kann. Das gemeinsame Kennzeichen dieser relationalen Diversitäts-Konzeptionen ist doppelt folgenreich: Es bedeutet, dass sie partiale, eigene Interessen von Gruppen oder Individuen zum Ausdruck bringen *und* dass sie dabei zugleich auch die Gruppen, die anders denken oder in anderen Lebensformen existieren, anerkennen. Sie streben nicht nach Herrschaft über andere, sondern nach einem gleichberechtigten Miteinander.

Auch daran wird deutlich: Dem Wertschätzen von Heterogenität wohnt unverzichtbar eine konsequente Kritik hierarchischer sozialer Beziehungsvorstellungen inne: Monistische, egozentrische, nationalistische, sexistische, homophobe, rassistische, kulturalistische, ableistische, adultistische Identitäts- und Dominanzvorstellungen, also Über- und Unterordnungen, sollen abgebaut werden. So stellen Grosche, Pizunka & Schaller (2017) für den Bildungsbereich in ihrer Befragungsstudie fest, dass Vertreter der in-

---

2 Vgl. die Quellenangaben in Prengel (2016; 2017b).
3 Vgl. die Begründung des Theorems der »egalitären Differenz« in Prengel (1993), 4. Auflage 2018.

klusiven Pädagogik ein starkes gemeinsames Motiv verbindet: Sie haben gemeinsam, dass sie Diskriminierung grundsätzlich ablehnen.

9.2 Lassen sich historische Spuren zu Heterogenität finden?

In den historisch veränderlichen kulturellen Verhältnissen, Praktiken und Symbolsystemen, von der flexiblen Mikroebene alltäglichen »Doings«[4] bis zur Makroebene schwerfälligerer gesellschaftlicher Strukturen: Stets sehen wir – oder in anderen Worten: entwerfen, verfestigen und erneuern[5] wir auch –, wie sich soziale Gruppenzugehörigkeiten wie in Geflechten (Elias 1970) vertikal über- und untereinander stufen *und* wie sie sich horizontal nebeneinander benachbarn.

Die Soziologie entwickelte vielseitige Metaphern, um das gleichzeitige *Über-* und *Neben*einander zu veranschaulichen. Früh entstand das Bild der hierarchischen *Stände- oder Klassen-Pyramide*, später kamen *Scheuch'sche Zwiebel* und das *Dahrendorfhäuschen* und schließlich das *kreisförmige Verhältnis aus »Zentrum und Peripherie«* nach Hartmut Kreckel. Wichtig wurde das auf Durkheim zurückgehende Konzept der sich überlappenden *Milieu-Blasen*, z. B. im *Sinus-Modell. Norbert Elias* nutzte zur Veranschaulichung eine Haus-Metapher mit »*Ebenen*« und »*Stockwerken*«[6].

Der Begriff der Heterogenität bezieht sich auf eine große Fülle an Heterogenitätsdimensionen. Das Theorem der Intersektionalität klärt, mit den Konzepten der *Interdependenz* oder *Interferenz*, wie diese Dimensionen sich überschneiden, verschränken und beeinflussen. Mit den uns vertrauten Differenzkategorien können wir gleichzeitig existierende Figurationen bezeichnen, die sich als Geschlechter-, Stände-, Klassen-, Kasten-, Besitz-, Kulturen-, Religionen- und Generationen-*Verhältnisse* in flexiblen Gestalten mit ganz unterschiedlichen Beharrungs- und Wandlungsvermögen beständig miteinander verweben.

---

4 So sind zum Beispiel »Doing-Gender« oder »Doing-Difference« Begriffe, die dazu dienen, alltägliche performative Praktiken zu analysieren (vgl. Literaturangaben in Prengel (2017b)).

5 In theoriebasierter Diktion: konstruieren, reifizieren und innovieren, vgl. dazu Prengel (2017b).

6 Literaturhinweise zu den berühmten, in diesem Abschnitt erwähnten Metaphern sind zu finden in Prengel (2016).

Studien zur *Globalgeschichte*[7] deuten die vielschichtigen Figurationsströme aus gleichzeitig horizontalen und vertikalen Relationen widersprüchlich:

- als solidarische Zusammenschlüsse *und* als antagonistische Kämpfe,
- als bestärkend-aufbauende Kooperationen *und* als gewaltsame Zerstörungen,
- als anerkennende Zugehörigkeiten *und* als isolierende Ausgrenzungen,
- als aufwertende Privilegierungen *und* als entwertende Benachteiligungen,
- als bereichernde Zuwächse *und* als entrechtende Ausbeutungen,
- als Formation oder Veränderung *und* Zerfall von sozialen Bewegungen,

also als *Fortschritt* oder als *Rückschritt* oder als *Paradoxien* aus all dem. Während in den Sozialwissenschaften die Frage nach hierarchischen Machtverhältnissen dominiert, muss an dieser Stelle bewusst die Frage nach wechselseitigen, kooperativen, anerkennenden Relationen in menschlichen Verhältnissen mit einbezogen werden. Es ist für das Verständnis sozialer Verhältnisse von grundlegender Wichtigkeit herauszufinden, wie Menschen einander *unterdrücken*, aber es ist ebenso wichtig herauszustellen, dass Menschen auch in eher *kooperativ-reziproken Relationen* ihr Leben gestalten und ohne sie wohl kaum, und schon gar nicht *gut*, leben können.

Daraus folgt: Mit der Wertschätzung zwischen Verschiedenen, die einander nicht unterordnen, sind zwei aufeinander bezogene und nur analytisch trennbare Perspektiven aufgerufen. Diesen beiden Perspektiven kommt in historischen Prozessen persönlich-existentielle *und* allgemein-gesellschaftliche Bedeutung zu:

- Die Kritik der Ungleichheit und Kämpfe gegen Ungleichheit thematisieren und problematisieren das Vertikale in Beziehungen, das heißt Hierarchie, Macht, Ausbeutung, Verachtung, das *Unter- und Übereinander*,

---

7 Eine solche weite Perspektive wird gestützt durch neuere Strömungen in der ethnologischen, geschichtswissenschaftlichen und sozialphilosophischen Theoriebildung, die – postmodern aufgeklärt unter Berücksichtigung der kulturellen und historischen Differenzen, also *falsche* Universalismen vermeidend – nach universellen Tendenzen, globalen Zusammenhängen und normativen Ordnungen fragen. So zum Beispiel der Ethnologe Christoph Antweiler, die Historiker Jürgen Osterhammel und Sebastian Conrad sowie die interdisziplinären Angehörigen des Exzellenzclusters »Normative Orders«, die zu einer jüngeren Generation der Kritischen Theorie gehören (Literaturangaben in Prengel (2016)).

9.2 Lassen sich historische Spuren zu Heterogenität finden?

also Hinsichten, in denen Relationen als ungleich, unfrei und unsolidarisch bezeichnet werden können.

- Die heterogenitätsbewusste Offenheit für Differenz thematisiert und befürwortet das Horizontale in Beziehungen, das heißt Heterogenität, Diversität, Diversity, Gleichberechtigung, Nachbarschaft, Anerkennung, Kooperation, das *Nebeneinander*, also Hinsichten, in denen in den Relationen – trotz aller Zwänge – Erfahrungen von Gleichheit, Freiheit und Solidarität kultiviert werden können.

Wenn wir uns geschichtswissenschaftlich informieren lassen, entdecken wir in allen bekannten Gesellschaften in unterschiedlichsten dynamischen Strukturen vertikale Machtverhältnisse und horizontale Kooperationsverhältnisse. Sie zeigen sich in materiell-ökonomischen und in ideell-symbolischen Figurationen und normativen Ordnungen (Forst & Klaus 2011), um die wohl in jeder Gesellschaft – mit den je historisch gegebenen kulturell möglichen Mitteln – Kämpfe ausgetragen wurden und werden, mit jeweils ganz unterschiedlichen Erfolgen und Misserfolgen für dominierende Überlegene auf der einen und für subalterne Unterlegene auf der anderen Seite! Auseinandersetzungen in gesellschaftlichen Teilbereichen sind Teil dieser Kämpfe, zum Beispiel im Produktionssystem, im Handelssystem, im Erziehungssystem, im Gesundheitssystem, im Ernährungssystem usw. In ihren je korrespondierenden wissenschaftlichen Disziplinen werden solche Kämpfe analysiert und auch ausgetragen.

In solchen Kämpfen dominieren meist bestimmte Motive und Perspektiven, sie setzen damit Schwerpunkte, die gegen ganz bestimmte Ungleichheiten gerichtet sind. Es werden also *nicht alle* Formen der Über- und Unterordnung gleichzeitig beachtet. Immer gibt es auch Formen der Ungleichheit, die unausgesprochen bleiben oder die akzeptiert werden. Machen wir uns bewusst, dass wir alle unsere Lebenssituationen *hierarchiekompetent* gestalten: Es gibt auch hierarchische Strukturen, die außerordentliche Produktivität ermöglichen, vor allem wenn sie das Zusammenwirken vieler verschieden qualifizierter Personen in arbeitsteiligen Prozessen organisieren! Inwiefern Hierarchisierungen (Schäfers 2001) produktiv und hilfreich sein können und unter welchen Bedingungen sie als überflüssig, dysfunktional, schädlich, undemokratisch und menschenfeindlich eingestuft werden müssen, ist eine dauerhaft offene interdisziplinäre Forschungsfrage. Diese Frage ist nicht leicht zu bearbeiten, denn jede Form der Akzeptanz von Hierarchie kann leicht in affirmative Zustimmung zu Ungleichheit hineingleiten.

Historisch *unterschiedlich* sind die kulturellen Mittel, in denen sich sowohl verbindende Kooperationen als auch antagonistische Kämpfe artikulieren. In religiösen, künstlerischen, politischen Imaginationen, Bildern, Symbolen und Redeweisen lassen sich die Spuren von Kämpfen um figurative Hierarchien aufspüren. Nur an einige berühmte Beispiele für den Einsatz gegen ganz unterschiedliche Formen der Unterdrückung aus sehr verschiedenen Zeiten sei hier erinnert. Der Philosoph und zeitweilige Erzbischof Anselm von Canterbury (1033-1109) argumentierte vehement und mit modern anmutender Begründung gegen die Prügelstrafe bei Kindern. Mit den Schriften von Christine de Pizan (1364-1429) wurden die Querelles des Femmes inspiriert, die überaus langfristig stattfanden und bewusstmachen können, dass Auseinandersetzungen um Geschlechterverhältnisse nicht neu sind. Das Werk des Schweizer Historikers Peter Blickle steht für die Einsicht, dass Kämpfe gegen feudale Unterdrückung und Leibeigenschaft im Namen der Freiheit schon seit dem Mittelalter in den »Bauernkriegen« stattfanden und als Vorläufer des Ringens um Menschenrechte anzusehen sind. Wolfgang Radtke (1571-1613) und Johann Amos Comenius (1592-1670) gelten als frühe Wegbereiter neuzeitlicher Vorstellungen des Zugangs zu Bildung für alle. Wichtig ist es auch, sich bewusst zu machen, dass interkulturelle Kooperation und interreligiöse Toleranz keine neuen Anforderungen unserer Zeit und keine Erfindungen des »Westens« sind, sondern dass weltweit in unterschiedlichen historischen Epochen viele Beispiele, zwar nicht konfliktfreien, aber doch verträglichen und fruchtbaren Zusammenlebens, zu finden sind (Appiah 2006).

Im Zeitalter der Aufklärung kommt es zu einer europäischen Blüte universalistischer Bildungsvorstellungen. Die Begründer der ersten philanthropischen Musterschule im Dorf Reckahn sind Friedrich Eberhard und Christiane Louise von Rochow. Diese Schule nahm ständeübergreifend alle Kinder auf, die hier als vernunftbegabte Wesen angesehen und respektvoll behandelt wurden[8]. Sie konnte erhalten werden und ist heute aufgrund ihrer historischen Bedeutung Schulmuseum. Friedrich Eberhard formulierte 1773: »Ich denke doch nicht, [...] dass man den Verstand eines Bauernkindes und seine Seele für Dinge einer anderen Gattung hält als den Verstand und die Seelen der Kinder höherer Stände.« Für diese universalistische Haltung werden Gründe genannt: »Menschen nicht tolerieren, weil sie verschieden sind an Hautfarbe, Kleidung, Sitten und über ihre Art, sich das Verhältnis der Menschen mit Gott vorzustellen [...], das ist mir ein unbegreifliches Rätsel.«

---

8 Im Unterricht wurde von zahlreichen Besuchern hospitiert, die in ihren Briefen und Berichten übereinstimmen. Quellenangaben in Prengel (2015); Schmitt (2003).

Im Laufe des 19. Jahrhunderts formieren sich im Geiste solcher egalitären Überzeugungen Postulate der Arbeiter- und Frauenbildung sowie die Einheitsschulbewegung, die dann in Deutschland erst mit der Weimarer Verfassung wenigstens für die ersten 4 Schuljahre eine *gemeinsame* Grundschule für fast alle Kinder (mit Ausnahme eines Teils der Kinder mit Behinderungen) erreichen wird.

Welche Verbindungslinien lassen sich nach diesem heterogenen Panorama zum Diversity-Gedanken ziehen? Die assoziativ gesammelten historischen Fundstücke thematisieren Aspekte der normativen Ordnungen von sozialen Verhältnissen *ihrer* Zeit und mit *ihren* kulturellen Mitteln. Holzschnittartig zusammenfassend können wir fragen: Wie warfen sie Fragen nach *mehr* humanem, wohlbefindlichem Leben und nach *weniger* Not und Leid auf? Wie wollten sie ein gutes Leben mit guten, respektvollen Beziehungen zwischen Menschen stärken und Grausamkeiten, die Menschen einander antun, verringern? In chronoferenter Perspektive[9] lässt sich sagen: Jedes der Fundstücke holt bestimmte soziale Verhältnisse so in den Blick, dass wir sie mit unseren Differenzlinien in Verbindung bringen können.

In heutiger Perspektive wird erkennbar, wie sich im Wandel der historischen Figurationsströme immer wieder neue Verflechtungen und Paradoxien aus Zwängen *und* Freiheiten, aus Gleichheiten *und* Ungleichheiten, aus verbindender Solidarität *und* aversivem Egozentrismus, aus produktiv-kooperativer Arbeitsteilung *und* aus zerstörerischen Gewaltverhältnissen bilden, so dass für uns Heutige jeder Fortschrittsglaube fragwürdig geworden ist.

9.3 Wie wird Heterogenität gegenwärtig sichtbar?

Eine unvollständige Liste kann einen Einblick in gegenwärtig zur Debatte stehende Differenzlinien und damit verbundenen Diskriminierungsformen bieten.

Der Überblick veranschaulicht, dass jede an eine Differenzlinie anknüpfende Diskriminierungsform einer bestimmten Richtung gruppenbezogener Menschenfeindlichkeit (Heitmeyer 2011) entspricht. Viele diskriminierte Gruppen brachten soziale Bewegungen hervor und machten ihre Unterdrü-

---

9 Zur Theorie der Chronoferenzen, d. h. der in historischer Forschung unhintergehbaren Relationen zwischen erkennender und zu erkennender Seite vgl. Landwehr (2016).

ckung öffentlich sichtbar. Aus den sozialen Bewegungen sind wiederum Forschungsrichtungen und fachliche, professionelle und institutionelle Strategien hervorgegangen.

Tab. 9.1: Differenzlinien und Diskriminierungsformen

Differenzlinien	Diskriminierungsformen
Verletzlichkeit, Sterblichkeit	Verdrängung, Ablehnung
Dis/Abilities: körperlich	Behindertenfeindlichkeit
Emotional-soziale Situationen	Ausgrenzung als nicht-integrierbar, Psychiatrisierung
Kognitive Situationen Kulturelles Kapital	Meritokratische Entwertung (»schlechte Schülerinnen und Schüler«)
Generationenverhältnis	Adultismus, Altersdiskriminierung
Ethnisch-kulturelle Zugehörigkeiten	Rassismus, Fremdenhass
Religionen	Religiöse Intoleranz
Geschlechtszugehörigkeiten	Frauenfeindlichkeit, Sexismus
Sexuelle Orientierungen	Sexualfeindlichkeit, Homophobie
Ökonomische Lebenslagen Klassen/Schichten/Milieus	Materielle u. soziokulturelle Deprivierung

Gegen Benachteiligungen und Diskriminierungen entstanden vielstimmige soziale Bewegungen, die sich auf kollektive Erfahrungen, nach Caroline Emcke (2018) »kollektive Identitäten«, berufen. Aus ihnen gingen schließlich auch Forschungsrichtungen und fachliche Strategien hervor. Sie formieren sich differenzbezogen, um Verhältnisse in ihrem Fokus zu analysieren und Verbesserungen zu erreichen. Dazu gehören mit je eigenen Beiträgen und mit bedeutenden Gemeinsamkeiten: Disability-Studies, Cultural Studies, Postcolonial Studies, Women Studies, Gender Studies, Queer-Studies, Palliative-Studies, Childhood-Studies und viele andere. Viele Vorträge der Münchener Ringvorlesung im Winteesemster 2016/17 zu *Heterogenität* bieten Einblicke in interdisziplinäre Forschungsstände und detailreiche fachliche Konzeptionen. Im Bildungsbereich bildeten sich u. a. die Feministische und Geschlechtergerechte Pädagogik, Inter- und Transkulturelle Pädagogik, Antirassistische Pädagogik, Interreligiöse Pädagogik, Antihomophobe Pädagogik oder auch die Palliativpädagogik heraus.

9.3 Wie wird Heterogenität gegenwärtig sichtbar?

Zum Verständnis solcher Aufzählungen sind einige Klärungen wichtig:

- Solche Listen sind und bleiben *unvollständig*, weil immer wieder andere, jetzt noch gar nicht wahrgenommene Gruppierungen ihre Stimmen erheben. Es gibt auch stark benachteiligte Gruppierungen, die nicht selbst ein Kollektiv formen können, um sich Gehör zu verschaffen. Dazu gehören aus meiner Sicht die vielen Kinder und Jugendlichen, die tagtäglich die systematische Diskriminierung als »auffällige« Kinder, als »schlechte« Schülerinnen und Schüler oder als »verhaltensgestört« erdulden, obwohl sie depriviert und traumatisiert aufwachsen und oft unbemerkt enorme Leistungen der Selbstdisziplinierung erbringen. Sie haben keine eigenen sozialen Bewegungen, erfahren wenig Solidarität und sind auf Unterstützung im Bildungswesen angewiesen.
- Die Differenzlinien benennen nicht etwa getrennte Gruppierungen, sondern Perspektiven auf einen Zusammenhang interdependenter sozialer Verhältnisse, denn wir alle gehören gleichzeitig zahlreichen interferenten Gruppierungen an, die sich überschneiden und gegenseitig beeinflussen. *Intersektionalitätstheorien* thematisieren diese Zusammenhänge.
- Damit ist auch eine Kritik an biologistischen und essentialistischen etikettierenden Zuschreibungen verbunden. Das Wertschätzen von Heterogenität schließt unverzichtbar auch das Wertschätzen von intrakollektiver und transformativer Heterogenität, das heißt die *Vielschichtigkeit* und die *Veränderlichkeit* des Heterogenen ein.
- Jede der Perspektiven ermöglicht *besondere Erkenntnisse,* die in keiner anderen Perspektive so gewonnen werden können. Anhand dieser Erkenntnisse können aber auch gegenseitige Impulse und Bereicherungen angeregt werden.
- Wegen der *Begrenztheit* unseres geistigen Fassungsvermögens, der Begrenztheit der Zeitdauer einer Veranstaltung und der Begrenztheit der Dicke lesbarer Bücher ist es gar nicht möglich, gleichzeitig alle Differenzperspektiven mit der gleichen Intensität zu thematisieren. Wir können jeweils nur perspektivische Ausschnitte in den Blick nehmen und müssen anderes ausblenden. So musste zum Beispiel der französische Sozialphilosoph Didier Eribon verschiedene Bücher schreiben, um seine Unterdrückung als Homosexueller und als Arbeiterkind zu Literatur werden zu lassen[10].

---

10 Didier Eribon: Réflexions sur la question gay (1999); Une Morale du Minoritaire (2001) und Retour a Reims (2009).

- Was haben nun die verschiedenen Differenzlinien *gemeinsam*? In einer gemeinsamen universalistischen Perspektive können wir sie alle miteinander verknüpfen. *Disziplinübergreifend* geht es um internationale, nationale und lokale Menschenrechtspolitik sowie um Diversity-Strategien, Inklusion und Empowerment. Diese differenzverbindenden Gemeinsamkeiten werden wiederum in verschiedenen Fachgebieten wirksam, und es kommt zu Konzepten wie Diversity Studies, Diversity Management, Diversity Medicine oder Diversity Education (Krell 2007; Hauenschild et al. 2013). In der Pädagogik entstehen Differenzlinien verschränkende, eng miteinander verwandte Ansätze wie Menschenrechtsbildung, Inklusive Pädagogik, Pädagogik der Vielfalt, Anti-Bias-Education, Social Justice Education oder Demokratische Erziehung. Sie stellen Beiträge zu einer pluralitätssensiblen Allgemeinen Pädagogik bereit.

Regelmäßig kann man neue Initiativen mit neuen Wortschöpfungen entdecken. Zum Beispiel kennen wir die Bewegung der *First Nations* von nordamerikanischen Ureinwohnern oder Diversity Pride von Lesben und Schwulen-Paraden. Nun nennen sich Menschen mit Lernbeeinträchtigungen *Netzwerk People First,* zu deutsch *Mensch Zuerst,* oder Initiativen von psychiatrieerfahrenen Menschen wählen den Namen *Mad Pride.* Die Regenbogenbewegung bringt eine Fülle sich verändernder Akronyme hervor. Im Folgenden möchte ich einen zeitdiagnostischen Deutungsversuch zu diesen Pluralsierungen wagen.

9.4 Warum hat Heterogenität Konjunktur?

Seit den 1970er Jahren haben wir eine wachsende Blütezeit der Themen *Vielfalt, Heterogenität, Diversität, Differenz* erlebt. So begannen deutlich *nach* der westdeutschen Bildungsreform der 1960er Jahre soziale Bewegungen, die sich um Heterogenität zentrierten. Mitte der 1970er Jahre entstand zum Beispiel die Integrationsbewegung, die Kinder mit und ohne Behinderung gemeinsam betreute und unterrichtete, und die Pädagogik und Didaktik der heterogenen Lerngruppe, die auch andere Differenzlinien beachtet, entwickelte sich. Sie breitete sich nach und nach langsam aus und erreichte große Aufmerksamkeit seit dem Inkrafttreten der Behindertenrechtskonvention im Jahr 2009 anhand des Begriffs *Inklusion.* Zahlreiche andere Gruppierungen haben sich Gehör verschafft.

Warum hat eine Orientierung an »Vielfalt« in den verschiedenen Bereichen der Gesellschaft an Bedeutung gewonnen? Die folgenden Gedanken begründen die Vermutung, dass die inklusiven Strömungen Antworten auf ungelöste Probleme der Moderne ermöglichen.

Diese Vermutung möchte ich zeithistorisch mit Hilfe der Unterscheidung zwischen *feudalen, modernen* und *spätmodernen* Gesellschafts- und Bildungsmodellen begründen. Sie folgen in Phasen zeitlich aufeinander und gewinnen ihre Logik aus der Kritik des jeweils Vorangehenden. Aber Elemente aus allen dreien wurden und werden immer auch gleichzeitig thematisiert. Pädagogische Ungleichheit und Differenz werden im Lichte dieser Modelle verständlicher. An den Schnittstellen aller drei Modelle bilden die menschenrechtlichen Prinzipien einen maßgeblichen Interpretationszugang.

Im Modell des Feudalismus sollen *geburtsständisch* begründete Zugehörigkeiten generationenübergreifend hierarchisch aufeinander aufbauen. *Gleichheit* kommt hier den Angehörigen des gleichen Standes zu, sie gilt dabei nach Otto Dann als »gruppeninterner Identifizierungsbegriff«. *Erziehung* soll befähigen zum standesgemäßen Leben – im niederen und höheren Schulwesen, das nach Ständen, und im höheren Schulwesen auch nach Geschlechtern sowie nach weiteren Gruppierungen trennt.

Im Modell der *modernen Demokratie*, das – wie gesagt – eine lange Vorgeschichte in früheren Kämpfen hat, sollen Gleichheit und Freiheit jedem Gesellschaftsmitglied zukommen. Erziehung soll ermöglichen, dass die Angehörigen der jungen Generation aufgrund von *individueller Leistung* angemessene Positionen und Privilegien im hierarchischen Schichtengefüge im Sinne der Chancengleichheit erreichen und nicht mehr qua Geburt. Im Übergang von geburtsständischen feudalen Ordnungen zu leistungsbezogenen modernen Ordnungen verlieren Gruppenzugehörigkeiten zugunsten von individuellen Bildungswegen an Gewicht. Diese individualisierend-meritokratischen Ungleichheiten empfinden wir als gerechter als die geburtsständischen Hierarchien, darum kritisieren wir ständische Relikte im Bildungswesen. Die Schule der modernen Demokratie ist die Einheitsschule mit einer herkunftsunabhängigen Grundbildung, die international vorherrscht – mit Ausnahme von Deutschland mit seinem unerklärlichen Sonderweg der quasiständischen schulischen Segregation! Dabei erscheint eine meritokratisch-leistungsbegründete Ausrichtung der Berufseinmündung unverzichtbar, da Gesellschaften angesichts der Bedeutung der *Ressource Wissen* auf umfassend ausgebildete Experten angewiesen sind. Der Erfolg von Bildungsreformen wird an der Steigerung von Leistungen möglichst aller Heranwachsender und an einer sozialen Durchlässigkeit, die leistungsbegründeten Aufstieg Einzelner in einem fairen Wettbewerb ermöglicht, gemessen.

Nun sind seit Ende des 20. Jahrhunderts – auch genannt zweite Moderne, Spätmoderne oder Postmoderne – Probleme moderner Demokratien immer deutlicher geworden. Angeprangert werden die Schäden der Mischung aus traditionellen und neolioberalen, quasi ständischen, Relikten, die Nachteile der global-postkolonialen Ungleichheiten. Aufgedeckt werden die psychischen und materiellen Kosten der individualisierenden, meritokratisch-hierarchisierenden Konkurrenzen. So wird angenommen, dass Depressionen zunehmen, weil die Subjekte an Vereinsamung und Anerkennungsmängeln im meritokratischen Wettstreit leiden. Angesichts dieser Kehrseiten der Moderne haben andere – postmodern inspirierte – Aspekte der Demokratisierung Gestalt angenommen.

Im Modell der pluralen Demokratie wird die Anerkennung pluraler Diversitäten gestärkt. Hier kommt auch den im meritokratischen System ausgegrenzten Menschen gleiche Freiheit für ihre Lebensweisen zu. Die Anerkennung von Heterogenität, Differenz, Vielfalt bedeutet nichts anderes als die Anerkennung von in Anspruch genommener *Freiheit.* Und Nachteilsausgleich und Barrierefreiheit dienen dazu, gleiche Freiheit solidarisch zu unterstützen. Soziale Bewegungen kritisieren international sowohl postkoloniale und neoliberale ausbeuterische Spaltungen als auch meritokratisch legitimierte Leistungshierarchien. Es geht ihnen um die Kritik aller Diskriminierungsformen: von Rassismus über Sexismus, Kulturalismus, Kinder- und Altenfeindlichkeit bis hin zur Kritik des *Able'ismus,* das heißt Kritik der *leistungsbegründeten Diskriminierung.* Wir befinden uns in einem gedanklichen und intersubjektiven Kosmos, der das Leistungsprinzip moderner Demokratien zwar nicht aufhebt, ihm aber eine entscheidende andere Dimension *hinzugesellt* (Prengel 2017a)! Inklusivere, allen Menschen Teilhabe ermöglichende, gesellschaftliche Verhältnisse anzustreben, geht mit kontinuierlichen Bewegungen des Pluralisierens einher. Sie richten sich auf eine Erweiterung von Rechten, eine Stärkung von Mindesteinkommen, eine angemessene Basisversorgung, auf Bildung, auf Empowerment und auf die Ermöglichung gelingenden Lebens für alle.

Eine wegweisende Facette dieser Entwicklungen stellt der Soziologe Heinz Bude heraus, wenn er beobachtet,

> »[...] dass sie in gleicher und womöglich noch entscheidenderer Weise die dingliche Verfassung der Gesellschaft betreffen. Aufzüge in Bahnhöfen, Rampen für Gehhilfen, Gebrauchsanleitungen in Blindenschrift, Schnabeltassen in Ausflugslokalen, Kindersitze in Fernbussen, Handprothesen mit Nervensensoren, Blutzuckermessungen in Laufgurten oder Toiletten für Menschen im Rollstuhl kennzeichnen eine Gesellschaft

der Griffe und Geräte, die die materielle Dimension der Menschenrechte vor Augen führen« (Bude 2015, S. 39).

9.5 Hat Heterogenität »Schuld« an den Erfolgen menschenfeindlicher Richtungen?

Wir erleben gegenwärtig, dass international Akteure laut werden, die gefährliche, diskriminierende, neorassistische, sozialdarwinistische, frauen- und minderheitenfeindliche Vorstellungen zu menschlichen Beziehungen propagieren und dadurch zu Spaltungen und Gewalt beitragen. Über die Ursachen dieser Erfolge werden vielseitige Debatten geführt. Die brilliante linke österreichische Publizistin Isolde Charim (2017, S. 16) sagt dazu selbstkritisch:

> »Es gibt Exzesse, Exzesse der Identitätspolitik, Exzesse der Sensibilisierung und der Empfindlichkeit [...]. Ja, es gibt in Folge der Identitätspolitik eine Art identitäre Verengung, eine Versteifung, die diese in ihr Gegenteil kippen lässt. Dann haben wir statt Antirassismus und Minderheitenschutz Tugendterror und Gruppenegoismen.«

Ebenso selbstkritisch in demokratisch-liberaler Perspektive argumentiert der britische Historiker Timothy Garton Ash (2018, S. 30):

> »Und wir haben Solidarität und Gleichheit vernachlässigt, und zwar nicht nur wirtschaftliche Gleichheit, sondern auch die Gleichheit der Aufmerksamkeit und der Chancen. Der Teil unserer Gesellschaft, der zur Uni gegangen ist, fühlt sich gut in einer offenen kosmopolitischen Welt, aber der andere Teil fühlt sich vernachlässigt, marginalisiert, ignoriert, verachtet. Und das ist ein Fehler der liberalen Eliten.«

Aus der Sicht der inklusiven Pädagogik möchte ich folgende These wagen: Das demokratische Versprechen des Aufstiegs durch Bildung ist eine Erfolgsgeschichte – aber nur für Einige. Dieses Versprechen steht mit leeren Händen vor all jenen, die wir als »schlechte« Schülerinnen und Schüler bezeichnen, vor all jenen Mädchen und Jungen, die gar keinen oder keinen »mittleren« oder »höheren« Schulabschluss erreichen. Die Demokratie bietet zwar allen eine bedeutende und wertvolle Reihe gleicher Rechte. Aber im Modell der Chancengleichheit mangelt es an Quellen der Anerkennung für Menschen mit wenig ökonomischem und wenig kulturellem Kapital. Undemokratische Strömungen bieten Pseudoanerkennung. Sie machen immer wieder Anleihen bei einer demokratie- und differenzaffinen Rhetorik, so wenn in ihren Texten Begriffe zu finden sind wie: »Freiheit«, »Gerechtigkeit«, »Fortschritt«, »Demokraten«, »Republikaner« oder auch »Alternative«, »Identität«, »Bewegung«, »Ethnopluralismus« oder »Kulturenvielfalt«.

Wie lassen sich diese menschenfeindlichen Kräfte trotz ihrer vernebelnden Rhetorik und Pseudoanerkennung von demokratischen und vielfaltsfreundlichen Gruppierungen unterscheiden? Es gibt ein außerordentlich klares und eindeutiges Unterscheidungskriterium: Die Orientierung an den Menschenrechten in all ihren gruppenbezogenen Konkretisierungen, verbunden mit der Kritik an allen Formen gruppenbezogener Menschenfeindlichkeit.

9.6 Schluss: Was hält die Gesellschaft zusammen?

Die Kritik an Ungleichheit, Unfreiheit und Menschenfeindlichkeit ist fundiert in den drei grundlegenden menschenrechtlichen Prinzipien der *Freiheit, Gleichheit* und *Solidarität*. Freiheit für ein selbstbestimmtes Leben eröffnet soziale Räume für die Vielfalt der Lebensweisen, die vielfältige kulturelle Ressourcen aufgreifen, weiterentwickeln und nutzen können (Jullien 2017). Da diese Freiheit *jedem* Menschen zukommt, ist sie der *Gleichheit* verpflichtet. Vielfalt steht also nicht etwa im Gegensatz zur Gleichheit! Zur Demokratie gehört, dass die Gesellschaftsmitglieder einander wechselseitig diese gleiche Freiheit zugestehen, darum ist sie unverrückbar mit *Solidarität* verbunden. In der Philosophie der Menschenrechte (Bielefeldt 2006) werden diese Zusammenhänge präzisiert.

Die Allgemeine Erklärung der Menschenrechte und die einzelnen Konventionen enthalten das Motiv der solidarischen Anerkennung der gleichen Freiheit für heterogene Lebensweisen. Besondere Bedeutung kommt der Behindertenrechtskonvention zu. Wie kein anderes Manifest verdeutlicht dieses Dokument den Wert und die Würde jeder Lebensweise, indem sie die gleiche Freiheit Aller solidarisch stärken soll! In diesem Kontext leistet die Palliativbewegung einen *allgemein* besonders wertvollen Beitrag. Sie bezieht Würde auf jede, auch die zerbrechlichste, Lebenssituation, wie sie am Ende des Lebens auf uns *alle* zukommt und bei lebensverkürzenden Erkrankungen in allen Phasen – von der Kindheit an – vorkommen kann.

Die weltberühmte postmoderne Autorin des Polylogue, die Philosophin Julia Kristeva, und der Sonderpädagoge Charles Gardou (2012, S. 47) wenden sich dem Universalismus der Aufklärung zu. Sie stellen in einem gemeinsamen Text heraus, um was es bei der Anerkennung des Vielfältigen geht. Die Schwachen bringen

> »[...] die unendliche Vielfalt des Menschlichen, seine Polyphonie, die Beweglichkeit seiner Erscheinungsformen, seine Vergänglichkeit, seine essenzielle Vulnerabilität« ans Tageslicht. Es geht darum: »Jedem zu gewähren, seine ureigenste Biographie dem Gemeinwohl beizusteuern, sich gegenseitig durch das soziale Band eine Teilhabe am Universalen zu verschaffen, [...].«

In dem Diktum »*jedem zu gewähren, seine ureigenste Biografie dem Gemeinwohl beizusteuern*«, kommt der entscheidende Gedanke einer universellen Teilhabe in der demokratischen Spätmoderne zum Ausdruck. Dieser Gedanke geht über die Vision der demokratisch-meritokratischen Moderne, die für *jeden ohne Ansehen der Geburt das Recht auf Teilnahme am Wettbewerb* begründet, hinaus. Denn er erkennt auch all jene, die nicht wettbewerbsfähig oder nicht erfolgreich sind, darin an, dass sie einen wertvollen Beitrag zum Gemeinwesen leisten können. In dem Gedanken, dass jede Person mit ihren individuell-besonderen Möglichkeiten zum Gemeinwohl beitragen möge, finden eine limitierte Leistungsorientierung der Moderne und eine solidarische Vielfaltsorientierung der Spätmoderne zusammen.

»Inklusion und Diversität – Was hält die Gesellschaft zusammen?« So lautet die Ausgangsfrage der Münchner Ringvorlesung im Winter-Semester 2016/17. Die sozialtheoretische Emotionsforschung kennt das Konzept der *emotionalen Vergesellschaftung*. Damit »soll gerade nicht gemeint sein, dass Emotionalität an die Stelle von Rationalität und Moralität tritt, sondern dass Rationalität und Moralität auf Emotionen angewiesen sind, um ihre Koordinierungs- und Steuerungsleistungen erbringen zu können [...]« (Schützeichel 2006, S. 9). Emotionen werden nicht als aufs Innere begrenzte Zustände aufgefasst, sondern als intentionale soziale Dynamiken. Denkweisen, Empfindungen und Praktiken der menschenrechtlichen Anerkennung entsprechen einer Haltung des »Caring«, die dazu beiträgt, dass soziale Orte wie Schulen und Kindergärten zu »Caring Communities« werden und dass gesellschaftliche Tendenzen einer »Caring Democracy«[11] gestärkt werden.

Diesem Ziel sind zahlreiche Vorhaben im Bildungswesen verpflichtet[12]. Eine Initiative ist an historischem Ort entstanden. Im Rochow-Museum in Reckahn wurde durch den dort angesiedelten Arbeitskreis Menschenrechtsbildung ein Manifest namens »Reckahner Reflexionen zur Ethik päd-

---

11 Vgl. mit weiteren Literaturangaben Tronto (2013); Baader et al. (2014); Prengel (2013, S. 22–24).
12 Vgl. z. B. das 2018 gegründete breite »Bündnis Bildung für eine demokratische Gesellschaft« https://buendnis.degede.de/ [30.7.2018]

agogischer Beziehungen« erarbeitet, das zehn Leitlinien für Lehrkräfte und pädagogische Fachkräfte umfasst. Zwei grundlegende Leitlinien lauten:

»Kinder und Jugendliche werden wertschätzend angesprochen und behandelt«, und »Kinder und Jugendliche werden zu Selbstachtung und Anerkennung der Anderen angeleitet« (Reckahner Reflexionen 2017, S.4)[13].

Diese Leitlinien gelten für alle verschiedenen Einzelpersonen und Gruppierungen, mit denen im System lebenslangen Lernens[14] gearbeitet wird.

Pädagoginnen und Pädagogen in allen Arbeitsfeldern haben in der spätmodernen Demokratie zwei Aufgaben: Allen Kindern und Jugendlichen bestmöglich Wissen und Kompetenzen zu vermitteln und ihnen allen, völlig unabhängig von ihren Leistungen, ungeschmälerte persönliche Anerkennung zukommen zu lassen.

Literatur

Appiah, Kwame Anthony (2006): Cosmopolitanism. Ethics in an World of Strangers. London/New York: Penguin Group

Ash, Timothy Garton (2018):»Ich habe nicht den Eindruck, dass man in Deutschland den Ernst der Stunde begriffen hat.« Spiegel-Gespräch. In: Der Spiegel Nr. 29, 14. 7. 2018, S. 29–31

Baader, Meike Sophia, Eßer, Florian & Schröer, Wolfgang (2014): Kindheiten in der Moderne. Eine Geschichte der Sorge. In: dies. (Hrsg.): Kindheiten in der Moderne. Eine Geschichte der Sorge. Frankfurt am Main: Campus Verlag, S. 7–20

Benhabib, Seyla (2016): Kosmopolitismus ohne Illusionen. Menschenrechte in unruhigen Zeiten. Berlin: Suhrkamp

---

13 Die Reckahner Reflexionen werden herausgegeben vom Deutschen Institut für Menschenrechte, Berlin, vom Deutschen Jugendinstitut, München, vom MenschenRechtsZentrum der Universität Potsdam und von Rochow-Museum und Akademie für bildungsgeschichtliche und zeitdiagnostische Forschung e. V. an der Universität Potsdam. Aufgrund einer umfassenden Unterstützung durch die Robert-Bosch-Stiftung können informative Materialien kostenlos bestellt werden: http://www.paedagogische-beziehungen.eu/ [20.7.2013]

14 Inter- und intragenerationale Teilhabe sind Bildungsziele von den Anfängen im kindlichen Spiel an (Heimlich 2017a) und im gesamten System lebenslangen Lernens (Tippelt & Nittel 2014). Das Motiv der Anerkennung kindlichen Denkens weist in bildungstheoretischen Diskursen eine bedeutende Tradition auf (vgl. dazu Heimlich 2017b).

Bielefeldt, Heiner (2006): Freiheit, Gleichheit, Solidarität in den Menschenrechten. Bad Boll. Im Internet unter http://www.ev-akademie-boll.de/fileadmin/res/otg/510406-Bielefeldt.pdf [1.7.2018]

Bude, Heinz (2015): Was für eine Gesellschaft wäre eine »inklusive Gesellschaft«? In: Heinrich-Böll-Stiftung (Hrsg.): Inklusion. Wege in die Teilhabegesellschaft. Frankfurt/New York: Campus Verlag, S. 37-43

Charim, Isolde (2017): Können wir ein diverses Ganzes werden? Die identitäre Spaltung. Taz 24.1.2017, S. 16. Im Internet unter http://www.taz.de/!5373351/ [15.7.2016]

Emcke, Caroline (2018): Kollektive Identitäten: Sozialphilosophische Grundlagen. Frankfurt a. M.: Campus Verlag

Forst, Rainer & Günther, Klaus (2011): Die Herausbildung normativer Ordnungen. Zur Idee eines interdisziplinären Forschungsprogramms. In: dies. (Hrsg.): Die Herausbildung normativer Ordnungen. Interdisziplinäre Perspektiven. Frankfurt a. M.: Campus Verlag, S. 12-30

Habermas, Jürgen (2010): »Das utopische Gefälle. Das Konzept der Menschenwürde und die realistische Utopie der Menschenrechte.« In: Deutsche Zeitschrift für Philosophie, 58 (3), S. 343-357

Hauenschild, Katrin, Robak, Steffi & Sievers, Isabel (Hrsg.) (2013): Diversity Education. Zugänge – Perspektiven – Beispiele. Frankfurt a. M.: Brandes & Apsel

Heimlich, Ulrich (2017a): Das Spiel mit Gleichaltrigen in Kindertageseinrichtungen. Teilhabechancen für Kinder mit Behinderung. WiFF-Expertisen, Band 49. München: DJI

Heimlich, Ulrich (2017b): Inklusive Momente im Bildungsprozess. In: Pädagogische Rundschau 71 (2), S. 171-186

Heitmeyer, Wilhelm (2011): Rohe Bürgerlichkeit. Zur Verteilungsdebatte: Von Abstiegsangst getrieben zetteln Bessergestellte einen Klassenkampf von oben an. In: Die Zeit 28. 9. 2011. Im Internet unter https://www.zeit.de/2011/39/Verteilungdebatte-Klassenkampf [15.7.2018]

Jullien, Francois (2017): Es gibt keine kulturelle Identität. Wir verteidigen die Ressourcen einer Kultur. Berlin: Suhrkamp

Krell, Gertraude et al. (Hrsg.) (2007): Diversity Studies. Grundlagen und disziplinäre Ansätze. Frankfurt a. M./New York: Campus Verlag

Kristeva, Julia & Gardou, Charles (2012): Behinderung und Vulnerabilität. In: Lüdtke, Ulrike & Braun, Otto (Hrsg.): Sprache und Kommunikation (Behinderung, Bildung und Partizipation. Enzyklopädisches Handbuch der Behindertenpädagogik, Band 8). Stuttgart: Kohlhammer, S. 39-48

Landwehr, Achim (2016): Die anwesende Abwesenheit der Vergangenheit. Essay zur Geschichtstheorie. Frankfurt a. M.: Fischer

Osterhammel Jürgen (2017): Die Flughöhe der Adler. Historische Essays zur globalen Gegenwart. München: C.H. Beck

Piezunka, Anne, Grosche, Michael & Schaffus, Tina (2017): Vier Definitionen von Inklusion und ihr konsensueller Kern. Ergebnisse von Experteninterviews mit Inklusionsforschenden. In: Unterrichtswissenschaft 45 (4), S. 207-222

Prengel, Annedore (2013): Pädagogische Beziehungen zwischen Anerkennung, Verletzung und Ambivalenz. Opladen/Farmington Hills: Barbara Budrich

Prengel, Annedore (2014): Heterogenität oder Lesarten von Freiheit und Gleichheit in der Bildung. In: Koller, Hans-Christoph, Casale, Rita & Ricken, Norbert (Hrsg.): Heterogenität: Zur Konjunktur eines pädagogischen Konzepts. Paderborn: Schöningh, S. 45-68

Prengel, Annedore (2015): Pädagogik der Vielfalt: Inklusive Strömungen in der Sphäre spätmoderner Bildung (Hauptartikel). In: Erwägen Wissen Ethik. Forum für Erwägungskultur 26 (2), S. 157-168 Im Internet unter https://www.uni-potsdam.de/fileadmin01/projects/grundschulpaedanfangsunterricht/Literatur_zum_Herunterladen/Prengel_EWE_Hauptartikel.pdf [1.7.2018]

Prengel, Annedore (2016): Differenz und Ungleichheit in der Bildung. Eine historisch-systematische Annäherung. In: Diehm, Isabell & Kuhn, Melanie (Hrsg.): Differenz – Ungleichheit – Erziehungswissenschaft: Verhältnisbestimmungen im (Inter-)Disziplinären. Wiesbaden: Springer VS, S. 29-46

Prengel, Annedore (2017a): Individualisierung in der Caring Community – Zur inklusiven Verbesserung von Lernleistungen. In: Textor, A., Grüter, S., Schiermeyer-Reichl, I. & Streese, B. (Hrsg.): Leistung inklusive? Inklusion in der Leistungsgesellschaft. Bd. II: Unterricht, Leistungsbewertung und Schulentwicklung. Bad Heilbrunn: Klinkhardt, S. 13-27

Prengel, Annedore (2017b): Zur Relationalität und Veränderlichkeit von Differenzen – Intersektionale Forschungsperspektiven auf inklusive Pädagogik. In: Budde, Jürgen, Dlugosch, Andrea & Sturm, Tanja (Hrsg.): (Re)Konstruktive Inklusionsforschung. Differenzlinien – Handlungsfelder – Empirische Zugänge. Opladen u. a.: Barbara Budrich, S. 145-162

Schäfers, Bernhard (2001): Soziale Ungleichheit. In: Schäfers, Bernhard (Hrsg.): Grundbegriffe der Soziologie. Opladen: Budrich, S. 399-401

Schmitt, Hanno (2003): Pädagogen im Zeitalter der Aufklärung – die Philanthropen: Johann Bernhard Basedow, Friedrich Eberhard von Rochow, Joachim Heinrich Campe, Christian Gotthilf Salzmann. In: Tenorth, Heinz-Elmar (Hrsg.): Klassiker der Pädagogik. Band 1: Von Erasmus bis Helene Lange. München: C.H. Beck, S. 119-143

Schützeichel, Rainer (Hrsg.) (2006): Emotionen und Sozialtheorie. Disziplinäre Ansätze. Frankfurt a. M. [u. a.]: Campus Verlag

Tippelt, Rudolf & Nittel, Dieter (2014): Die Professionalisierung von Erziehung und Bildung im Spannungsverhältnis zwischen einem pädagogisch organisierten oder einem pädagogisch verfassten System des lebenslangen Lernens. In: Nittel, Dieter, Schütz, Julia & Tippelt, Rudolf (Hrsg.): Pädagogische Arbeit im System lebenslangen Lernens – Ergebnisse komparativer Berufsgruppenforschung. Weinheim: Beltz, S. 255-268

Tronto, Joan (2013): Caring Democracy. Markets, Equality, and Justice. University Press: New York

10

Ausblick: Inklusive Momente im Bildungsprozess

Rudolf Tippelt & Ulrich Heimlich

Noch Ende der 1960er Jahre schlägt Hartmut von Hentig vor, einstweilen auf den Bildungsbegriff im erziehungswissenschaftlichen Diskurs ganz zu verzichten (von Hentig 1970, S. 146). Mittlerweile hat der Begriff eine Renaissance erfahren, in der auch sein Alleinstellungsmerkmal im internationalen Vergleich wieder bewusst wird, da er sich nicht in andere Sprachen übersetzen lässt und etwa durch den englischen Begriff »*education*« nur unzureichend wiedergegeben wird. Im Jahre 1996 fasst Hartmut von Hentig seine Bildungskonzeption in einem Essay erneut zusammen und feiert die »Rückkehr« des Bildungsbegriffes nunmehr als Fortschritt. Offenbar ist es an der Zeit, erneut auf die Bedeutung von Bildung im Unterschied zu Wissen und Ausbildung hinzuweisen. War noch Theodor Adorno (1903-1969) besorgt über eine um sich greifende »Halbbildung« im Sinne des Halbverstandenen, des Halberfahrenen und des Ressentiments (vgl. dazu Adorno

1972, zit. nach Hastedt 2012, S. 205ff.), so geht Konrad Liessmann (2006; 2014) einen Schritt weiter und spricht von »Unbildung« als »[...] Abwesenheit jeder normativen Idee von Bildung« (Liessmann 2006, S. 9) und »[...] Verzicht darauf, überhaupt verstehen zu wollen [...]« (ebd., S. 72). Bildung ist offenbar auch nicht das alles, was man wissen muss, wie es Dietrich Schwanitz (2002) in seinem Versuch, einen Bildungskanon zu beschreiben, genannt hat. In der modernen Informationsgesellschaft erscheint es unmöglich, die Grenzen ziehen zu können, zu dem, was man nicht wissen muss. Nicht von ungefähr forderte Ernst Peter Fischer (2003) unmittelbar darauf eine »andere Bildung« ein, weil man auch etwas von der Naturwissenschaft wissen sollte, die bei Schwanitz nicht vorkam.

Aber was ist Bildung? Heiner Hastedt (2012) liefert mit seiner Textanthologie zu dieser Frage eine Möglichkeit, die klassischen und modernen Bildungstheorien noch einmal Revue passieren zu lassen. Von besonderem Interesse ist bei diesem historischen Rückblick schon allein die Geschichte des Begriffs »Bildung«, wie sie der Historiker Reinhart Koselleck (1923-2006) zusammenfassend dargestellt hat. Dabei wird deutlich, dass ein theologisches zunächst von einem aufgeklärten und später von einem selbstreflexiven Verständnis abgelöst (vgl. dazu Koselleck 2012, S. 149) wurde. Der Aufruf zum Gebrauch des eigenen Verstandes von Immanuel Kant (1724-1804) in seiner Schrift »Was ist Aufklärung?« (1784, zit. nach Hastedt 2012, S. 148) stellt nach wie vor die entscheidende Wende hin zu einem Bildungsverständnis dar, das alle mit einbezieht. Im Rückblick enthält der deutsche Bildungsbegriff, wie er um die Jahrhundertwende zum 19. Jahrhundert entsteht, zwei grundlegende Bedeutungen. Zunächst einmal ist Bildung stets Selbstbildung des Einzelnen und insofern an dem Ziel der Selbstbestimmung ausgerichtet. Schon der Begriff »Individuum« bezieht sich in seinem lateinischen Wortursprung auf das Unteilbare, den Menschen also in seiner Ganzheit. »Individualpädagogik« wäre also eine Pädagogik des ganzen Menschen, individuelles Lernen ein Lernen in all seiner sinnlichen Mannigfaltigkeit (vgl. dazu Krawitz 1995). Als Zielsetzung erscheint hier die harmonische Entwicklung der eigenen Person mit all ihren Gaben und Potenzialen. Und das geht weit über die »Innerlichkeit« hinaus, die am deutschen Bildungsverständnis so häufig kritisiert worden ist.

Schon im klassischen Bildungsverständnis eines Wilhelm von Humboldt (1767-1835) erfolgt jedoch die Hinwendung zur Welt im Sinne von kulturellen und gesellschaftlichen Errungenschaften als dem Gegenstand, auf den sich alles Bemühen um Selbstbildung bezieht. Der Mensch als soziales Wesen bleibt in seiner Lebensführung auf gewisse Formen der »Geselligkeit« angewiesen, durch die erst die Selbstbildung möglich wird (Koselleck

2012, S. 151). Dazu bedient er sich Formen der Kommunikation, die im 19. Jahrhundert zumindest in bürgerlichen Kreisen auch mit dem Briefeschreiben verbunden sind, aber ebenso mit regelmäßigen Zusammenkünften und heute wohl um digitale Formen des Informationsaustausches erweitert werden.

Der personale und der soziale Aspekt sind demnach schon im klassischen Bildungsbegriff aufeinander verwiesen (vgl. dazu Klafki 2007, S. 26). Auch Selbstbildung wird nur im Kontakt zu anderen und im Austausch mit anderen erreichbar. Bildung kann damit auch nicht zu einem Ende kommen, der gebildete Mensch ist nicht der fertige Mensch, sondern vielmehr der Mensch, der in der Lage ist, sich selbstständig weiter zu bilden. Bildung wird so zu einem Prozess und enthält zugleich eine lebenslaufbegleitende Funktion. Auch die Menschwerdung des Menschen ist nicht abgeschlossen. Sie steht immer wieder vor neuen Herausforderungen. Zugleich zeigt Wolfgang Klafki in seinen »Neuen Studien zur Bildungstheorie und Didaktik« (2007) die Begrenztheit des klassischen Bildungsbegriffs auf. Diese sieht er besonders in der weitgehenden Ausblendung der gesellschaftlichen Wirklichkeit und einer unterbliebenen Gesellschaftskritik, was letztlich dazu geführt habe, dass Bildung zu einem bürgerlichen Privileg geriet (vgl. dazu ebd., S. 39f.). Ausgehend von epochaltypischen Schlüsselproblemen (vgl. dazu ebd., S. 56ff.), postuliert Klafki demgegenüber ein neues Verständnis von Allgemeinbildung in unserer Zeit als Bildung für alle, in der es um die Entwicklung von »Selbstbestimmungs-, Mitbestimmungs- und Solidaritätsfähigkeit« (ebd., S. 40) gehe. Das Kanonproblem der Bildung löst Klafki bekanntlich mit dem Hinweis auf zentrale Probleme der Gegenwart und Zukunft, wie die Probleme des Friedens, der Umwelt, der sozialen Ungleichheit und der neuen Medien sowie der zwischenmenschlichen Beziehungen, mit denen sich die nachwachsende Generation nicht nur auseinandersetzen sollte, sondern für die sie auch Mitverantwortung übernehmen und an deren Bewältigung sie sich aktiv beteiligen sollte (vgl. dazu ebd., S. 56). Damit wird bereits die Mehrperspektivität moderner Bildungskonzeptionen aufgezeigt.

Zu diesem Schluss kommt auch der »Aktionsrat Bildung«, ein Zusammenschluss namhafter Fachleute aus der Erziehungs- und Bildungswissenschaft bezogen auf alle Bildungsphasen im Auftrag der »Vereinigung der bayerischen Wirtschaft (vbw)«, in seinem Gutachten zur Bildung (vgl. dazu Blossfeld et al. 2015). Nach einem Durchgang durch die historischen Bildungskonzeptionen wird deutlich herausgestellt, dass Bildung weit über Fachwissen hinausgeht (vgl. dazu ebd., S. 7). Im Ergebnis favorisiert der »Aktionsrat Bildung« ein multidimensionales Bildungskonzept, das sowohl

10 Ausblick: Inklusive Momente im Bildungsprozess

Wissen als auch Kompetenz und Persönlichkeit einschließt (vgl. dazu ebd., S. 23). Damit wird der Kompetenzbegriff in die Bildungsdebatte eingeführt, allerdings durchaus in kritischer Distanz zu den PISA-Studien:

> »Kompetenzen sind definiert als die Fähigkeit zur Bewältigung situationsspezifischer Anforderungen und sind entsprechend durch den Umgang mit diesen Anforderungen erlern- und beeinflussbar [...]« (ebd., S. 26).

Franz E. Weinert fügt dem eher kognitiven Kompetenzbegriff die »motivationalen, volitionalen und sozialen Bereitschaften und Fähigkeiten« (Weinert 2002, S. 27) hinzu, was auch im DFG-Schwerpunktprogramm Kompetenzen im Wesentlichen bestätigt wird (vgl. dazu Klieme & Leutner 2006). Neben die fachspezifischen Kompetenzen in diesem modernen Bildungsverständnis treten somit auch die – den verschiedenen Wissensdomänen übergeordneten – Kompetenzbereiche wie Lernkompetenzen, motivationale und volitionale Kompetenzen, soziale und emotionale Kompetenzen sowie Persönlichkeit und Charakterstärke (vgl. dazu Blossfeld et al. 2015, S. 29ff.). Dabei wird durchaus ein Bezug zur Messung solcher Kompetenzen hergestellt, im Sinne evidenzbasierter Forschung, ohne die normative Dimension von Kompetenz im Kontext von Bildung gänzlich auszuklammern. Bildung in der globalisierten Welt gerät vor diesem Hintergrund zu einem Prozess, der über die Lebensspanne reicht und im Anschluss an Urie Bronfenbrenner (1917–2005) und seiner ökologischen Entwicklungs- und Sozialisationstheorie (vgl. dazu Bronfenbrenner 1989) als Folge von Übergängen zwischen verschiedenen formellen und informellen Settings darstellbar wird, in denen sich durch die Auseinandersetzung mit jeweils neuen Interaktionssystemen auch neue Herausforderungen für die Selbst-Bildung stellen. Zu berücksichtigen sind bei der Betrachtung des Umwelt-Struktur-Modells von Bronfenbrenner mit den Ebenen Mikro-, Meso-, Exo- und Makrosystem allerdings auch die phänomenologischen Quellen des ökologischen Denkens, wie sie Bernhard Waldenfels in seiner Phänomenologie der Lebenswelt noch einmal deutlich macht (vgl. dazu Waldenfels 1985, S. 283).

Wissen und Persönlichkeit bleiben auch in einem modernen Sinne zweifellos unbestrittene Bestandteile von Bildung. Allerdings birgt der Kompetenzbegriff durchaus die Gefahr einer einseitigen kognitiven Ausrichtung, wie es Wolfgang Klafki gerade als Ausdruck des Niedergangs und der Verfallsgeschichte einer klassischen Bildungskonzeption kritisiert hat (vgl. dazu Klafki 2007, S. 32). Eine Bildung für alle – im Sinne von Inklusion – ist auf dem Weg über die Definition von kognitiven Kompetenzen allein aber wohl nicht zu haben (vgl. dazu Heimlich 2017).

Schon an den PISA-Studien wird kritisiert, dass das dort zugrundeliegende Kompetenzmodell Schülerinnen und Schüler mit sonderpädagogischem Förderbedarf ausschließt. Wenn hier nicht neue Potenziale für ein reduziertes Bildungsverständnis provoziert werden sollen, so ist gerade angesichts der Herausforderungen in der Entwicklung eines inklusiven Bildungs- und Erziehungssystems auf allen Ebenen, wie die UN-Konvention über die Rechte von Menschen mit Behinderung dies fordert, auch ein erweitertes Bildungsverständnis zu entwickeln.

In ähnlicher Weise wie bei Friedrich Copei (1930) und seinem »fruchtbaren Moment« wird deshalb hier abschließend der Versuch unternommen, ein inklusives Bildungskonzept aus dem *inklusiven Moment* heraus zu bestimmen. »Der Moment« [lat. Momentum = (entscheidender) Augenblick, frz. le moment] bezeichnet einen Augenblick von sehr kurzer Dauer oder einen bestimmten Zeitpunkt (z. B. der geeignete Moment). »Das Moment« [lat. momentum, urspr. = Übergewicht, das den Ausschlag am Waagebalken ergibt, zu: movere = bewegen] hingegen bedeutet so viel wie ausschlaggebender Umstand, Gesichtspunkt (z. B. das auslösende Moment), im Drama eine Szene, die zum Höhepunkt hinleitet, und in der Physik das Produkt aus zwei Größen, von denen eine meist eine Kraft ist. Momente können allerdings im Alltag recht unterschiedliche zeitliche Dimensionen umfassen. Historische Momente auf der gesellschaftlichen Ebene dauern möglicherweise mehrere Jahre, während erfüllte Momente auf der persönlichen Ebene unter Umständen wenige Sekunden anhalten. So erweist sich im Begriff »Moment« bereits die eigentümliche Bedeutung der Zeit für den Menschen, die so gar nicht in das Schema einer objektiven Zeitmessung (im Sinne von *chronos*) hineinpassen will, sondern vielmehr unmittelbar auf das subjektive Zeiterleben von Menschen hindeutet (im Sinne von *kairos*), bis hin zur Langeweile, dem Moment also, in dem nichts Anderes mehr erlebt wird als die Zeit (vgl. dazu Safranski 2015, S. 35) oder dem Gefühl, dass die Zeit fliegt, je älter wir werden. Auch gehen wir nie ganz im Augenblick auf, sondern stehen stets im Spannungsverhältnis des Nicht-Mehrs (Vergangenheit) und des Noch-Nicht (Zukunft) und befinden uns doch im Hier und Jetzt (Gegenwart) (vgl. dazu ebd., S. 135ff.). Sprechen wir also von inklusiven Momenten, so kann damit offensichtlich keine klar begrenzte Zeitspanne gemeint sein.

Zum inklusiven Moment nun zunächst ein alltägliches Beispiel aus einer inklusiven Schule:

10 Ausblick: Inklusive Momente im Bildungsprozess

Der inklusive Moment im Bildungsprozess:

Bald ist Pause in der 9a der Mittelschule in H. Sarah hat ihren Einkaufszettel schon einmal herausgeholt. Sie wartet bereits ungeduldig auf das Zeichen der Lehrerin. Jetzt darf sie loslegen. Heute ist sie dran mit der Frühstücksbestellung. Sie geht von einem Mitschüler zum nächsten und fragt, was zum Frühstück gewünscht wird. »Für mich eine Butterbrezn!« »Ich hätte gern eine Käsestange!« »Mir reicht heute ein Apfel!« »Ich will auf jeden Fall einen Kakao!« Sarah kreuzt alles sorgfältig mit ihrem Folienstift an. Die Bilder des Frühstücksangebotes helfen ihr dabei. Aber dann wird es kompliziert. Sie muss auch das Geld einsammeln. Da heißt es höllisch aufpassen, damit auch hinterher das Wechselgeld stimmt. In der kleinen Pause um 9:00 Uhr kann Sarah dann losziehen zum Hausmeister, der schon in seinem Glaskasten in der Pausenhalle sitzt und auf seine Kunden wartet. Sarah tritt an die Theke und legt los. »Eine Butterbrezn, eine Käsestange, ein Apfel, ein Kakao ...« Und so geht es weiter, bis alle Wünsche erfüllt sind. Dann kommt das Bezahlen. Der Hausmeister weiß genau, dass Sarah das Geld selbst abzählen will. So wartet er geduldig und gibt ihr das Wechselgeld heraus. Sie will schon davon stürzen. »Hast Du denn auch das Wechselgeld nachgezählt?« »Ja, wird schon stimmen«, ruft sie ihm auf dem Weg zurück in die Klasse noch zu. Zum Frühstück kann Sarah nun ihre Einkäufe verteilen. Alle Mitschüler, die bei ihr eine Bestellung aufgegeben haben, bedanken sich. Sarah steht die Freude über diese Anerkennung ins Gesicht geschrieben. Sarah will immer dabei sein. Der Unterrichtsstoff in der 9. Klassen der Mittelschule fällt ihr ganz schön schwer. Sie hat das Down-Syndrom. In der Klasse ist sie sehr beliebt. Und den Frühstückseinkauf lässt sie sich ganz bestimmt nicht mehr nehmen.

Was macht diese Situation nun zu einer inklusiven? Was ist das inklusive an diesem Moment? Die Antwort ergibt sich aus der Qualität der Lernerfahrung, die hier möglich wird. Sarah ist in das Geschehen in ihrer Klasse mit einbezogen, indem sie eine Aufgabe im Rahmen der Klassendienste übernimmt (*Erfahrung des Teilhabens*). Zugleich kann sie mit ihren Fähigkeiten etwas in die Situation einbringen und den anderen einen Dienst erweisen, sie erfährt eine Wertschätzung durch ihre Mitschülerinnen und Mitschüler (*Erfahrung des Beitragens*). Teilhaben und Beitragen sind die beiden Seiten dieser Lernerfahrung, die Inklusion ermöglichen. *Inklusive Momente im Bildungsprozess entstehen in solchen Lehr-Lern-Situationen, in denen teilhaben und beitragen für alle Schülerinnen und Schüler erfahrbar werden.* Diese Definition des inklusiven Momentes im Bildungsprozess schließt an die demokratische Erziehungstheorie von John Dewey (1859–1952) und seine pragmatistische Erziehungsphilosophie an. Erfahrung (*experience*) wird von Dewey als »Einheit von Mensch und Welt« (vgl. dazu Bohnsack 2003, S. 45) verstanden. Somit entspringt auch das Denken aus dieser Erfahrung. Angestoßen wird die denkende Erfahrung von Problemen, auf die Menschen treffen und die sie zu Lösungsversuchen anregen. Dabei enthält die Erfahrung im Umgang mit der Welt nach Dewey immer eine aktive und eine passive Seite:

> »Wenn wir etwas erfahren, so wirken wir auf dieses Etwas zugleich ein, so tun wir etwas damit, um dann die Folgen unseres Tuns zu erleiden« (Dewey 1916/1993, S. 186).

In einem kleinen Aufsatz aus seinem Spätwerk hat Dewey am Vorabend des Zweiten Weltkriegs im Jahre 1939 sein demokratisches Glaubensbekenntnis formuliert. Er bezeichnet demokratische Gesellschaften als kreative Gesellschaften, wenn sie eine soziale Erfahrung ermöglichen, an der alle teilhaben und zu der alle beitragen können (vgl. dazu Dewey 1938; 1948, S. 6). Damit ist Demokratie nicht nur als Wahlrecht, sondern vielmehr als Lebensform und Umgangsweise zwischen Menschen angesprochen. Demokratie wird als »individuelle Lebensführung« (ebd., S. 6) zur Haltung der Toleranz gegenüber allen Unterschieden zwischen Menschen und zugleich zu einer Haltung der Offenheit, die diese Unterschiede als Bereicherung der eigenen Erfahrung ansieht.

> »Der demokratische Glaube an Gleichheit ist die Überzeugung, daß jeder Mensch, was immer auch das Ausmaß seiner Begabung sei, das Recht habe auf den gleichen Zugang zur Entwicklung der Begabung, die er besitzt (jedem soll Gelegenheit gegeben sein, das, was er an Fähigkeiten besitzt, auch entwickeln zu können). Es ist der Glaube an die Fähigkeit jedes Menschen, sein eigenes Leben zu leben, frei von Zwang durch andere, [...]« (ebd., S. 3).

Im Grunde beschreibt Dewey hier mit der Betonung von Gleichheit und Freiheit die zentralen Grundwerte einer inklusiven Gesellschaft. In diesem Sinne ist eine demokratische Gesellschaft von der Zielsetzung her auch eine inklusive Gesellschaft. Insofern kann Inklusion aber nicht nur Teilhabe Aller bedeuten, sondern muss eben auch stets mit der Möglichkeit der Selbstbestimmung in Verbindung gesetzt werden. In seinem Hauptwerk »Demokratie und Erziehung« führt Dewey (1916/1993) überdies den Nachweis auf, dass demokratische Gesellschaften nicht umhinkommen, auch ihr Bildungssystem selbst demokratisch auszurichten. Es spricht einiges dafür, dass wir die pädagogische Konzeption einer inklusiven Schule ebenfalls aus diesem demokratischen Erziehungs- und Bildungsverständnis gewinnen können. Angesichts der Rezeptionsgeschichte zu seiner Bildungstheorie (vgl. dazu Bittner 2001) gilt es auch in Bezug auf die inklusive Schule, das Werk von Dewey neu zu entdecken.

Entscheidend für das Zustandekommen von inklusiven Momenten ist demnach die Qualität der *Erfahrung* im Umgang der Beteiligten miteinander. Diese Erfahrung hat einen personalen Aspekt, in dem alle Teilnehmenden ihre persönliche Eigenart und Unverwechselbarkeit in die Situation einbringen können, durchaus auch unter Einbeziehung seiner inneren Welt (*Erfahrung des Selbst*). Das ist der Aspekt der Freiheit und Selbstbestimmung in inklusiven Momenten, die den persönlichen Beitrag ermöglichen. Zugleich hat die Erfahrung einen interaktionalen Aspekt, da wir nur in unserem Gegenüber uns selbst erkennen können. Das ist der Aspekt der Teilhabe in inklusiven Momenten (*Erfahrung des Anderen*). Die Erfahrung hat aber ebenso einen ökologischen Aspekt, da Ich und Du sich immer leiblich situiert begegnen, d. h. unter konkreten raum-zeitlichen Bedingungen, von denen sie beeinflusst werden und die sie ebenfalls beeinflussen (*Erfahrung des Ortes*). Das ist der Aspekt der räumlich-sinnlichen Qualität von inklusiven Momenten (z. B. für das Sehen, Hören, Riechen, Tasten, Schmecken, Bewegen und nicht nur für das Denken und Sprechen). Diese im Wesentlichen phänomenologisch bestimmte Herangehensweise an die Qualität der Erfahrung in inklusiven Momenten weist zugleich auf den Fortschritt der phänomenologischen Bildungstheorie hin (vgl. dazu Langeveld 1963; Meyer-Drawe 2002; Lippitz und Meyer-Drawe 1987; Kleber 1993). Von der Person über die Interaktion hin zur Einbeziehung der gesamten Situation, einschließlich ihrer räumlich-zeitlichen Gegebenheiten und deren sinnlicher Wahrnehmung – so könnte man die Erweiterung dieser Perspektiven einer phänomenologischen Bildungstheorie in der Nachkriegszeit in den Grundzügen nachzeichnen (vgl. dazu Heimlich 1995). Für die Beschreibung inklusiver Momente wird diese Erweiterung der phänomenologischen Perspektive konstitutiv. Fragen wir nach der Genese von Bildungsprozessen, so erhalten wir aus personalistischen Bildungstheorien die Antwort, dass die Sich-Bildenden selbst für diesen Prozess verantwortlich sind und dieser von außen kaum gesteuert werden kann (*Autopoiese*). Interaktionistische Bildungstheorien hingegen enthalten die Behauptung, dass Bildungsprozesse stets in sozialen Beziehungen entstehen und erst durch die Begegnung mit anderen Personen in Gang gesetzt werden können (*Soziopoiese*). Ökologische Bildungstheorien schließlich verweisen zusätzlich auf den Ort, an dem Bildungsprozesse entstehen, und deren konkrete, sinnlich wahrnehmbare Rahmenbedingungen formeller Art (z. B. in Bildungsinstitutionen) bzw. informeller Art (z. B. im Alltag oder in digitalen Welten) (*Oikopoiese*). Bildung ist demnach aus phänomenologischer Sicht durchaus ein Sich-Bilden, aber im Gespräch mit anderen und in je konkreter leiblicher Verortung.

Auf der Ebene der Erkenntnistheorie ist damit eine Öffnung des Horizontes der Betrachtung insofern möglich, als sich die Grundlagen unseres Erkennens erweitern. Nicht nur der Einzelne ist in der Lage, Erkenntnisse hervorzubringen (*Ego-Logik*). Die Erkenntnisse werden stets gemeinsam hervorgebracht und entstehen aus dem Gespräch (*Dia-Logik*). Die Phänomenologie hat nun gezeigt, dass auch die wissenschaftliche Erkenntnis im Sinne von *episteme* [griech. Episteme = das Verstehen] auf der sinnlichen Wahrnehmung der Lebenswelt beruht und aus dem alltäglichen Weltbezug im Sinne von *doxa* [griech. doxa = die Meinung] entsteht. Insofern ist die menschliche Erkenntnis auch an die Wahrnehmung des Ortes gebunden (*Öko-Logik*) (vgl. dazu Waldenfels 1985).

Dies gilt ebenfalls für die spezifische Form von *Aufmerksamkeit* (*attention*) als Voraussetzung für die Entstehung von inklusiven Momenten. Eine Erfahrung zu machen ist erst dann möglich, wenn wir auf etwas oder auf andere in besonderer Weise achten. Daraus entsteht erst die Fragehaltung, die Erfahrungen in Gang setzt. Die Aufmerksamkeit konstituiert das Erfahrungsfeld mit seinen Rändern, Themen und Brennpunkten. Aufmerksamkeit und Erfahrung sind von daher auch die Grundkoordinaten inklusiver Momente. Bernhard Waldenfels hat in seiner »Phänomenologie der Aufmerksamkeit« (2004) gezeigt, dass Aufmerksamkeit nicht nur einen subjektiven und einen sozialen Aspekt hat, sondern ebenfalls – vermittelt über die leibliche Situiertheit des Menschen – einen topischen Aspekt. Neben das Ich und das Du der Aufmerksamkeit tritt so auch der Ort. Damit eröffnen sich Zugänge zur Bedeutung von sinnlicher Wahrnehmung und Bewegung für die Entstehung von Aufmerksamkeit, die eben nicht nur über Sprechen und Denken gesteuert wird. Diese leiblich-sinnlich erweiterte Aufmerksamkeit schafft erst die Grundlage für das ›Ein-Ander‹ als eine »Symmetrie, eine prinzipielle Austauschbarkeit gekennzeichnete Wechselseitigkeit« (Waldenfels 2004, S. 81) im Sinne von Miteinander und Füreinander. Waldenfels unterscheidet zwischen *primärer und sekundärer Aufmerksamkeit* (vgl. dazu ebd., S. 86). Während für die primäre Aufmerksamkeit noch das ungerichtete Interesse an dem Neuartigen, was geschieht, konstitutiv ist, hebt die sekundäre Aufmerksamkeit bestimmte Aspekte des Geschehens hervor. Der Übergang von der primären zur sekundären Aufmerksamkeit findet in der Wiederholung statt, wenn wir etwas als etwas und jemanden als jemanden wahrnehmen (vgl. dazu ebd., S. 283). Waldenfels vergleicht sekundäre Aufmerksamkeit deshalb auch mit einer Reliefbildung (vgl. dazu ebd., S. 101), bei der etwas hervorgehoben wird (vgl. dazu ebd., S. 221). Schon dabei wird unmittelbar einsichtig, dass Aufmerksamkeit auch gestört sein kann, in dem wir etwas übersehen, überhören oder nicht bemerken, bis hin zum Störungsbild des ›Aufmerksamkeits-Defizit-Syndroms‹ (vgl. dazu ebd., S. 152), bei dem es nicht mehr gelingt, Aufmerksamkeit souverän zu steuern. Schließlich kann Aufmerksamkeit auch von außen gesteuert werden, im Sinne von Aufmerksam-machen, und steht so pädagogischer Einwirkung durchaus offen, bleibt aber ebenso der mehr oder weniger bewussten Gefahr der Manipulation ausgesetzt (vgl. dazu ebd., S. 236). Aus der Negation in Form der Unaufmerksamkeit (vgl. dazu ebd., S. 156) wird schließlich deutlich, dass in der Aufmerksamkeit für jemanden oder etwas – zumindest im deutschen Sprachgebrauch – schon eine normative Dimension im Sinne einer Beachtung von etwas oder jemandem enthalten ist. Über die Achtsamkeit im Umgang mit sich, dem Anderen und der Umwelt wird schließlich auch eine ethische Dimension eröffnet (vgl. dazu ebd., S. 264), die Waldenfels als »Ethos der Aufmerksamkeit« (vgl. dazu ebd., S. 275) bezeichnet. Ethik tritt hier nicht als abstraktes Ensemble von Prinzipien auf, sondern vielmehr als konkretes »ethisches Können« und Handeln, wie es Francisco Varela (1994) einmal – durchaus unter Einbeziehung pragmatistischer und phänomenologischer Anregungen – bezeichnet hat. So kann auch die allseits beschworene Haltung zur inklusiven Bildung aus der Bewältigung von Situationen in der konkreten Begegnung entstehen.

Gelingende inklusive Momente leiten über zu inklusiven Prozessen, aus denen inklusive Situationen hervorgehen, die schließlich inklusive Settings konstituieren. In inklusiven Institutionen ist uns wiederum daran gelegen, inklusive Momente zu verstetigen. *Inklusive Prozesse* entstehen immer dann, wenn inklusive Momente alltäglich geworden sind und sich immer wieder in Bildungseinrichtungen ereignen, auch absichtslos, die Qualität der Erfahrung des Umgangs miteinander also die Möglichkeit für eine Teilhabe und einen Beitrag Aller liefert. *Inklusive Situationen* sind solche Lehr-Lern-Situationen, in denen die Voraussetzungen für inklusive Momente und Prozesse durch eine entsprechende Gestaltung der Lernumgebung und den sozialen Umgang miteinander geschaffen werden. Dies kann wiederum an unterschiedlichen Orten im Bildungssystem stattfinden und sich in unterschiedlichen Umgebungen manifestieren (*inklusive Settings*). Diesen inklusiven Settings wohnt eine Tendenz zur Ausbildung institutionalisierter Strukturen z. B. in der internen und externen Kooperation der Beteiligten inne (*inklusive Institutionen*). Erst wenn dieser Institutionalisierungsprozess im Sinne fester Absprachen und klar definierter Funktionen (z. B. Inklusionsbeauftragte in Bildungseinrichtungen) voranschreitet, können inklusive Bildungskonzepte im Sinne nachhaltiger Wirkungen abgesichert werden (vgl. dazu Heimlich & Kahlert 2014).

Möglicherweise muss inklusive Bildung allerdings weniger als bisher von den eher elitären Ansprüchen gymnasialer oder gar universitärer Bildung her entworfen werden. Es deutet einiges darauf hin, dass wir gut daran tun, inklusive Bildung stärker von den Rändern des Geschehens zu denken. In diesem Zusammenhang stellt sich z. B. in einem inklusiven Bildungssystem auch die Frage, was Bildung in einer Kinderkrippe für Kinder im Alter von sechs Monaten bis drei Jahren und später in Kindergärten und Horten bedeutet. Wenn Bildung mit der Geburt beginnt, wie Gerd E. Schäfer in Erinnerung ruft (vgl. dazu 2013a, S. 33), dann stellt sich allerdings die Frage, welcher Bildungsbegriff dies berücksichtigt. Schäfer kommt in seinem Durchgang durch die Konzepte einer frühkindlichen Bildung in Geschichte und Gegenwart zu dem Ergebnis, die ästhetische Erfahrung als Grundlage des kindlichen Weltbezugs in den ersten Lebensjahren hervorzuheben. »Aisthesis« [griech. aisthetike (techne) = Wissenschaft von der sinnlichen Wahrnehmung] erhält hier allerdings eine umfassende Bedeutung als Grundlage aller Formen der sinnlichen Wahrnehmung einschließlich ihrer Ordnung und Verarbeitung (vgl. dazu Schäfer 2013b, S. 188). Von daher gewinnt in der frühen Kindheit das Spiel eine hohe Bedeutung für Bildungsprozesse (vgl. dazu Heimlich 2015).

In ihrem Dialog »Auf dem Weg in eine deutsche Bildungskatastrophe« thematisieren Julian Nida-Rümelin und Klaus Zierer (2015) innerhalb der aktuellen Herausforderungen für das schulische Bildungssystem auch die inklusive Bildung. Dabei wird Inklusion allerdings eher als Utopie dargestellt, die nicht leicht zu erreichen sein wird (vgl. dazu ebd., S. 67), auch wenn anerkannt wird, dass das deutsche Bildungssystem diesem Trend zur Inklusion nicht mehr ausweichen kann (vgl. dazu ebd., S. 76). Letztlich wird auch hier der Zusammenhang von inklusiver Bildung und demokratischer Gesellschaft im Sinne von Dewey betont (vgl. dazu ebd., S. 168f.). Dahinter steht wiederum die demokratische Idee »gleicher Freiheit« (ebd., S. 193; Prengel 1995), die daran erinnert, dass Demokratie und Bildung aufeinander angewiesen sind (vgl. dazu ebd., S. 179). Unterrichtspraktisch wirksam wird dieser Anspruch insbesondere – wie schon von Dewey favorisiert – im Projektunterricht, weil er Lehr-Lernsituationen schafft, in der Teilhaben und Beitragen – und d. h. inklusive Bildung – möglich wird (vgl. dazu Heimlich 1999).

Um noch einmal zurück zu kommen auf das Beispiel für einen inklusiven Moment: Bildung findet in diesem Moment für Sarah, das Mädchen mit Down-Syndrom, insofern statt, als dass sie in die Lage versetzt wird, ihre Fähigkeiten zum Ausdruck zu bringen und diese weiterzuentwickeln. Auch das ist Bildung, so muss immer wieder betont werden. Inklusive Momente enthalten von daher *in nuce* die Möglichkeit zur inklusiven Bildung. Inklusive Bildung beginnt mit inklusiven Momenten. *Inklusive Momente sind die Antwort auf die Frage nach dem Anfang inklusiver Bildungsprozesse.*

Literatur

Ahrbeck, Bernd (2014): Inklusion. Eine Kritik. 2. Auflage. Stuttgart: Kohlhammer
Blossfeld, Hans-Peter, Bos, Wilfried, Daniel, Hans-Dieter, Hannover, Bettina, Köller, Olaf, Lenzen, Dieter, Roßbach, Hans-Günther, Seidel, Tina, Tippelt, Rudolf & Wößmann, Ludger (2015): Bildung. Mehr als Fachlichkeit. Hrsg. v. d. Vereinigung der Bayerischen Wirtschaft e. V. (vbw). Münster: Waxmann
Bohnsachk Fritz (2003): John Dewey (1859–1952). In: Tenorth, Heinz-Elmar (Hrsg.): Klassiker der Pädagogik. Zweiter Band. Von John Dewey bis Paulo Freire. München: C.H. Beck, S. 44–60
Bronfenbrenner, Urie (1979/1989): Die Ökologie der menschlichen Entwicklung. Natürliche und geplante Experimente. Frankfurt a. M.: Fischer
Copei, Friedrich (1930/1969): Der fruchtbare Moment im Bildungsprozess. 9. Auflage. Heidelberg: Quelle&Meyer
Dewey, John (1916/1993): Demokratie und Erziehung. Eine Einleitung in die philosophische Pädagogik. Hrsg. v. Jürgen Oelkers, übersetzt von Erich Hylla. Weinheim/Basel: Beltz
Dewey, John (1948): Schöpferische Demokratie als Aufgabe unserer Zeit. In: Bildung und Erziehung 1 (2), S. 1–6
Fischer, Ernst Peter (2003): Die andere Bildung. Was man von den Naturwissenschaften wissen sollte. Berlin: Ullstein
Hastedt, Heiner (2012): Was ist Bildung? Eine Textanthologie. Stuttgart: Reclam
Heimlich, Ulrich (1995): Behinderte und nichtbehinderte Kinder spielen gemeinsam. Konzept und Praxis integrativer Spielförderung. Bad Heilbrunn: Klinkhardt
Heimlich, Ulrich (2017a): Inklusive Momente im Bildungsprozess. In: Pädagogische Rundschau 71 (2), S. 171–186
Heimlich, Ulrich & Kahlert, Joachim (2014): Inklusion in Schule und Unterricht. Wege zur Bildung für alle. 2. Auflage. Stuttgart: Kohlhammer
Hentig, Hartmut von (1996): Bildung. Ein Essay. München: Hanser
Hentig, Hartmut von (1970): Systemzwang und Selbstbestimmung. Über die Bedingungen der Gesamtschule in der Industriegesellschaft. 3. Auflage. Stuttgart: Klett

Klafki, Wolfgang (1964): Das pädagogische Problem des Elementaren und die Theorie der kategorialen Bildung. 3./4. Auflage. Weinheim: Beltz
Klafki, Wolfgang (2007): Neue Studien zur Bildungstheorie und Didaktik. Zeitgemäße Allgemeinbildung und kritisch-konstruktive Didaktik. 6. Auflage. Weinheim/Basel: Beltz
Kleber, Eduard W. (1993): Grundzüge ökologischer Pädagogik. Eine Einführung in ökologisch-pädagogisches Denken. Weinheim/München: Juventa
Klieme, Eckhard & Leutner, Detlev (2006): Kompetenzmodelle zur Erfassung individueller Lernergebnisse und zur Bilanzierung von Bildungsprozessen. Beschreibung eines neu eingerichteten Schwerpunktprogramms der DFG. In: Zeitschrift für Pädagogik 52 (6), S. 876–903
Krawitz, Rudi (1995): Pädagogik statt Therapie. Vom Sinn individualpädagogischen Sehens, Denkens und Handelns. 2. Auflage. Bad Heilbrunn: Klinkhardt
Langeveld, Martinus J. (1963): Einführung in die Pädagogik. 3. Auflage. Stuttgart: Klett
Liessmann, Konrad Paul (2006): Theorie der Unbildung. Die Irrtümer der Wissensgesellschaft. Wien: Zsolnay
Liessmann, Konrad Paul (2014): Geisterstunde. Die Praxis der Unbildung. Eine Streitschrift. Wien: Zsolnay
Lippitz, Wilfried & Meyer-Drawe, Käthe (1987): Kind und Welt. Phänomenologische Studien zur Pädagogik. 2. Auflage. Frankfurt a. M.: Athenäum
Meyer-Drawe, Käthe (2002): Leiblichkeit und Sozialität. 3. Auflage. Paderborn: Wilhelm Fink Verlag
Nida-Rümelin, Julian & Zierer, Klaus (2015): Auf dem Weg in eine neue deutsche Bildungskatastrophe. Zwölf unangenehme Wahrheiten. Freiburg i. Br.: Herder
Prengel, Annedore (1995): Pädagogik der Vielfalt. Verschiedenheit, Gleichberechtigung in Interkultureller, Feministischer und Integrativer Pädagogik. 2. Auflage. Opladen: Leske+Budrich
Safranski, Rüdiger (2015): Zeit. Was sie mit uns macht und was wir aus ihr machen. München: Hanser
Schäfer, Gerd E. (2013): Der Bildungsbegriff in der Pädagogik der frühen Kindheit. In: Fried, Lilian & Roux, Susanna (Hrsg.): Handbuch Pädagogik der frühen Kindheit. 3. Auflage. Berlin: Cornelsen, S. 33–44
Schäfer, Gerd E. (2013): Ästhetische Bildung. In: Fried, Lilian & Roux, Susanna (Hrsg.): Handbuch Pädagogik der frühen Kindheit. 3. Auflage. Berlin: Cornelsen, S. 187–192
Schwanitz, Dietrich (2002): Bildung. Alles was man wissen muß. München: Goldmann
Varela, Francisco (1994): Ethisches Können. Frankfurt a. M./New York: Campus Verlag
Waldenfels, Bernhard (1985): In den Netzen der Lebenswelt. Frankfurt a. M.: Suhrkamp
Waldenfels, Bernhard (2004): Phänomenologie der Aufmerksamkeit. Frankfurt a. M.: Suhrkamp

Autorenverzeichnis

Prof. Dr. **Bernd Ahrbeck**
International Psychoanalytic University Berlin
Psychoanalytische Pädagogik
Stromstr. 3b, D-10555 Berlin

Prof. Dr. **Fabienne Becker-Stoll**
Direktorin des
Staatsinstituts für Frühpädagogik
Winzererstr. 9, D-80797 München

M.Sc. Psych. **Nadja Bürgle**
Wissenschaftliche Hilfskraft im
Center for Leadership and People Management
Ludwig-Maximilians-Universität München
Geschwister-Scholl-Platz 1, D-80539 München

Prof. em. Dr. **Dieter Frey**
Leiter des
Center for Leadership and People Management
Ludwig-Maximilians-Universität München
Geschwister-Scholl-Platz 1, D-80539 München

Prof. Dr. **Ulrich Heimlich** (Herausgeber)
Lehrstuhl für Lernbehindertenpädagogik
Ludwig-Maximilians-Universität München
Department Pädagogik und Rehabilitation
Leopoldstraße 13, D-80802 München

Prof. Dr. **Ewald Kiel**
Lehrstuhl für Schulpädagogik
Ludwig-Maximilians-Universität München
Department für Pädagogik und Rehabilitation
Leopoldstr. 13, D-80802 München

Prof. Dr. jur. **Agnes Leu**
Leiterin Studiengang DAS in Pflege- und Gesundheitsrecht
Careum Hochschule Gesundheit
Teil der Kaleidos Fachhochschule
Pestalozzistr. 5, CH-8032 Zürich

M.A. **Christina Mittmasser**
Université de Neuchâtel
Institut de Géographie (IGG)
Espace Tilo-Frey 1, CH-2000 Neuchâtel

Prof. em. Dr. **Annedore Prengel**
Im Bogen 15C, D-14471 Potsdam

Dr. **Wolf-Thorsten Saalfrank**
Pädagogischer Mitarbeiter beim
Bildungswerk der Hessischen Wirtschaft
Emil-von-Behring-Str. 4, D-60439 Frankfurt a. M.

Prof. Dr. **Gerd Schulte-Körne**
Direktor der Klinik und Poliklinik für Kinder- und Jugendpsychiatrie,
Psychosomatik und Psychotherapie
Ludwig-Maximilians-Universität München
Lindwurmstr. 2a, D-80337 München

Prof. em. Dr. **Rudolf Tippelt** (Herausgeber)
Lehrstuhl für Allgemeine Pädagogik und Bildungsforschung
Ludwig-Maximilians-Universität München
Department Pädagogik und Rehabilitation
Leopoldstraße 13, D-80802 München

Dr. **Winfried Trieb**
Lehrstuhl für Schulpädagogik
Philosophisch-Sozialwissenschaftliche Fakultät
Universität Augsburg
Universitätsstr. 10, D-86159 Augsburg

Prof. Dr. **Elisabeth Wacker**
Lehrstuhl für Diversitätssoziologie
Fakultät für Sport- und Gesundheitswissenschaften

Technische Universität München
Uptown München-Campus D
Georg-Brauchle-Ring 60/62, D-80992 München

Dr. Monika Wertfein
Wissenschaftliche Referentin am
Staatsinstitut für Frühpädagogik
Winzererstr. 9, D-80797 München

Prof. Dr. **Klaus Zierer**
Lehrstuhl für Schulpädagogik
Philosophisch-Sozialwissenschaftliche Fakultät
Universität Augsburg
Universitätsstr. 10, D-86159 Augsburg